2023

无锡经济开发区年鉴

江苏无锡经济开发区管理委员会 编

广陵书社

图书在版编目（CIP）数据

无锡经济开发区年鉴. 2023 / 江苏无锡经济开发区
管理委员会编. -- 扬州 : 广陵书社, 2024. 9. -- ISBN
978-7-5554-2362-1

Ⅰ. F127.534-54

中国国家版本馆CIP数据核字第2024U3Y435号

书　　名　无锡经济开发区年鉴2023

编　　者　江苏无锡经济开发区管理委员会

责 任 编 辑　邹镇明

出 版 发 行　广陵书社

　　　　　　扬州市四望亭路2-4号　　　邮编 225001

　　　　　　(0514)85228081(总编办)　85228088(发行部)

　　　　　　http://www.yzglpub.com　　E-mail:yzglss@163.com

印　　刷　无锡微码广告传媒有限公司

开　　本　787毫米×1092毫米　　　1/16

印　　张　20

字　　数　320千字

版　　次　2024年9月第1版

印　　次　2024年9月第1次印刷

标 准 书 号　ISBN 978-7-5554-2362-1

定　　价　128.00元

《无锡经济开发区年鉴2023》编委会

主　编　杨建平

副主编　俞政业　李晓军　冯志超　秦　艳
　　　　陈国权　杨燕敏　孙　伟　任晓杰

编　务　安锡友　庄　晶　钟子增　张　奇
　　　　张芸晶　张佳俐

撰稿单位主审人员

（以姓氏笔画为序）

丁晓辉	王　健	王　凌	王存超	石志贤	冯学良	朱克坚
庄颂伟	刘　勇	刘学荣	闫献伟	孙淑琴	李　燕	李文斌
李平章	杨　柳	杨晓虎	吴　刚	吴亚芳	吴江俊	吴海平
吴文尔雅	狄荟琛	邹风峰	沈春晓	张　晖	张　量	张　锐
张新安	陈　曦	陈建军	邵　骏	范　鹏	林国平	罗　勇
罗晓楼	周　英	周贤仕	俞启弘	姜志刚	宣敏浩	费东明
贺　华	秦　荣	秦仲毅	秦健明	袁江飞	顾朝云	钱　柯
钱晓峰	钱晓燕	钱益峰	徐　强	徐国良	殷立峰	唐　伟
浦子涛	黄　海	黄　懿	黄星华	梅兢兢	曹彦杰	彭　涛
韩　斑						

编写说明

一、《无锡经济开发区年鉴（2023）》是江苏无锡经济开发区管理委员会组织编纂的年度综合性、资料性文献，本卷为《无锡经济开发区年鉴》第二卷。

二、《无锡经济开发区年鉴（2023）》以马克思列宁主义、毛泽东思想、邓小平理论、"三个代表"重要思想、科学发展观、习近平新时代中国特色社会主义思想为指导，坚持辩证唯物主义的立场、观点、方法，全面系统地记述了无锡经济开发区政治、经济、文化、社会、生态文明等各方面的基本面貌和发展情况，旨在为各级领导决策和管理提供参考依据，为社会各界了解经开、建设经开提供最新信息，也为编史修志积累资料。

三、本书按照分类编辑法，设类目、分目、条目三个层次，部分分目下设副分目，条目为记述的基本形式。各行各业和事业情况的记载，一般先有一简略介绍行业或事业情况的概况或综述，然后按一事一条的原则设置专题性条目。

四、本书设图录、特载、大事记、概览、党的建设、政务服务、社会治理、新经济、开放合作、产业发展、综合管理、科技创新、特色园区（"一镇五园"）、城市建设和管理、生态建设、教育、文化、体育、卫生健康、人民生活、社会事务、公共安全、街道、附录、索引等类目。

五、本书中的条目由各相关单位（部门）专人负责撰写，并经对应单位（部门）领导审阅。撰稿人姓名或单位（部门）名称加括号列在每个条目之后，主审人员名单列于卷首。

六、本书中的"统计数据"部分由无锡经济开发区经济发展局提供。由于统计口径的不同，某些数据与有关单位（部门）使用的数据不尽一致，读者采用时应予以注意。

　　2022年，无锡经开区坚持以习近平新时代中国特色社会主义思想为指导，围绕迎接学习宣传贯彻党的二十大精神，以坚持党的领导为核心，以融入中心服务大局为导向，全面落实"疫情要防住、经济要稳住、发展要安全"重大要求，集中精力打好产业发展、城市更新、社会治理"三大攻坚战"，统筹抓好疫情防控、环境保护、民生实事、安全稳定、党的建设等各项工作，经济社会高质量发展的动力更足、势头更强、成色更亮，为加快打造科产城人融合发展示范区、太湖湾科创带建设引领区、新发展理念全域实践区夯实基础。

发展要安全　经济要稳住　疫情要防住

喜迎二十大　奋进新征程

△ 8月13日，经开区召开2022年半年度工作会议，深入学习贯彻习近平总书记在省部级主要领导干部"学习习近平总书记重要讲话精神，迎接党的二十大"专题研讨班上的重要讲话精神和中央政治局会议精神

① 2022年6月2日，"喜迎党的二十大　民族团结向未来"无锡经济开发区民族团结进步宣传月暨太湖街道"太湖情深　石榴花红"民族团结进步项目启动仪式在万科·方糖广场举办

② 2022年6月28日，"喜迎二十大　奋进新征程""情韵江南　幸福经开"——2022经开区群众文艺展演启动仪式在万科·方糖广场举行，拉开了全区2022年群众文艺展演及全民艺术普及项目系列活动序幕

③ 2022年9月21日，由经开区太湖街道主办的"喜迎二十大　执炬追光行"新业态新就业群体党建月启动仪式暨"星火成炬　音你而燃"首场主题音乐会在万象城LOVE广场举行

△ 2022年10月16日，区领导班子收听收看"二十大"

△ 2022年10月16日，党群部收听收看"二十大"

△ 2022年10月24日,2022年无锡经开区年轻干部培训班正式开班,本次培训以学习贯彻党的二十大精神为主题,来自各街道、部门、园区等34名优秀年轻干部参训

△ 2022年11月18日,召开无锡经济开发区学习贯彻党的二十大精神宣讲动员会

△ 2022年10月26日，华庄街道党工委召开传达党的二十大精神会议

△ 2022年10月26日，太湖街道党工委召开传达党的二十大精神会议

△ 2022 年 10 月 26 日，党政办公室召开全体人员会议，迅速掀起学习宣传贯彻党的二十大精神热潮

△ 2022 年 10 月 26 日，召开无锡经济开发区党群工作部传达学习党的二十大精神会议

△ 2022年11月24日，召开学习贯彻党的二十大精神宣讲报告会

△ 2022年11月28日，召开学习贯彻党的二十大精神经开宣讲团宣讲报告会

△ 2022年11月29日,学习贯彻党的二十大精神宣讲报告会

△ 2022年12月8日,无锡经开区启动"声动经开·思传万千"行动。区党工委书记、管委会主任杨建平,市委宣传部副部长高燕、区党工委副书记、党群工作部部长俞政业、市委讲师团副团长袁伟、市委宣传部理论处处长韩亚辉,以及各街道、各部门、各单位、各社区主要负责人参加活动

聚焦产业建设高质量，首要就是要扬优势。无锡经开区的发展定位与资源禀赋，决定了无锡经开区的产业发展必然走高端路线，重数量更重质量。现代产业引领区的关键词就是总部经济、数字经济和服务经济。拥抱数字化浪潮，无锡经开区紧扣"数字产业化、产业数字化"这条主线，逐渐形成了智能网联汽车、人工智能、智能装备、集成电路和数字经济"五大产业生态圈"。

高质量发展

△ 在雪浪小镇建设发展的第一个五年中,雪浪小镇始终秉承和践行着推动制造业数字化的初心和使命,携手无锡和长三角地区制造业龙头企业共同发起雪浪大会,提出"从制造业中来,到制造业中去"的永恒主题,并发布"唤醒计划",从无锡出发,以制造业为引擎,推动制造业与物联网的深度融合,并以行业龙头骨干企业的数字化率先行动,为我国的制造业变革探索新路

二批

① \
② ③

① 2022年1月7日，无锡经开区新年首场招商推介会在上海举行
② 2022年4月24日，无锡经开区"数字装备"专场云签约活动在尚贤湖基金PARK举行，签约项目围绕"数字装备"产业方向，涵盖半导体装备、智能装备、双碳装备等细分领域，累计投资超23亿元的12个项目落户经开智造园
③ 2022年1月18日，无锡经开区召开2022年"一镇五园""双招双引"工作推进会

① 2022年6月13日，举行2022锡深数字科技产业合作交流会——长三角–粤港澳大湾区产业创新合作实验区系列活动

② 2022年10月28日，"2022雪浪大会"在无锡启幕

③ 俯瞰雪浪小镇

①②③

① 作为雪浪小镇2.0版的核心支撑，雪浪算力中心服务整个园区乃至整个无锡，为园区内企业提供免费的云计算服务，赋能全市的中小型企业，致力于服务企业的工业数字化转型的重要载体

② 2022年10月28日，无锡雪浪工业软件联合创新大会暨制造业企业"智能化改造和数字化转型"对接会隆重举行。来自智能制造、工业互联网等领域的院士、专家、学者们齐聚一堂，交流前沿思想、碰撞智慧火花，推动制造业智能化、数字化进程

③ 2022年9月2日，2022无锡（北京）科技合作洽谈会在京举行，经开区取得了丰硕成果，签约项目9个，总投资达到19.2亿元。其中，重大科技平台项目2个、重大科技产业项目7个

① 2022年8月17日,黄金湾科创园正式开园,首批入园的29个签约项目投资总额超过50亿元,主要涵盖人工智能、创意设计、数字文化、数字金融以及视觉处理等领域

② 2022年9月6日,2022年"智改数转"工作推进会暨企业数字化诊断启动仪式举行。120余名辖区制造业企业、知名数字化服务商代表共同为"智改数转"解决方案的推广应用和产融资源的无缝对接"加把力""搭把手",推动全区制造业企业加快"智改数转"步伐

③ 2022年8月11日,"资本聚力 产业焕新"——尚贤湖基金PARK重大项目集中签约仪式顺利举行。基金PARK牵手国内外资本大咖,签约落地一批重大头部基金、国际顶尖S基金、QFLP基金、产业基金及重大产业项目,基金总规模超230亿元助力基金PARK打造成为全国最具活力的基金产业新地标,建设面向全球的跨境资本先行示范区

① 2022 年 8 月 26 日，2022 存储创新暨无锡集成电路产业合作论坛在无锡经开区举行

② 2022 年 11 月 17 日，首届私募股权基金流动性峰会在无锡经开区召开

③ 2022 年 9 月 1 日，无锡经开区赴京召开智能网联汽车投资推介会

△ 2022年7月22日，党工委书记、管委会主任杨建平主持召开经开智造园重点骨干企业座谈会，与园区企业家代表面对面交流，了解企业发展情况，倾听企业需求，协调解决企业在经营发展中遇到的困难和问题

△ 2022年8月12日，党工委书记、管委会主任杨率队集中检阅全区半年度重大项目建设情况，充受蓬勃发展的滚滚热潮

△ 2022年11月8日，2022无锡·横琴粤澳协同创新中心揭牌仪式暨锡澳合作交流会在珠海举行。至此，继2021年无锡深港协同创新中心成立后，无锡经开区在粤港澳大湾区已有两大"科创飞地"

△ 2022年10月11日，无锡经济开发区召开冲刺四季度、夺取"双胜利"动员大会，吹响冲刺全年目标的"冲锋号"

△ 2022年10月19日，党工委书记、管委会主任杨建平主持召开全区重点骨干企业后劲培育推进会，听取近期工作情况汇报，分析当前存在的问题，安排部署下步重点工作

△ 2022年9月22日，第五届"绽放杯"5G应用征集大赛5G消息专题赛颁奖仪式在无锡经开区举行。仪式上，"5G消息联合实验室无锡基地"正式揭牌

党的十八大以来的十年，是中华民族发展历史上极不平凡的十年，也是无锡经开区破茧成蝶、书写精彩的十年。经开区作为全市最年轻的板块，拥有着无限的活力与潜能，通过一件件暖心的民生实事，一张张漂亮的成绩单，绘就了一幅幸福民生新图景。

无锡经开区党工委、管委会始终把人民放在心中最高位置，把人民对美好生活的向往作为奋斗目标，全方位改善人民生活，加快打造"幸福核"。

美好新生活

△ 作为"2022年无锡市市级重点文化项目""无锡市城市更新试点项目""无锡第一批历史文化名镇(村)保护规划单位",项目整体规划倍受社会关注。周新里位于无锡经开区立信大道与周新路交叉口,为无锡经开区核心板块,集合了文保、商业、文创办公及高端人才居住等多种业态,旨在打造兼具江南文化和现代气息,并集文旅、夜经济于一体的开放式活力商业街区

① ② ③ ④

① 2022年1月11日，第二届南京大学"励行杯"全球校友创新创业大赛（无锡赛区）在无锡经开区正式启动，一场包含信息技术、先进装备制造、文化创意等各类项目、聚焦全球双创能量的大赛即将在无锡经开区扬帆起航

② 2022年3月23日，"春风行动"直播带岗活动在经开区启动。5家优质企业代表变身"主播"，直播推介企业情况、岗位需求

③ 2022年3月26日，无锡经开区依托"无锡城市猎头计划"平台，积极开展2022年海外高端人才招聘月名企优岗直播活动（经开专场），正式向全球英才发出"揽才令"

④ 2022年6月17日，由市人力资源和社会保障局、市人民政府外事办公室、市归国华侨联合会、经开区管委会共同主办，大公坊|雪浪小镇共享国际创新中心承办的第四届"创响无锡"全民创业大赛海外专项赛暨无锡国际创业创新科技大赛启动仪式以云端连线多国的方式举行

② |
①|③

① 2022年5月13日，市各民主党派、无党派知联会与各市（县）区、无锡经济开发区"8+8"挂钩结对启动仪式，在尚贤湖基金产业园举行，同时启动2022年度"双督"工作和"聚力惠民""我为群众办实事"社会服务活动

② 2022年以来，社会事业局重点围绕困境儿童、残疾人、低保户等弱势群体，强化细化帮扶举措，切实兜牢民生底线

③ 教育局党委与市消防救援支队结成党建合作联盟，定期走访慰问驻地军警，开展军民共建活动，确保拥政爱民与拥军优属工作协调发展

△ 2022年，无锡经开区对锡铁巷小区、糜巷桥小区、南湖家园小区、凯发苑小区、水乡苑小区、瑞星家园小区等多个老旧小区部分区域实施综合改造，涉及面积约231万平方米，惠及居民约1.7万户。图为改造后的水乡苑小区

△ 无锡经开区采用现代化、多样化的理念对重要道路、街区进行夜间景观亮化提升，以全新的视觉聚合点，扩大锡城市民夜游的活动空间，实现从照亮夜色到扮美夜景的飞跃。图为立信大道及大通路段照明新景观

△ 丰润道（吴都路—和风路）改造项目于2022年4月1日正式开工，占地约2.3万平方米。道路断面采用双向四车道，现状红线宽度约32米，路线全长约690米，于5月15日全面竣工

① 2022年,信成道(高浪西路—大通路)、大通路(蠡湖大道—五湖大道)、万顺道(高浪路—周新西路)、生达路、清风路整体绿化景观提升面积约11.5万平方米
② 市政府南广场以锦绣山河造境,一派繁华安定、欣欣向荣景象
③ 位于尚贤道新金匮路的"花境"荷花元素绿色雕塑
④ 以"聚焦两会 关注民生"为主题进行花卉雕塑环境氛围布置
⑤ 巡塘古镇街角园林元素与彩色花草交相辉映,表达着人民对美好生活的追求

① 2022年4月21日，市委书记杜小刚专题调研中瑞低碳生态城及全域"双碳"示范区规划建设工作，并主持召开调研座谈会，研究部署下阶段重点工作
② 2022年3月5日，无锡经开区召开争创全国文明典范城市推进大会暨污染防治、城市精细化管理工作会议。党工委书记、管委会主任杨建平参加会议并讲话
③ 无锡经开区对老杨木桥河自然风光带进行整体规划，满足居民对优美水生态环境的需要　（区党群部）
④ 贡湖湾湿地公园一景

① ④
② ③

① 2022年1月3日,党工委副书记、党群工作部部长俞政业带队先后深入周新农贸市场、华庄集贸市场及小旅馆、小餐饮店等地,督查重点场所常态化疫情防控工作,实地检查周新社区、华庄社区疫情防控应急演练开展情况

② 3月13日,党工委书记、管委会主任杨建平深入无锡经开区部分重点场所督导检查疫情防控工作,慰问坚守疫情防控一线的工作人员

③ 7月13日,党工委书记、管委会主任杨建平率队赴高速道口、核酸检测基地、保供商超,检查疫情防控工作,看望慰问高温期间坚守岗位的一线工作人员

④ 11月19日,党工委书记、管委会主任杨建平主持召开区新冠肺炎疫情防控工作领导小组(扩大)会议,传达省市疫情防控工作领导小组会议精神,听取近期全区疫情防控工作情况汇报,分析研判形势,对当前疫情防控工作进行再部署再压实再推进

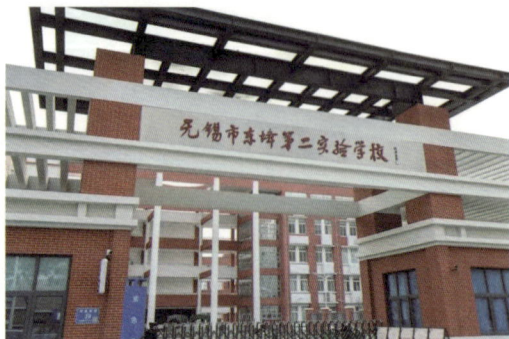

① 10月26日，无锡经开区与华东师范大学、狄邦教育集团签署合作办学协议，共建华东师范大学附属无锡太湖湾学校（暂定名）、华东师范大学基础教育创新改革试验区

② 2022年8月，在新学期到来之际，经开人家门口"上新"了4所学校：无锡市融成观顺实验小学、无锡经开和美幼儿园、无锡市尚贤万科小学、无锡市东绛第二实验学校

③ 为进一步推动海外华文教育"标准化、正规化、专业化、信息化"建设，12月14日，无锡市尚贤教育集团与美国旧金山美洲中华中学校举行"百所华校云牵手"活动合作签约仪式，正式缔结为华文教育友好学校，双方将共同开展学校管理、教师培训、学生成长、课程建设等方面的实践和研究

①
②③

① 2022年5月10日，太湖新城集团与华润置地战略合作签约仪式举行，落户经开的无锡奥体中心、大剧院南侧地块两个合作项目同步签约，强强联手，共同打造文体商旅融合新地标

② 2022年6月16日，由无锡经开区和澳门中华文化促进会共同举办的锡澳文化产业交流会在横琴举行。锡澳双方共同分享各自文化产业发展情况，围绕文创、会展、人才培训等方面进行了充分的座谈交流，探索锡澳两地在创新、产业、文化等方面的交流合作。党工委书记、管委会主任杨建平，党工委委员、管委会副主任王贤，党工委委员、管委会副主任秦艳参加活动

③ 2022年9月21日，无锡太湖新城体育公园入选江苏省第五批体育服务综合体名单，成为继无锡万象城后经开第二家省级体育服务综合体。同时，该项目还成功入选江苏省智慧体育场馆示范项目

无锡经济开发区火灾事故警示教育
暨消防安全整治动员会

2022年11月28日

2022年无锡高新区(新吴区)&无锡经开区网络安全工作培训会暨应急演练
优秀网络安全技术支撑单位授牌仪式

中国移动通信集团江苏有限公司无锡分公司　　中国电信股份有限公司无锡分公司　　蓝源远智科技股份有限公司

江苏怡信天诚信息技术股份有限公司　　江苏壹创科技有限公司　　无锡市信测认证有限公司

①	③	④
	⑤	⑥
②		

① 2022年11月28日，无锡经开区火灾事故警示教育暨消防安全整治动员会召开，党工委书记、管委会主任杨建平参加会议并讲话

② 2022年8月25日，无锡经开区、无锡高新区（新吴区）联合举办2022年网络安全工作培训会暨网络安全事件应急演练。活动现场授牌一批优秀网络安全技术支撑单位，聘任一批网络安全智库专家

③ 2022年12月14日，隆重举行无锡经开区消防特勤站奠基仪式，加快推进构建全区消防救援体系建设

④ 2022年9月13日，无锡经开区对防汛防台工作进行再动员再部署，切实保障人民群众生命财产安全，与经开消防救援大队建立了联合抢险的工作机制

⑤ 2022年，经开公安分局以党的二十大安保维稳为主题主线，紧紧围绕"专、精、特"目标定位，公安工作及队伍建设取得新发展、实现新提升

⑥ 经开交警大队为2022年高考保驾护航

Wuxi Economic
Development District

目　录

特　载

大事记

概　览

党的建设

政务服务

综述

社会治理

新经济

开放合作

产业发展

综合管理

科技创新

人民生活

社会事务

公共安全

附　录

索引

街　道

特　载

无锡经济开发区管委会2022年工作报告

律回春渐,新元肇启。今天,我们在这里召开2023年高质量发展大会暨全域功能区建设动员大会,旨在以习近平新时代中国特色社会主义思想为指导,深入学习贯彻党的二十大精神,全面落实中央和省市委会议部署,全面总结2022年工作,分析研究当前形势,系统部署全年工作,动员全区上下坚定信心、积极作为、紧抓快干,在新征程上竖起"高质量发展"的鲜明旗帜,提振"加速跑"的精神气魄,加快推动全域功能区建设,奋力打造新发展理念全域实践区,切实为中国式现代化经开新实践开好局、起好步。

刚才,会上通报了2022年主要经济指标、为民办实事项目完成情况,表彰了改革调研优秀成果和"四区"建设先进集体、先锋人物,发布了2023年为民办实事工程项目,颁发了2023年度工作责任状,印发了无锡经济开发区关于全域功能区建设的相关意见,部门、园区、企业、征收拆迁片区及社区代表分别作了交流发言,大家讲得都很好,希望大家都能以更加坚定的信心、更加精准的举措、更加严实的作风,共同推动经开经济社会高质量发展取得新的更大成效。下面,我再讲四个方面意见:

一、深入学习贯彻党的二十大精神,谱写经开高质量发展新篇章

党的二十大是在全党全国各族人民迈上全面建设社会主义现代化国家新征程、向第二个百年奋斗目标进军的关键时刻召开的一次十分重要的大会,为新时代新征程党和国家事业发展、实现第二个百年奋斗目标指明了前进方向、确立了行动遵循,在党和国家发展进程中具有极其重大的历史意义。

学习贯彻党的二十大精神,是当前和今后一个时期的首要政治任务。全区上下要坚决贯彻习近平总书记"五个牢牢把握"和"全面学习、全面把握、全面落实"的重要指示精神,持续推动学习宣传贯彻走深走实走心,在学懂弄通做实上下功夫,坚定不移用党的二十大精神统一思想、统一意志、统一行动。一要深刻学习和全面把握党的二十大的主题及主要成果;二要深刻学习和全面把握新时代10年伟大变革的里程碑意义;三要深刻学习和全面把握习近平新时代中国特色社会主义思想的世界观方法论和贯穿其中的立场观点方法；四要深刻学习和全面把握中国式现代化的中国特色和本质要求；五要深刻学习和全面把握全面建设社会主义现代化国家的目标任务；六要深刻学习和全面把握以党的自我革命引领社会革命的重要要求；七要深刻学习和全面把握江山就是人民、人民就是江山的根本政治立场；八要深刻学习和全面把握统筹发展和安全的重大原则；九要深刻学习和全面把握"三个务必"的谆谆教导和团结奋斗的时代要求。

学习贯彻党的二十大精神，最重要、最根本的是要深刻领悟"两个确立"的决定性意义。在理论和实践结合中、历史和现实观照中、当前和未来贯通中，深刻理解其历史必然性、时代必然性、现实必然性和制度必然性，不断增强紧跟伟大复兴领路人开创更加美好未来的政治认同、思想认同、理论认同、情感认同，把拥护"两个确立"、做到"两个维护"落实到行动上。要深刻领悟，"两个确立"是党的十八大以来发生伟大变革的决定性因素，是新时代十年最大政治成果、最重要历史经验、最客观实践结论，是关乎党和国家前途命运、党和人民事业成败的根本性问题。要深刻领悟，"两个确立"对全面建设社会主义现代化国家、全面推进中华民族伟大复兴具有决定性意义，是我们应对一切不确定性的最大确定性、最大底气、最大保证。要深刻领悟，"两个确立"体现了马克思主

义政党根本原则，是必须严格遵守的政治规矩，在新时代新征程我们要用实际行动坚定捍卫"两个确立"、坚决做到"两个维护"。

学习贯彻党的二十大精神，要坚持不懈用马克思主义中国化时代化最新成果武装头脑、指导实践、推动工作。党的二十大报告深刻指出，中国共产党为什么能，中国特色社会主义为什么好，归根到底是马克思主义行，是中国化时代化的马克思主义行。全区上下要把握好习近平新时代中国特色社会主义思想的世界观和方法论，坚持人民至上，坚持自信自立，坚持守正创新，坚持问题导向，坚持系统观念，坚持胸怀天下，切实把党的创新理论贯彻落实到工作各方面、全过程。将学习成果转化到改革发展稳定和全面从严治党的各方面，重点就是要加快中国式现代化经开新实践。实现高质量发展是中国式现代化的本质要求之一，全面推进中国式现代化经开新实践，必须把市委市政府赋予的"四区"建设定位作为推动高质量发展的永恒的、持续的工作目标，同时在不同阶段、不同时期应突出符合发展形势的工作重点。2022年，我们制定了加快打造新发展理念全域实践区的工作意见，进一步拓宽和丰富了"四区"建设内涵。2023年，我们要将全域功能区建设作为加快"四区"建设、打造新发展理念全域实践区、实现高质量发展的重要抓手，全力做好经济社会发展各项工作，在全面建设社

会主义现代化新征程中冲锋在前、勇当标杆,以实干实绩推动党的二十大精神在经开落地生效。

二、众志成城、迎难而上,全面展现经开高质量发展新作为

过去的2022年,大事要事交织,急事难事叠加,是极不平凡、极为难忘、极具重要意义的一年。在党中央和省市委坚强领导下,全区上下知重负重、敢为善为,全面落实"疫情要防住、经济要稳住、发展要安全"重大要求,在全市发展大局中展现了"领跑者"的经开姿态,荣获全市2022年一季度高质量发展流动红旗和"四争"先进集体,以及二季度、三季度"真抓实干奖"。

这一年,我们坚持统筹兼顾,顶住压力稳增长,展现了发展担当。围绕主要经济指标增速高于全市平均的目标,千方百计拓增量、挖存量,高效统筹疫情防控和经济社会发展,加大政策调控实施力度,积极运作稳增长服务专班和"两链"护航专班,经济运行总体平稳、持续回升,主要经济指标均完成全年目标任务,大部分经济指标增速领跑全市,地区生产总值、一般公共预算收入、规上工业增加值、固定资产投资、工业投资、全社会消费品零售额、进出口总额等7个指标增幅全市第一。全省开发区排名从成立之初的108名提升到73名,平均每年进位9名,其中2021年进位12名,2022年进位13名。统筹兼顾发展与化债,用好REITs、TOD、进出口银行等各类金融工具,在固定资产投资稳步提升的同时,政府债务率保持绿色区域、全市最低。

这一年,我们坚持产业为王,引育并举添动力,增强了发展后劲。围绕构建经开"333+5"现代产业体系,加快推进"一镇五园"建设,推动物联网、智能制造、集成电路、人工智能等产业集群深耕细作。国家传感园一期完成改造,雪浪小镇数据创新中心等建成投用,全国首批欧美同学会海归小镇(无锡·物联网)揭牌成立,产业发展空间持续壮大。成功举办雪浪大会、粤港澳大湾区产业创新试验区投资合作论坛等"双招双引"活动,无锡深港协同创新中心正式投用,无锡-横琴粤澳协同创新中心成立,雪浪算力中心建成运行,科大讯飞、京东科技、文远知行、吉利区块链、研微半导体等优质项目签约落地。启动规模以上、创新三类、高新技术、专精特新和上市后备等五类企业"培优工程",充分发挥有为政府与有效市场作用,谋划推动总投资70亿元的17个先进制造业项目,化工装备成功上市,产业质态全面增效。基金PARK新增基金规模500亿元,总规模超1500亿元,IDG资本、春华资本等15家头部机构基金落户园区,金融集聚效应进一步增强。

这一年,我们坚持建管并重,一着不让提品质,焕发了美的形态。深入推进"一带两镇三园"城市更新及"美丽经开"建设"三年五提升"行动,生态环境有效改善,市容市貌、人居环境显著提升。征收拆迁完成签约面积125.6万平方米,签约及拆除面积均为历年之最,攻坚拔点数量全市最多。高质量完成第二轮中央生态环境保护督察问题整改工作,环境信访问题数量全市最少、办结最快,经开26条全市重点考核河道优Ⅲ比例达100%,位列全市第一,大气环境质量持续提升。老旧小区改造规模、投资额、涉及户数均为历年之最,集中开工改造老旧小区8个,总投资约13亿元,涉及老旧建筑总面积约230万平方米,惠及群众1.7万余户。特别在南湖家园、瑞星家园等老旧小区改造过程中,坚持把改善环境面貌与有序推进雨污分流、消防安全并重,真正使老旧小区脱胎换骨、内外兼修。扎实开展全国文明典范城市创建活动,擦亮城警联动城市精细化管理品牌,城市管理单元优良率首次达100%,太湖街道荣获2022年全市最干净街道(镇)建设优秀街道。在坚持高水平规划、高质量建设、高标准管理的同时,加快推进全域"双碳"示范区、国际化示范区建设,奥体中心正式落户,奥体板块蓄势待发,国际化生态型城市形态未来可期。

这一年,我们坚持人民至上,用心用情惠民生,彰显了发展温度。高水平办好10大类36项为民办实事项目,完善低保边缘家庭一体化综合帮扶,在居住、出行、教育、养老、文体等群众感受度较高的领域取得显著成效,发放各类民生资金1.7亿元,新增学位7000余个,入选全国首批、

全市唯一"央馆人工智能课程"规模化应用试点区,万欣社区党群共享街心广场项目荣获市"微幸福"民生工程金奖,老旧小区改造提升项目荣获市"民心工程"银奖。坚持倾听民心民意,及时排忧解难,高效处置12345政府热线4万余件,完成市、区两级两案办理138件和"互联网+督查"平台留言203件、"市长在线·民声留言板"2724件,尚锦城C区篮球场"焕新"工程荣获全市"市长在线·民声留言板"十大优秀案例。

这一年,我们坚持安全为基,筑牢防线防风险,加固了发展底板。面对多轮疫情冲击,完整、准确、全面把握和执行中央、省、市疫情防控政策措施,以最小范围、最短时间、最低成本打赢多轮疫情防控阻击战,并在"新十条"出台后实现了平稳度峰、有序转段。完成6个社区社会治理现代化试点工作,"1+4"基层治理体系持续深化,危化品、自建房、厂中厂、城镇燃气、消防等重点领域百日攻坚行动统筹推进,安全生产事故起数和死亡人数均同比下降50%,信访积案有效化解,全年进京访数量全市最少,食品药品安全、道路交通安全不断强化,"太湖e警"公安政务服务体系获省、市领导高度肯定,社会治安满意度位居全市前列,群众安全感不断攀升。

这一年,我们坚持从严治党,凝心聚力谱新篇,夯实了发展根基。以党的政治建设为统领,党的二十大召开后,迅速兴

起学习宣传贯彻党的二十大精神热潮，确保各项工作始终沿着习近平总书记指引的方向砥砺前行。坚持把意识形态工作摆到极端重要位置，持续抓好意识形态"三项联动"工作机制，意识形态领域总体态势平稳、趋向积极。打造"红翎联盟"大党委联盟组织体系，在万欣社区等6个社区试点"大党委"运行机制，启动20个社区党群服务中心新改扩建，擦亮"向阳经开"党建品牌。打造"经开云学堂"线上教育平台，选派110名干部开展"砺炼"计划，提高干部履职能力。深入推进"清风行动"，在全市率先开展"调研监督+纪委书记同一把手谈话"活动，征收拆迁后期管理突出问题专项整治工作获市纪委表扬并在全市推广，持续净化政治生态。

风雨多经志弥坚，关山初度路犹长。2022年，我们顶住了巨大压力、冲破了重重困难、取得了新的佳绩。这些成绩是在经受疫情冲击、克服诸多困难中取得的，来之不易、极为珍贵。取得这一成绩，最根本在于有习近平总书记作为党中央的核心、全党的核心掌舵领航，在于有习近平新时代中国特色社会主义思想科学指引。经开的发展日新月异，经开的发展有目共睹，这是在市委市政府正确领导下，全区上下勠力同心、笃行不怠、创新竞进的结果，也是全区广大党员干部夙夜不懈、奋力拼搏、真抓实干的结果。在此，我代表无锡经济开发区党工委、管委会，向长期以来辛勤奋战在工作一线的广大干部群众，致以崇高的敬意和衷心的感谢！同时，向坚守本业、迎难而上、开拓创新的企业家，向关心支持经开发展的各界人士，向给予我们监督与支持的各位人大代表、政协委员，表示诚挚的谢意！

在肯定成绩的同时，我们也要清醒认识到，全区经济社会发展中还存在着许多亟待解决的问题，主要表现为：经济高质量发展基础还不牢固，项目招引能级还有欠缺，列入省级重大产业项目没有实质性突破，缺少标志性、链主型龙头企业，产业质态有待进一步优化；城市功能、形态、品质还不够高端，环境整治任务依然繁重，城市更新要再提速，生态治理、精细化管理水平要再提升；教育、医疗等民生领域还有短板，安全生产、社会稳定等工作仍需加强，群众的幸福感、获得感和本质安全水平有待进一步提高；少数党员干部能力素质还不能适应新形势新任务新要求，敢为善为的意识和本领不强，不作为、慢作为现象依然突出，全面从严治党还需向纵深推进，等等。针对上述问题，我们将高度重视、认真研究，深化改革创新，采取有效措施，切实加以解决。

三、胸怀大局、乘势而上，全面推进经开高质量发展新实践

2023年是全面贯彻落实党的二十大精神的开局之年，也是实施"十四五"规划承上启下的关键一年，做好全年工作任务艰巨、意义重大。当前，纵观国内外宏观环境，虽然面临全球经济衰退风险抬升、

外部环境日趋复杂、疫情扰动恢复周期未知等多重挑战，但经济稳中向好、长期向好的基本面没有变，尤其是党的二十大和中央经济工作会议作出一系列重要部署、释放一系列政策利好，加之国家重大战略交汇叠加，为经开加快高质量发展带来了新的更大机遇。经过四年接续奋斗，经开的发展根基持续夯实，高质量发展正迈入关键机遇期。站在新起点，奋进新征程，新的一年，我们要始终沿着习近平总书记指引的方向勇毅前行，坚定发展信心，积极主动作为，以永不懈怠、锐意进取的奋斗姿态和不惧磨难、勇于变革的创新精神，切实将上级要求转化为清晰的发展思路、明确的发展目标、科学的发展举措，以全域功能区建设为主攻方向，全面推进中国式现代化经开新实践，一步一个脚印把党的二十大精神付诸行动、见之于成效，努力在新征程上展现可观可感的中国式现代化经开新图景。

2023年，全区工作的总体要求是：坚持以习近平新时代中国特色社会主义思想为指导，深刻把握中国式现代化五大特征和本质要求，全面贯彻落实党的二十大精神和中央、省市委战略部署，坚持稳中求进工作总基调，完整、准确、全面贯彻新发展理念，加快服务构建新发展格局，着力推动高质量发展，更好统筹疫情防控和经济社会发展，更好统筹发展和安全，以全域功能区建设为抓手，构建"功能区+行政区"一体运转、各有侧重、分工协作的工作格局，进一步强化功能区的发展功能和行政区的基础功能，着力提升现代产业能级，建设现代国际新城，有效防范化解重大风险，持续保障和改善民生，在新征程上更好"扛起新使命、谱写新篇章"，全面推进中国式现代化经开新实践，努力交出不负市委信任、不负人民期待的时代答卷。

根据省市委安排部署，结合经开实际情况，2023年经济社会发展主要目标任务是：确保主要经济指标增速高于全市平均水平，其中，地区生产总值计划目标为387亿元，增长6%，工作目标为400亿元，增长10.5%；一般公共预算收入计划目标为33.38亿元，增长8%，工作目标为34亿元，增长10%；规模以上工业总产值计划目标为195亿元，增长8.3%，工作目标为202亿元，增长12%；规模以上工业增加值计划目标为44.2亿元，增长8%，工作目标为44.6亿元，增长9%；固定资产投资计划目标为200亿元，增长9.2%，工作目标为210亿元，增长14.7%；社会消费品零售总额计划目标为80亿元，增长10%，工作目标为81.4亿元，增长12%；到位注册外资计划目标为1.2亿美元，增长1.7%，工作目标为1.3亿美元，增长10%；外贸进出口稳中提质，居民人均可支配收入与经济增长基本同步，城镇调查失业率控制在5%左右，其他各项指标确保完成市下达目标任务。确定这些目标指标，党工委管委会综合分析了宏观经济形势、自身发展态势，充分考虑了贯彻党的二十大精神，落实党中央和省市委要求与"十四五"规划目标，体现了加快"四区"建设、打造新发展理念全域实践区的定位，展现了对标先进、自加压力的追求，力求为今后发展赢得更大主动。上述经济社会发展的计划目标是我们坚守的底线，工作目标是我们追求的高线。我们要充分调动积极性，不折不扣完成计划目标，努力争取更好结果，力争全面完成工作目标。

为实现上述目标，要重点把握好以下四个方面：

一是要坚定发展信念。发展是第一要务，产业是第一要点，要充分认识到强信心、促发展是今年工作的当务之急，扩大投资、促进消费是关键所在。要坚持稳中求进总基调，聚焦关键领域关键环节，全力以赴推进重大项目建设，以数字经济为引领，加快先进制造业发展，大力培育新经济、新业态，持续释放消费潜力，为高质量发展积蓄后劲。重点要围绕构建现代产业体系，拓宽都市工业新空间、加大各类投资力度、提升项目招引能级，加快新旧动能转换，补齐产业发展短板，尽快提高产业支撑能力。

二是要强化精品意识。求其上者得其中，求其中者得其下。作为构筑中心城市新优势的城市新核心，对于经济社会发展各项工作，我们都要以不一般的工作标准、不一般的责任意识、不一般的工作力度争先创优、锻造精品。尤其在城市规划、建设、管理方面，要锚定国际化绿色化现代化新城目标定位，推进规建管运全生命周期工作高标准落实，以双示范区及重大功能载体建设为抓手，打造高品质、示范性城市标杆，呈现无锡城市"最美窗口"。

三是要厚植为民情怀。紧紧依靠人民、不断造福人民、牢牢植根人民，是新时期干事创业的根本遵循。要坚持以人民为中心的发展思想，将"实干为民"落实到经济社会发展各个环节，不断提升人民群众的获得感幸福感安全感。既要积极办好各类民生实事，推进公共服务补短、固优、提质，构建优质均衡、覆盖全体的社会保障和公共服务体系，也要全力守住安全红线、筑牢安全底板，创造平安稳定社会环境，让幸福生活可触可感。

四是要坚持系统思维。不谋万世者，不足谋一时；不谋全局者，不足谋一域。要深刻认识高质量发展的内在关系，坚持系统谋划、统筹推进经济社会发展各项工作，既要统筹发展与安全，也要兼顾公平与效率，更要统观当前与长远，加快形成推动高质量发展的总体效应。重点要把握好局部与整体，加强多领域协同联动，尤其要注重在项目建设、城市更新中将新建项目建设与周边环境提升一体谋划、一同推进，补短板、提品质。

2023年，要重点做好以下五个方面工作：

一要深化改革创新，着力激发体制机

制新活力。以解决制约高质量发展的根本性问题为方向,加强重点领域改革攻坚、先行先试,为高质量发展提供重要保障。要优化功能分区布局。围绕强化功能区资源配置,精准定位功能区发展重点,全面彰显功能区优势特色,锚定经开作为无锡面向太湖、面向未来的城市新核心,构建以城市核心引领区为主导,先进智造协同区、都市科创先导区、湖湾科技生态区融合发展的"1+1+3"全域功能区体系,全面激发城市发展活力,为实现科产城人全面融合提供重要支撑。其中,以雪浪小镇为核心打造城市核心引领区,以国家传感园为核心打造先进智造协同区,以中瑞低碳生态城、国际社区示范区为核心打造湖湾科技生态区,以太湖湾信息园和黄金湾科创园为核心打造都市科创先导区。今天会上,我们下发了全域功能区建设的实施意见,目标已经明确,关键在于落实。要加快制定全域功能区建设三年行动计划,明确各功能区具体实施项目和工作责任目标,按照目标、措施、时限、责任四个明确要求,抓好工作分解落实。要健全完善组织体制。完善建立"功能区+平台公司+属地街道"工作体制,建立健全功能区、平台公司、属地街道一体安排、分工合理的权责清单管理制度。功能区聚焦发展、建设职能,主要承担规划建设、政策制定、载体建设和人事、财务以及资产管理等工作。平台公司聚焦招商引资、企业服务、资产运营等工作,重点做好招企

业、招外资、招外贸、招税收、招人才,并通过盘活存量资产注入、扩大有效投资带动、提升产业金融活力等举措,全面实现平台公司市场化运作。街道立足社会管理工作,主要承担辖区内党的建设、公共服务、民生保障、基层治理、安全环保、征收拆迁等工作。要创新构建运行机制。坚持人岗相适、以事择人,引入市场化招聘、差异化薪酬、契约化管理,逐步推动"一镇五园"实行全员聘任制,全面激活干部队伍活力。会议下发的《无锡经济开发区"一镇五园"体制机制改革实施意见》旨在以改革创新为抓手,构建更具活力的产业园区体制机制。坚持定责定岗定人,全面推行岗位绩效工资制,建立与目标任务相挂钩的薪酬分配制度,区分管理与业务岗位在固定薪酬、绩效激励方面的差别,提高产业招商、规划建设、运营管理、投融资等专业岗位的薪酬标准。建立与企业性质相适应的薪酬分配制度,将绩效奖金与园区高质量发展年度考核结果挂钩,实行大盘统筹,总额管理,由平台公司根据工作表现、贡献大小,自主合理分配。对年度考核不称职、未完成聘期工作目标、不服从岗位安排、违法乱纪的人员,通过转岗、待岗、降岗、解聘等方式进行刚性淘汰,使"优胜劣汰"成为大势所趋,确保人人有压力、人人有动力。各部门、各单位要坚持精简高效原则,持续优化工作运行机制,着力发挥"大部制"优势,大力探索运用政府购买服务机制,多用市场化手段

提供政府服务,切实构建"大部制、大作为"的生动局面。

二要坚持产业强区,奋力打造新兴产业新空间。围绕全面提升产业竞争力和影响力,不断做大项目、做精载体、做强企业、做优生态,打造具有更强创新力、更高附加值的"333+5"现代产业体系(物联网、集成电路、软件与信息技术等3个地标产业集群,高端装备、节能环保、汽车及零部件等3个优势产业集群,人工智能、第三代半导体、深海装备等3个未来产业集群和工业互联网、智能网联汽车、新能源汽车核心部件、集成电路装备、人工智能等5个产业生态圈)。要以重大项目筑牢新支撑。坚持"项目为王"理念,以列入省级重大项目为目标,立足招引重大项目求突破,围绕在谈项目快签约、签约项目快落地、落地项目快建设,做好土地、资金、服务等全方位要素保障,全力加快绿叶诊断总部、昕原新型存储器等在谈项目签约落地,盛业资本总部、柯诺威等新建项目启动建设,国际会议中心等在建项目竣工投用,提速车联天下二期、联能科技等17个骨干企业后劲培育项目建设,确保全年重大项目建设完成投资200亿元,形成新的经济增长点。按照主题鲜明、目标明确、精准施策要求,坚持产业招商和地块招商同步推进,加强与重点央企、知名民企、外资企业、金融机构的深入对接,走出去赴海外和北京、上海、广州、深圳、杭州等地招商引智,请进来办好雪浪大会、金秋招商月等重大活动,建好、运营好大上海、粤港澳等区域"飞地",力争在30亿元以上产业项目招引上有所突破。围绕增加有效投入,用足用好各类政策性开发性金融工具、中长期贷款、专项债券等政策,确保全年新增政府债券资金30亿元,形成更多投资实物量。要以专业园区培育新动能。工业新空间是新一轮产业发展的重要载体,也是推动集约化发展的重要机遇。加快实施300万平方米都市工业新空间建设三年行动计划,通过调、腾、建等方式,不断调优存量土地用地性质,有效盘活低效用地资源,并借鉴深圳南山高新产业园、天安云谷"工业上楼"经验,办好都市工业新空间建设暨合作签约大会,引入重点央企(国企)、知名民企共同参与建设,按照"新产业、高品质、定制化"标准,确保全年规划新建、建成投用160余万平方米都市工业新空间,以拓宽都市工业的新空间来赢得现代产业的新发展。构建"产业集群+特色产业园区"发展模式,制定九大产业集群三年行动计划,建立健全产业园区"五个一"工作推进机制,全方位做强配套、做优服务,确保全年新增企业300家以上、规上企业入库70家以上,切实提升项目引育质效。深化尚贤湖基金PARK建设,确保引进头部基金机构15家,新增基金注册规模500亿元以上,发挥政策杠杆效应,探索做优做强二级市场,建立私募股权投资退出机制,全力打造私募股权基金集聚新高地。要以科技创新激发新活力。深层次融入长三角、粤港澳科技创新圈，立足建平台、育企业、引人才，加快资源要素集聚，持续优化创新生态。发挥好湖南大学无锡智能控制研究院、雪浪算力中心等创新平台作用，加快上海大学无锡产业研究院"智慧绿岛"项目投产达效，推动粤港澳大湾区数字经济研究院、华南理工大学联合创新基地落地建设。强化创新企业培育，力争年内高新技术企业、科技型中小企业分别突破150家、300家，新增雏鹰、瞪羚、准独角兽企业50家以上，进一步增强核心竞争力。全面用好各类人才政策，引入市场化、社会化人才服务机构，提高住房、子女入学、医疗等生活保障力度，真正让人才引得进、留得住、发展好。要以优质服务展现新气象。秉持"平时无事不扰、有事无处不在"理念，从登记注册、项目代办、建设协调、资金保障、融资服务等方面入手，对企业各类困难诉求提供点餐式、精准化"一条龙服务"，像尊重科学家一样尊重企业家，像尊重教育家一样尊重实业家，为所有市场主体提供如鱼得水的最佳营商环境，让敢想敢为、敢闯敢拼的企业家大显身手、各显神通。全面上线"亲清在线"数字平台，通过对政府部门"轻量级"资源整合、数据协同，形成政商"直通车式"的在线服务系统，更精准、更直接地为企业主动提供服务。充分发挥经开区体制机制优势，积极推动行政处罚赋权工作全面到位，为提升营商环境法治化水平提供重要支撑。推动有效市场和有为政府更好融合，多点发力助力消费复苏，精心办好金秋购物节、暖冬消费季、迎新春促消费等主题活动，加大山姆会员店、万象城、海岸城、周新里等扶持力度，充分挖掘消费潜力，点燃城市烟火气。

三要统筹城市建管，全力塑造现代城市新形象。突出"全域皆景"理念，努力做优城市品质，打造极具特色和活力的时尚城市形象。要加快打造舒适宜居城市。提速贡湖大道两侧、重点园区用地、批而未供处置清零扫尾，确保征收拆迁完成110万平方米，力争完成135万平方米。重点围绕沿贡湖大道+周新片区、沿南湖大道华庄片区+奥体板块、沿尚贤河+国际社区等三个重点板块，吸引国内优质开发企业合作开发，构建房地产健康发展新模式，力争出让经营性地块40公顷，合同金额120亿元，到账金额100亿元。加强华庄老镇区等重点片区功能提升研究，认真做好土地收储和出让，力争获得更多与新城同步发展的良好资源。改造6个老旧小区150万平方米，江南大悦城、新东广场以及落霞、震泽等2个睦邻中心年内开业，不断提升城市品质及配套。打好"美丽经开"建设"三年五提升"行动收官战，完成16条河道、14条道路优化和2个立标区建设，持续扮靓"美丽经开"颜值。要着力提升城市形象品质。加大贡湖大道沿线城市更新力度，高标准焕新北大门。以国际视野、对标先进，高水平规划设计经开每一寸土地，按照一流标准推进重点区域建设,做好无锡中心前期准备工作,加快推进奥体中心、市文化艺术中心、市美术馆等项目建设,高水平启动9大类30项国际社区建设项目,致力打造环太湖魅力名片。围绕争当无锡打造"全国最干净城市"示范区目标,一刻不松推进全国文明典范城市创建工作,推动管理单元优良率继续保持100%、优秀率达到70%以上。释放观山路、金匮公园南广场、新园路、清舒道、家具小镇等"席地而坐"城市客厅示范效应,更好呈现干净整洁的市容市貌,建设"居者心怡、来者心悦"的城市环境,营造全社会共建共创共管文明城市的良好氛围。要不断提优绿色生态内涵。坚持精准治污、科学治污、依法治污,以生态执法力量入驻为抓手,多措并举加强环境监督保护,做好涉磷企业规范化、标准化治理,加强国考和入湖河道小溪港断面支浜排查整治,加快梁塘河湿地三期改造提升,确保全面消除劣Ⅴ类水质,确保地表水国考、省考断面优Ⅲ比例分别达到66.7%和75%。深入开展"移动源"整治,不断巩固污染防治攻坚成果、提质蓝绿空间。统筹推进"无废城市"建设,创新探索中瑞低碳生态城"数字孪生"建设,加快启动零碳展示馆建设,确保零碳校园建成启用,积极谋划慢行交通系统,打造更多公园绿地、开放空间,编织现代科技与绿色低碳共融的生态画卷。

四要涵养为民初心,努力创造幸福美满新生活。始终把人民群众放在最高位置,坚持在发展中保障和改善民生,推动实现更高水平"民生七有",打造更高质量、更有温度的幸福经开。要持续夯实共同富裕基础。综合运用"免、缓、返、降、补"等手段,因企因人分类帮扶,有效缓解企业稳岗压力,促进多渠道灵活就业。加强公共就业服务,高质量办好"锡心筑梦""创响无锡"经开专场活动以及"百校千企万岗"系列活动,加快推进"互联网+"就业服务体系,形成线上线下联动、需求与应聘精准对接的公共就业服务模式。完善离校未就业高校毕业生、困难家庭子女、残疾人等群体就业帮扶机制,加强人员技能培训,提升困难群体就业保障能力。继续推动村级股份经济合作社参与城市更新,规范村级集体经营性资产租赁管理,提高群众股权收益、资产收益水平。要加快优化公共服务供给。高水平实施2023年10大类30项为民办实事项目,更好解决群众急难愁盼问题。启动万顺道规划小学等14所学校新改扩建,加快华庄、太湖街道社区卫生服务中心异地新建,高水平推进江大附院华庄街道社区卫生服务中心外科联盟等医联体合作,不断提升教育、医疗供给水平。积极推动与华东师范大学共建基础教育创新改革试验区,用好全市优质教育资源,加快"因材施教"信息化项目建设,为广大学生提供高品质、全天候、多元化教育服务。推出"经夕延年"医养结合居家养老品牌,健全"区域性助餐中心+社区助餐服务点+配送入户"服务体系及婴幼儿照护与学前教育保障体系，提高"养老育小"服务水平。做大"运动健康进社区"群众体育品牌活动，全力做好无锡马拉松等重大赛事保障，继续保持人均体育场地面积增幅位于全市前列，打造更多精彩丰富的群众性活动。要切实兜牢民生保障底线。健全覆盖全民、公平统一、可持续的多层次社会保障体系，探索"物质+服务"救助方式，对困难群众做好常态化探访关爱，定期开展巡访排查，精准对接老年人多样化养老服务需求，做到及时干预、应保尽保、精准救助，结合全区燃气安全整治，为500户困难家庭更换灶具，为500户"瓶改管"困难家庭提供补贴，加大低保边缘家庭、困境儿童医疗补助力度，大幅增加补助额度（门诊年累计补助从600元提升至1500元），住院自费部分补助次数由1次增加到4次，切实保障困难群众、弱势群体和低收入群体的基本生活，努力用政府的"紧日子"换取百姓的"好日子"。

五要夯实稳定基础，聚力构筑社会治理新格局。坚定不移贯彻总体国家安全观，加快推进社会治理体系和治理能力现代化，积极开创首善区"基层善治"新局面。要精准做好疫情防控工作。严格落实新冠病毒感染"乙类乙管"各项举措，牢牢把握疫情防控转入新阶段的工作重点和任务要求，高度重视老年人等重点人群的保障救助工作，全面提升医疗机构接诊和救治能力，做到人要有人管、病要有人

治、重病有床位，全力守护群众安全健康。及时发布权威信息、回应社会关切，继续加快60岁以上老年人疫苗接种，更好构筑全民免疫屏障。要提升基层治理能力水平。纵深推进"1+4"基层社会治理体系全覆盖，完善"街道党工委—社区党组织—网格党组织—党员中心户"四级组织架构，用好区街一体、城警联动模式，深化"网格+警格""网格+精细化管理"协同治理机制，确保区级城运中心、街道分中心及社区工作站上半年全面建成使用，社区实现全科社工、全科窗口全覆盖。积极践行"一线工作法"，以党建引领居民自治、社会共治、服务善治、平安法治、文化德治、科技智治相融互促。要守住安全稳定发展底线。坚持安全第一、预防为主，抓好全市重点领域安全稳定风险督查问题整改，开展专委会运行提质增效、基层安全生产监管能力提升、精准执法提升、企业安全生产主体责任深化等四大专项行动，扎实抓好专项整治成效、基层监管水平、企业履职能力、监管执法效能、支撑保障标准"五个提升"，全面强化街道综合执法局安全生产监督管理职责，以高水平安全服务高质量发展，以新安全格局保障新发展格局。按照清仓见底原则，扎实做好各类重点人群管控，认真开展"信访突出问题攻坚化解年"行动，落实党政领导干部包案化解矛盾纠纷机制，有效解决信访突出问题，坚决守住"四个不发生"底线。

四、坚定不移加强党的建设，引领经开高质量发展新局面

推动高质量发展、奋力打造新发展理念全域实践区、全面推进中国式现代化经开新实践，关键在党要管党、全面从严治党。全区各级党组织要全面落实新时代党的建设总要求，切实履行管党治党政治责任，以党的政治建设为统领加强党的各方面建设，不断推动全面从严治党向纵深发展，确保党始终成为全区现代化建设的坚强领导核心。

一要加强党的全面领导。党的领导是中国特色社会主义最本质的特征，坚持和加强党的全面领导关系党和国家前途命运。要把党的领导落实到党和国家事业各领域各方面各环节，使党始终成为全体人民最可靠的主心骨。要坚定拥护"两个确立"，坚决做到"两个维护"，始终胸怀"两个大局"，牢记"国之大者"，站稳政治立场，保持政治定力，在思想上政治上行动上始终同以习近平同志为核心的党中央保持高度一致。要严明政治纪律、政治规矩，着力增强党内政治生活的政治性、时代性、原则性、战斗性，教育引导全区各级党组织和党员干部持续提高政治判断力、政治领悟力、政治执行力，恪守"五个必须"，严防"七个有之"。要严格执行民主集中制，健全科学民主依法决策机制，切实加强对重大工作的领导，不断增强把方向、管大局、做决策、保落实能力。要全面落实意识形态（网络意识形态）工作责任制，持续加强意识形态（网络意识形态）领域引导和管理，不断巩固拓展主流意识形态建设成果。要健全完善全面从严治党责任体系，压实各级党委（党组）主体责任、书记第一责任人职责、班子成员"一岗双责"、纪委监督责任，切实增强管党治党合力。

二要夯实基层战斗堡垒。党的基层组织，是党和政府推进各项工作的战斗堡垒和重要阵地，要坚持把基层党建同中心工作、发展实践紧密结合起来。要坚持大抓基层鲜明导向，分层分类推进各领域基层党建，进一步巩固深化传统领域党建工作，着力提高新兴领域党建质量水平，精心打造特色党建品牌集群。要聚焦社会治理等重点任务，深入开展"红翎联盟"行动，进一步健全完善街道大工委、社区大党委机制建设，将党的组织优势转化为发展优势。要加快完善《无锡经济开发区基层党建五年发展规划》，持续优化基层资源配置，开创多元协同、融合发展、资源共享的基层党建新局面。要坚持以阵地建设为抓手，高品质打造市基层党建创新实践基地，高标准推进区级党群服务中心建设，高质量运营维护党建公园，不断扩大"向阳经开"先锋党建示范带影响力示范力。太湖街道20世纪30年代就有锡商精神、百年工商文化基因，华庄街道80年代就是全国唯一的小城镇建设综合试点镇，阵地建设中要深入挖掘历史宝贵精神财富，大力弘扬"四敢精神"，点燃干事创业热情。

三要锻造过硬干部队伍。实现新时代新征程的目标任务,对各级干部的精神状态、能力素质、作风形象提出了新的更高要求。要坚持选人用人正确导向,做深做实干部政治素质考察,着力打造一支政治过硬、适应新时代要求、具备现代化建设能力的干部队伍。要着力加强干部思想淬炼、政治历练、实践锻炼、专业训练,加强斗争精神和斗争本领养成,不断提高"七种能力",切实增强"八项本领"。要科学把握年轻干部成长规律,深化实施年轻干部挂职锻炼"砺炼"计划,健全基层年轻干部"选""用"工作机制,注重从街道、社区、园区、国有平台公司中,锻炼培养一批优秀年轻干部,确保干部队伍"蓄水池"既水量充足又水质优良。要坚持严管和厚爱相结合,加强对干部全方位管理和经常性监督,认真落实"三个区分开来"重要要求。要用好"担当指数"评定,做到能者上、优者奖、庸者下、劣者汰,以鲜明导向鼓励干部敢于担当、积极作为。

四要深化全面从严治党。全面从严治党永远在路上,党的自我革命永远在路上,要以党的自我革命引领社会革命。要强化政治监督,紧盯对党的二十大做出的各项决策部署和习近平总书记重要指示批示精神落实情况开展监督检查,加强对支持园区经济发展等惠企政策措施落实情况和2022年为民办实事项目"回头看"等重点工作的监督检查。要坚持系统施治,重点围绕基层党组织"关键少数"和资金交易多、权力集中的敏感领域,坚决打赢反腐败斗争攻坚战持久战。要深化源头治本,一体推进不敢腐、不能腐、不想腐体制机制建设,深化内控机制建设巩固年行动,持续开展重点领域廉政风险点排查,除隐患、治未病。要加强作风建设,对"四风"问题绝不留情,露头就打。要注重以"小切口"解决"大问题",聚焦集体"三资"管理、安全生产、物业管理等领域,确保2月底完成店面房出租问题整改,深入开展征收拆迁后期管理专项治理,厘清权属和收益分配机制,继续做好村级股份合作专项治理的后半篇文章,着力建设廉洁经开,切实维护群众利益,营造风清气正的政治生态。

同志们,唯有笃定前行,方能致高致远;唯有砥砺奋进,方能成就未来。加快全域功能区建设,踏上全面推进中国式现代化经开新实践的征程,我们要继续以敢为、敢闯、敢干、敢首创的担当作为,阔步向前,开好局、起好步,不断汇聚起创新创业创造的磅礴力量。我们将全力支持和鼓励"干部敢为",推动党员干部积极投身全域功能区建设,尤其是在项目招引、征收拆迁、维护安全稳定等领域敢啃"硬骨头"、敢攀"最险峰"、勇当"探路者"。认真落实"三个区分开来"的要求,健全激励机制和容错纠错机制,旗帜鲜明为担当者担当、为负责者负责、为干事者撑腰,给改革者、创新者更多包容,对敢为善为者给予鼓励和支持,对成功者给予褒奖和激励,对探索中的挫折给予理解和宽容,让广大党员干部放开手脚、干事创业。我们将全力支持和鼓励"基层敢闯",推动街道、园区在找准定位、厘清职责的基础上,围绕全域功能区建设,大胆试、大胆闯、大胆干,在"没有先例"的方面率先探索,在"普遍在做"的方面形成特色,在"具有优势"的方面作出示范。持续为基层赋能减负,坚决破除不合理的制度性障碍,营造比学赶超的浓厚氛围,鼓励基层在抓贯彻落实上创造性开展工作。社区要注重守正创新,加快实现全科服务、在线服务全覆盖。我们将全力支持和鼓励"企业敢干",让企业更好发挥主角作用,真正把雄心壮志、雄才大略用到推动生产组织创新、技术创新、市场创新上来,踊跃在高质量发展中干在实处、走在前列。始终坚持"两个毫不动摇",大力弘扬企业家精神,真诚尊重企业家、爱护企业家,帮助企业解决难题、稳定预期、提振信心。我们将全力支持和鼓励"群众敢首创",坚持为了人民、依靠人民,尊重人民主体地位,发挥基层首创精神,在老旧小区改造、政务服务等方面拓宽反馈渠道、虚心听取民意,让蕴藏在人民群众中的创造潜力、创新智慧更好释放出来。

时间的长河奔涌向前,奋斗的脚步永不停歇。让我们更加紧密团结在以习近平同志为核心的党中央周围,坚持以习近平新时代中国特色社会主义思想为指导,全面贯彻党的二十大精神,在市委市政府的坚强领导下,以高昂的斗志、必胜的信心,加快全域功能区建设,推动高质量发展取得新成效,奋力打造新发展理念全域实践区,在绘就中国式现代化"精彩无锡画卷"中作出更大经开贡献。

大事记

锡经开
Wuxi Economic
Development District

1月

1月1日，区党工委书记、管委会主任杨建平带队先后赴区、街两级疫情防控指挥部专班、大桥社区、万欣社区、隔离酒店等地，督查节日期间常态化疫情防控工作开展情况。区领导俞政业、赵宏参加督查。

1月1日，2022无锡经开区全民健身系列之迎新徒步活动在雪浪小镇正式启幕。区党工委书记、管委会主任杨建平参加活动并作新年致辞。区领导俞政业、冯爱东、张静红、王贤、赵宏、秦艳、王磊、刘晓霞参加活动。

1月2日，区党工委书记、管委会主任杨建平先后来到巡塘古镇、尚贤道北段、公交临时停车场项目现场、方庙路和显云街周边、金匮公园、金融八街、观山路立信大道路口、万顺路路口等地，检查安全生产、城市更新、城警一体化工作开展情况，看望慰问一线工作人员。区领导赵宏参加活动。

1月4日，无锡经济开发区召开2021年度各街道党工委和区直属党委书记抓基层党建工作述职会。区党工委书记、管委会主任杨建平主持会议并讲话。市委副秘书长、市委研究室主要负责人黄维恭参加会议并作点评讲话，市委组织部党员教育中心主任李凌到会指导。区领导俞政业、冯爱东、张静红、秦艳、王磊、刘晓霞参加会议。

1月6日，区党工委书记、管委会主任杨建平主持召开全区重大项目推进会，逐一分析研究当前重大项目推进情况及存在问题，明确解决路径和方法。区领导冯爱东、王贤，太湖新城集团领导张军伟参加会议。

1月7日，无锡经济开发区新年首场招商推介会在上海举行。区党工委书记、管委会主任杨建平参加活动并发表讲话。

1月10日，无锡经济开发区召开2022年房屋征收拆迁动员大会，区党工委书记、管委会主任杨建平向全区各级发出新一轮城市更新与房屋征收的动员令，向相关街道、片区发放房屋征收任务书。区领导俞政业主持会议，区领导王贤、太湖新城集团领导张军伟参加会议。

1月13日，雪浪小镇算力中心正式发布，一批重大平台、总部、基金、科创项目同时签约落地。市委书记杜小刚会见中国工程院院士、雪浪小镇名誉镇长、雪浪工程院发起人王坚，并共同发布雪浪算力中心。市、区领导高亚光、杨建平、冯爱东、张静红、王贤、赵宏、秦艳参加活动。

1月14日，区党工委书记、管委会主任杨建平率慰问组走访慰问高龄老人、"夹心层"家庭、困难劳模和部分重点企业。

1月17日，新加坡Cityneon Holdings—ANIMAX亚太区总部项目签约仪式在无锡经济开发区举行。市委常委、统战部部长周常青,新加坡企业发展局中国司华东区副司长胡丽燕参加签约仪式,区党工委书记、管委会主任杨建平参加活动并致辞。市工信局、市商务局、市文广旅游局相关负责人,区领导冯爱东、秦艳参加活动。

1月18日,无锡经济开发区召开2022年"一镇五园""双招双引"工作推进会,传达学习全市开发区高质量发展大会和市委、市政府主要领导讲话精神,回顾总结2021年"一镇五园""双招双引"重点工作成效,听取新的一年工作思路,部署下阶段重点工作。区党工委书记、管委会主任杨建平参加会议并讲话。区领导冯爱东、王贤、秦艳,太湖新城集团领导张军伟参加会议。

1月19日,市委副书记、政法委书记朱爱勋,区党工委书记、管委会主任杨建平走访看望辖区高层次人才和科技工作者。区领导分别组成7个慰问组,深入军分区、骨干企业、养老机构、学校和居民小区等地,看望慰问部队官兵、百岁老人、优秀人才和困难群众。

1月20日,无锡经济开发区召开党史学习教育总结会议,传达中央和省市党史学习教育总结会议精神,全面回顾总结党史学习教育成效和经验做法,部署安排巩固拓展党史学习教育成果各项任务。区党工委书记、管委会主任、党工委党史学习教育领导小组组长杨建平参加会议并

发表讲话。市委党史学习教育第一巡回指导组冯雷、钱夏、柳晴到会指导。区领导俞政业主持会议并传达中央和省市党史学习教育总结会议精神。

1月20日,区党工委召开党史学习教育专题民主生活会,区党工委书记、管委会主任杨建平主持会议并作总结讲话。市委党史学习教育第一巡回指导组冯雷、钱夏、柳晴,区领导俞政业、冯爱东、张静红、王贤、赵宏、秦艳参加会议。

1月22日,无锡经济开发区召开新冠肺炎疫情应急处置能力提升培训班暨春节前后疫情防控工作部署会。区党工委书记、管委会主任杨建平参加会议并讲话。区领导俞政业主持会议,区领导冯爱东、张静红、王贤、赵宏、秦艳参加会议。

1月28日,无锡经济开发区召开党工委第111次、管委会第95次会议,会议专题研究讨论了党风廉政建设和反腐败工作,区领导张静红传达十九届中央纪委六次全会、十四届省纪委二次全会、十四届市纪委二次全会精神,代表纪工委向党工委作2021年度工作报告。区领导班子成员及太湖新城集团主要领导参加会议。

1月30日,"拓路先行 联动未来"经开区"城警联动"平台启用仪式顺利举行。区领导杨建平、俞政业,市城市管理综合行政执法局副局长范洪强,市公安局交警支队副支队长杨浩,区领导王贤、赵宏参加启动仪式。

1月30日,区党工委书记、管委会主

任杨建平带队先后深入餐饮企业、农贸市场、城市运行保障单位、在建工地等地督查节前疫情防控和安全生产工作,慰问一线工作人员。区领导俞政业、王贤、赵宏,太湖新城集团领导张军伟参加检查。

1月31日,区党工委书记、管委会主任杨建平先后来到经开交警大队、公安分局、周潭社区、综合执法局、国际会议中心一期项目现场等地,看望慰问一线工作人员、低保家庭。区领导赵宏参加活动。

2月

2月1日,区党工委书记、管委会主任杨建平带队走进华庄农贸市场、落霞农贸市场、落霞苑商业街区城警联动立标区、太湖国际社区党群服务中心、海岸城等地督查检查,看望慰问一线人员。区领导赵宏参加活动。

2月2日,无锡经济开发区邀请部分返锡的本土乡贤和来锡创业、留锡过年的"新乡贤"召开座谈会。区领导杨建平、王贤参加座谈。

2月3日,区党工委书记、管委会主任杨建平带队赴华清医院新冠疫苗接种点、华庄街道疫情防控指挥部专班、太湖街道社区卫生服务中心、申新社区、泓澄社区等地,检查春节期间疫情防控工作,慰问坚守疫情防控一线的工作人员。区领导俞政业参加检查。

2月6日,无锡经济开发区召开2022年高质量发展誓师大会暨新发展理念全域实践区建设动员大会,区党工委书记、管委会主任杨建平动员全区上下奋力闯出一条全面提升数字经济、服务经济、总部经济,引领高质量发展的经开之路。区领导俞政业主持会议,太湖新城集团领导朱刚,区领导冯爱东、张静红、王贤、赵宏、秦艳参加会议。

2月7日,区党工委书记、管委会主任杨建平带队先后走进无锡中电电机股份有限公司、王兴幕墙装饰工程有限公司、新苏机械、方成彩印包装有限公司等企业,了解节后复工生产、外来人员返锡情况,与企业负责人谈发展、谋未来,为企业员工送上新春祝福。区领导冯爱东参加活动。

2月16日,无锡经济开发区召开疫情防控工作会议,深入学习贯彻习近平总书记关于疫情防控的重要指示精神,全面落实中央和省、市关于疫情防控的最新决策部署。区党工委书记、管委会主任杨建平参加会议并作具体部署。区领导俞政业主持会议,区领导冯爱东、张静红、赵宏、秦艳参加会议。

2月17日,区党工委书记、管委会主任杨建平带队现场查看辖区43所学校及部分小区全员核酸检测点保障及现场疫情防控措施落实情况。区领导张静红参加督查。

2月18日,区党工委书记、管委会主

任杨建平带队先后走进好达电子、华美集团、中海璟园等地，现场查看辖区22个小区及部分涉进口企业全员核酸检测点保障及现场疫情防控措施落实情况，看望慰问一线防疫人员。

2月23日，无锡经济开发区举行2022年一季度重大项目集中开工仪式，涵盖重大创新载体建设、先进制造、科创载体、现代服务业、公共服务等领域30个重大项目集中开工。区党工委书记、管委会主任杨建平，太湖新城集团领导朱刚，区领导冯爱东、张静红、赵宏、秦艳共同启动开工仪式。

2月26日，区党工委书记、管委会主任杨建平带队先后前往经开公安分局疾控流调中心、无锡怡和妇产医院新冠疫苗接种点、健康驿站项目工地、医疗卫生中心地块等地检查疫情防控工作并看望慰问防疫一线工作人员。区领导俞政业、赵宏参加活动。

3月

3月5日，无锡经济开发区召开争创全国文明典范城市推进大会暨污染防治、城市精细化管理工作会议。区党工委书记、管委会主任杨建平参加会议并讲话。区领导俞政业主持会议，区领导冯爱东、张静红、王贤、赵宏、秦艳、王磊参加会议。

3月10日，华中科技大学长三角智能研究中心正式落户无锡经济开发区。区党工委书记、管委会主任杨建平，华中科技大学电子信息与通信学院院长邱才明参加签约仪式。区领导秦艳与华中科技大学感知-通信-人工智能交叉创新研究院副院长朱椿共同签署合约。

3月12日，市委书记杜小刚、代市长赵建军、市人大常委会主任徐一平、市政协主席周敏炜等市领导与400名机关干部赴无锡经济开发区蠡河生态环境整治项目现场，参加义务植树活动。区领导杨建平、俞政业、张静红、王贤、王磊参加活动。

3月12日，区党工委书记、管委会主任杨建平主持召开党工委中心组学习（扩大）会议，传达学习全国两会精神，并就全区学习贯彻工作和疫情防控相关工作做部署。区领导俞政业、冯爱东、张静红、王贤、赵宏、秦艳、王磊、刘晓霞参加会议。

3月13日，区党工委书记、管委会主任杨建平深入辖区部分重点场所督导检查疫情防控工作，慰问防疫一线工作人员。区领导俞政业、王贤、赵宏参加检查。

3月19日，区党工委书记、管委会主任杨建平主持召开党工委第114次、管委会第97次暨党工委中心组学习（扩大）会议，传达学习市"两会"精神，听取关于无锡经济开发区2022年一季度重大项目推进及本轮疫情防控复盘工作的情况汇报，研究部署相关工作。区领导班子其他成员，太湖新城集团领导张军伟参加会议。

3月21日，区党工委书记、管委会主

任杨建平率队前往华庄收费站高速公路卡口等地,督导疫情防控工作,看望慰问防疫一线工作人员。区领导俞政业、王贤参加督查慰问。

3月21日,无锡经济开发区与吉利控股集团视频签约仪式在上海、杭州、无锡三地同步举行。区党工委书记、管委会主任杨建平主持仪式,区领导冯爱东、秦艳参加仪式。

3月24日,在全市疫情联防联控指挥部视频点调会后,区党工委书记、管委会主任杨建平主持召开全区疫情防控工作会议,传达市委主要领导在全市疫情防控相关情况专题汇报会以及点调会上的指示精神,研究部署下阶段辖区疫情防控工作。区领导班子其他成员参加会议。

3月25日,无锡经济开发区在雪浪小镇举行机关抗疫先锋志愿队出征仪式。区党工委书记、管委会主任杨建平参加仪式并讲话,区领导俞政业主持仪式。

3月25日,区党工委书记、管委会主任杨建平率队前往苏南水产城、金泰国际装饰城等地督查疫情防控工作。区领导俞政业参加督查。

3月26日,区党工委书记、管委会主任杨建平率队先后前往华庄农贸市场、杨室里小区、华清医院、怡和妇产医院、华庄高速道口等地,督查辖区疫情防控工作开展情况。区领导俞政业、王贤参加督查。

3月29日,区党工委书记、管委会主任杨建平以"四不两直"方式,先后赴老旺安村、金泰国际装饰城及周边、信成道与清源路东北侧地块、仁恒置地建设工地等地检查生态环保工作。区领导王贤参加检查。

3月30日,无锡经济开发区10所学校集中开工仪式在瑞景道规划中学举行。区党工委书记、管委会主任杨建平,市政府办公室副主任、驻宁办主任郭平,市委教育工委书记、教育局局长范良,区领导俞政业,市教育局副局长许敏,区领导王贤,太湖新集团领导张军伟参加仪式。

3月30日,区党工委书记、管委会主任杨建平主持召开区疫情防控指挥部紧急会议,传达市委市政府部署疫情防控工作的指示要求,研究部署辖区防控工作,激活应急状态,迅速模拟启动应急机制。区领导班子其他成员参加会议。

3月30日—31日,在省、市新冠疫情防控视频点调会后,区党工委书记、管委会主任杨建平连续主持召开新冠肺炎疫情联防联控指挥部工作会议,就贯彻落实省、市点调会议精神,扎实做好下阶段疫情防控各项工作细致部署。区领导班子其他成员参加会议。

4月

4月1日,区党工委书记、管委会主任杨建平主持召开首轮全员核酸检测复盘会议,进一步梳理问题、盘点得失。区领导班子其他成员参加会议。

4月2日，在市疫情联防联控指挥部视频点调会后，无锡经济开发区迅速召开贯彻落实市疫情防控指挥部视频点调会精神专题会，听取各工作组当天情况汇报，现场协调解决相关问题，并对《市新冠肺炎疫情防控工作领导小组工作指令（第3号）》进行逐条学习。区党工委、管委会全体领导参加专题会。

4月2日，区党工委书记、管委会主任杨建平带队先后来到S58华庄高速道口、周新农贸市场、天惠超市、锡铁巷社区等地，检查疫情防控和市场保供工作，看望慰问一线工作人员。区领导俞政业、冯爱东、王贤参加活动。

4月3日，区党工委书记、管委会主任杨建平以"四不两直"方式，率队先后赴中海凤凰璟园、杨室里、华庄集贸市场、落霞社区、里桥社区、落霞农贸市场等地检查疫情防控工作。区领导张静红参加检查。

4月4日，区党工委管委会全体班子领导带队对全区社会面疫情防控工作开展"四不两直"检查。区党工委书记、管委会主任杨建平主持召开贯彻落实市疫情联防联控指挥部视频点调会精神专题会，听取党工委、管委会班子领导社会面疫情防控"四不两直"检查情况和各工作组当天工作开展情况汇报，研判疫情形势和检查中发现的亟待解决整改问题，围绕市疫情防控工作领导小组4号令对下步工作再压实、再细化。区党工委、管委会全体班子领导参加会议。

4月5日，区党工委管委会全体班子领导带队对全区社会面疫情防控工作开展"四不两直"检查。区党工委书记、管委会主任杨建平主持召开贯彻落实市疫情联防联控指挥部视频点调会精神专题会，听取党工委、管委会班子领导新一轮社会面疫情防控"四不两直"检查情况和各工作组当天工作开展情况汇报，针对第一批交办事项研判分析，对下步工作再调度、再部署。区党工委、管委会全体班子领导参加会议。

4月5日，区党工委书记、管委会主任杨建平率队走访无锡万华机械有限公司、无锡大昌机械工业有限公司、无锡化工装备有限公司等辖区重点企业，了解企业疫情防控和稳产保供工作，倾听疫情期间企业生产运营遇到的困难与问题，帮助企业纾难解困、提振信心。

4月6日，区党工委书记、管委会主任杨建平主持召开一季度经济运行调度和企业保运转工作会议，分析研判全区一季度经济运行形势，听取当前企业运行及保运转工作情况汇报，安排部署下步重点工作。区领导冯爱东、秦艳参加会议。

4月7日，省疫情联防联控指挥部视频点调会及市续会后，区党工委书记、管委会主任杨建平连夜主持召开全区新冠肺炎疫情防控工作领导小组暨阶段性疫情防控工作复盘会议，迅速贯彻落实省、市会议精神，逐条学习《市新冠肺炎疫情防控工作领导小组工作指令(第5号)》,听取各工作组近期工作情况汇报,复盘前一阶段疫情防控工作,对下阶段工作再部署再落实。区领导班子其他成员参加会议。

4月8日,区党工委书记、管委会主任杨建平以"四不两直"的方式,先后赴落霞社区、和韵社区、果色花香市场、龙渚社区自然村等地检查社会面疫情防控工作落实情况。区领导俞政业、张静红参加检查。

4月9日,无锡经开公安分局召开领导干部会议。副市长、公安局局长张镇,经开区党工委书记、管委会主任杨建平出席会议并讲话。市公安局党委委员、副局长、政治部主任胡晓宣读有关干部调整决定,区领导俞政业主持会议。赵宏、李晓军分别作表态发言。

4月9日,区党工委书记、管委会主任杨建平主持召开2022年一季度重大项目推进例会,分析研判当前重大项目推进情况及存在问题,明确解决路径和方法,对下阶段工作再调度再部署。区领导冯爱东、王贤、秦艳,太湖新城集团领导张军伟参加会议。

4月10日,区党工委书记、管委会主任杨建平率队先后赴S58华庄收费站交通卡口、贡湖湾生态酒店等地检查疫情防控及防疫基础能力建设情况。区领导俞政业、王贤参加检查。

4月11日,区党工委书记、管委会主任杨建平主持召开重点企业复工复产专题协调会,听取辖区企业复工复产情况,了解面临的各类具体问题,研究部署下步工作任务。区领导王贤、秦艳参加会议。

4月12日,区党工委书记、管委会主任杨建平主持召开一季度房屋征收工作例会,回顾总结当前工作进展,研究部署下步重点工作。区领导王贤参加会议。

4月16日,区党工委书记、管委会主任杨建平率队先后赴S58高速公路华庄收费站交通卡口、青年公寓、旺安社区、朝晖新村、海岸城"旗舰版"便民核酸采样小屋等地检查疫情防控落实情况。区领导俞政业、李晓军、张静红、王贤参加检查。

4月16日,区党工委书记、管委会主任杨建平率队前往锡铁巷、瑞星家园、禾塘社区等地,实地调研辖区安置房、老旧小区改造和立标区建设工作。太湖新城集团领导张军伟参加调研。

4月17日,区党工委书记、管委会主任杨建平主持召开疫情防控工作专题会议,学习贯彻《市新冠肺炎疫情防控工作领导小组工作指令(第10号)》,听取辖区企业全员核酸检测、货运司机闭环管理情况,研究部署下步工作。区领导班子其他成员参加会议。

4月22日,中国科学院大学·江苏密码应用技术研究院及生态企业云签约仪式在北京、成都、无锡三地同步举行。市委副书记、政法委书记朱爱勋与中国科学院大学党委副书记高随祥、中国科学院大学密码学院院长荆继武共同见证江苏密码应用技术研究院落户经开及相关协议签约落地。区党工委书记、管委会主任杨建平,市委机要保密局局长张耀斌,市科技局局长赵建平,市工信局副局长秦晓华,市大数据局副局长成志强参加视频签约仪式。仪式由区领导秦艳主持。

4月24日,无锡经济开发区召开打造"全国最干净城市"三年行动推进会议。区党工委书记、管委会主任杨建平参加会议并讲话。区领导俞政业、王贤,太湖新城集团领导张军伟参加会议。

4月24日,无锡经济开发区"数字装备"专场云签约活动在尚贤湖基金PARK举行。区党工委书记、管委会主任杨建平参加仪式并致辞。区领导俞政业、王贤、秦艳、王磊、刘晓霞参加签约仪式。

4月27日,无锡经济开发区老旧小区改造提升工程集中开工仪式顺利举行。区党工委书记、管委会主任杨建平参加仪式并致辞,区领导王贤主持,太湖新城集团领导张军伟参加活动。

4月27日,"芯"动太湖湾——2022无锡经开区集成电路产业项目签约仪式在太湖湾信息技术产业园顺利举行。区党工委书记、管委会主任杨建平,市工信局局长冯爱东共同为太湖湾集成电路设计服务平台揭牌,"芯"动太湖湾系列活动一并启动。东南大学无锡校区书记王强,区领导俞政业、秦艳、王磊、刘晓霞参加签约仪式。

4月28日,市委书记、市人大常委会主任杜小刚,市长赵建军率市领导和各市(县)区、市有关部门、市属国企、省级以上开发区主要负责同志,赴全市各板块集中检阅重大项目建设最新成果。市政协主席项雪龙、市委副书记朱爱勋等一同观摩。区领导杨建平、秦艳参加活动。

4月29日,科大讯飞汽车智能驾驶科技总部项目签约落地无锡经济开发区。市委书记杜小刚会见科大讯飞股份有限公司董事长刘庆峰一行,并出席签约仪式。市委副书记、政法委书记朱爱勋,市委常委、常务副市长蒋敏参加会见签约。区党工委书记、管委会主任杨建平主持签约仪式,区领导俞政业、秦艳参加活动。

4月30日,区党工委书记、管委会主任杨建平主持召开贯彻落实全市2021年度综合考核总结表彰大会精神,加快打造新发展理念全域实践区会议,传达学习贯彻落实全市2021年度综合考核总结表彰大会精神。区党工委管委会领导班子全体成员参加会议。

4月30日,"同频创新,共振未来"经开区服务业总部项目集中签约仪式在尚贤湖基金PARK举行。区党工委书记、管委会主任杨建平参加活动并致辞。市委网信办领导蔡文煜、陈晓星,区领导王贤、秦艳、王磊、刘晓霞参加活动。

4月30日,无锡经济开发区召开数字经济提速和数字化转型、全域"双碳"示范区建设大会暨全面融入长三角一体化发展推进会,分析研判当下形势,全面部署数字经济发展和数字化转型工作,积极推动全域全方位融入长三角一体化发展。区党工委书记、管委会主任杨建平参加会议并讲话。区领导班子全体成员参加会议。

5月

5月1日,区党工委书记、管委会主任杨建平率队深入辖区部分重点场所督导检查节日期间疫情防控工作。区领导俞政业、王贤参加检查。

5月4日,区党工委书记、管委会主任杨建平率队先后赴S58华庄道口、金泰装饰城、苏南水产城、尚峰渚、尚贤社区等地,检查社会面疫情防控等工作落实情况。区领导俞政业、李晓军、王贤参加检查。

5月5日,无锡经济开发区召开新冠肺炎疫情防控工作领导小组会议,传达学习贯彻落实近期市新冠肺炎疫情联防联控指挥部视频会议精神,进一步分析梳理《无锡经济开发区疫情防控战时工作机制》,分析研判近期疫情防控形势,安排部署下步工作。区党工委书记、管委会主任杨建平参加会议并讲话。区领导俞政业、李晓军、王贤、王磊、刘晓霞参加会议。

5月6日,区党工委书记、管委会主任杨建平率队先后走进愉樾天成、湖滨世纪、璟萃、华发中央首府等建设项目,走访

调研房地产工作,推动中央省市相关部署落地落实。区领导王贤参加走访调研。

5月6日,优地科技服务机器人总部项目签约仪式在无锡经济开发区顺利举行。区党工委书记、管委会主任杨建平,太湖新城集团领导朱刚,区领导秦艳,深圳优地科技有限公司董事长卢鹰,华晨新日新能源汽车有限公司董事长张崇舜参加签约仪式。

5月7日,区党工委书记、管委会主任杨建平率相关部门负责人深入华庄老街片区、铁路配件厂、大通路周边等地,督导辖区既有建筑安全隐患排查整治工作,并召开现场推进会。区领导王贤参加推进会。

5月7日,区党工委书记、管委会主任杨建平带队调研辖区部分新能源汽车销售企业。区领导秦艳陪同调研。

5月10日,长三角—粤港澳大湾区第一届集成电路"太湖之芯"创业大赛云开赛仪式在无锡、深圳两地同步举行。区党工委书记、管委会主任杨建平与"太湖之芯"创业大赛评审专家组组长周生明、副组长程斌,深圳市半导体行业协会秘书长常军锋共同启动大赛。区领导秦艳参加仪式。

5月10日,太湖新城集团与华润置地战略合作签约仪式举行,落户经开的无锡奥体中心、大剧院南侧地块两个合作项目同步签约。市长赵建军与华润置地党委书记、董事局主席、总裁李欣共同见证项

目签约。副市长张立军,市政府秘书长陈寿彬出席签约仪式。区党工委书记、管委会主任杨建平,太湖新城集团领导朱刚,区领导王贤参加签约大会。

5月11日,无锡经济开发区召开房屋征收工作会议,总结前期工作,分析研判当前形势,对下阶段重点工作任务再部署、再推进。区党工委书记、管委会主任杨建平参加会议并讲话。区领导李晓军、张静红、王贤参加会议。

5月13日,市各民主党派、无党派知联会与各市(县)区、无锡经济开发区"8+8"挂钩结对启动仪式,在尚贤湖基金产业园举行,同时启动2022年度"双督"工作和"聚力惠民""我为群众办实事"社会服务活动。省委统战部副部长徐开信通过视频连线方式参加启动仪式并致辞,市委常委、统战部部长周常青出席仪式并讲话。市政协副主席韩晓枫、吴红星、毛加弘、顾铮铮,区党工委书记、管委会主任杨建平,市纪委监委派驻第二纪检监察组组长、二级调研员张兆平,市各民主党派和无党派知联会、市委改革办、市残联和各市(县)区、无锡经济开发区相关负责同志参加启动仪式和结对签约活动。

5月14日,区党工委书记、管委会主任杨建平主持召开无锡经济开发区党工委第118次、管委会第101次暨党工委中心组学习(扩大)会议,深入学习贯彻习近平总书记在中央政治局会议上的重要讲话精神,传达学习习近平总书记在中国人民大学考察时和在庆祝中国共青团成立100周年大会上的重要讲话精神,传达学习习近平总书记关于粮食安全的最新重要指示精神和国家、省、市有关粮食安全文件精神,以及上级相关人大会议精神,研究部署相关工作。区领导俞政业,太湖新城集团领导朱刚,区领导李晓军、张静红、秦艳、刘晓霞参加会议。

5月17日,区党工委书记、管委会主任杨建平率队走访辖区部分重点企业,听取企业复工复产和运行发展情况介绍,倾听企业生产运营中遇到的困难和问题,帮助企业纾难解困、稳中求进。区领导秦艳参加活动。

5月18日,无锡经济开发区召开争创全国文明典范城市工作推进会。区党工委书记、管委会主任杨建平参加会议并讲话。区领导俞政业、李晓军、张静红、王贤、秦艳、刘晓霞,太湖新城集团领导张军伟参加会议。

5月18日,区党工委书记、管委会主任杨建平主持召开1—4月重大项目及为民办实事项目推进会。区领导俞政业、王贤、秦艳,太湖新城集团领导张军伟参加会议。

5月20日,无锡经济开发区召开领导干部专题警示教育大会。区党工委书记、管委会主任杨建平参加会议并讲授廉政教育专题党课。区领导俞政业主持会议。区领导张静红、王贤、刘晓霞,太湖新城集团领导朱刚、任鸣杰、曹杰、张军伟参加会议。

5月20日,2022无锡太湖购物节夏日消费季暨无锡经济开发区促消费主题活动启动仪式在无锡大剧院南广场举行。市长赵建军、副市长周文栋,市政府秘书长陈寿彬,区党工委书记、管委会主任杨建平出席启动仪式。

5月21日,区党工委书记、管委会主任杨建平率相关部门负责人检查辖区部分重点场所安全生产和疫情防控工作,并召开疫情防控学习借鉴会。区领导俞政业、李晓军、张静红、王贤、秦艳、刘晓霞参加活动。

5月27日,区党工委书记、管委会主任杨建平主持召开疫情防控外防输入工作部署会。区领导俞政业、李晓军、张静红、王贤、秦艳、刘晓霞参加会议。

5月28日,区党工委书记、管委会主任杨建平主持召开太湖湾信息园调研汇报会暨联和存储、车联天下相关事宜协调会。区领导王贤、秦艳参加会议。

5月30日,市委书记杜小刚、市长赵建军分别带队来到少年宫、创想小镇、幼儿园、社区、小学等处,走访看望少年儿童。市领导陆志坚、曹佳中、卢敏、韩晓枫、许立新,市政府秘书长陈寿彬一同走访,区领导杨建平陪同走访。

6月

6月2日,区党工委书记、管委会主任杨建平率队先后赴海螺水泥、稻香酒家、凯莱大饭店、凤凰画材等辖区企业,检查节前疫情防控和安全生产工作开展情况。区领导秦艳参加检查。

6月3日,区党工委书记、管委会主任杨建平率队深入龙渚社区、金泰装饰城、落霞商业街、南湖家园、瑞星家园社区、南洋彩印厂等地,检查辖区重点场所节日期间安全生产、疫情防控及近期老旧小区改造工作。区领导俞政业、李晓军、王贤参加检查。

6月8日,无锡经济开发区召开创建国家食品安全示范城市推进会。区党工委书记、管委会主任杨建平参加会议并讲话。区领导俞政业、李晓军、张静红、秦艳参加会议。

6月9日,区党工委书记、管委会主任杨建平先后赴华庄社区、水乡社区、梁南社区等地开展"村村到、户户进、人人访"走访。

6月10日,无锡经济开发区召开"冲刺二季度 决胜上半年"动员大会,全面总结一季度成绩经验、分析存在的问题、研究部署冲刺二季度各项举措。区党工委书记、管委会主任杨建平参加会议并讲话。区领导俞政业主持会议,区领导李晓军、张静红、王贤、秦艳,太湖新城集团领导张懿参加会议。

6月11日,区党工委书记、管委会主任杨建平率队深入杨室里居民小区、红黄蓝驾校周边区域、万科城市花园商业街、红星大都汇等地,检查全国文明典范城市创建工作。区领导俞政业、李晓军、张静红、王贤参加检查。

6月13日,"长三角-粤港澳创新试验区合作系列活动"之"2022锡深数字科技产业合作交流会"举行。区党工委书记、管委会主任杨建平参加活动并致辞。区领导秦艳,深圳大数据研究院执行院长李平等参加活动。

6月13日,无锡经济开发区与深圳半导体行业协会合作共同建设的"无锡深港协同创新中心"正式启幕开园。区领导杨建平、秦艳,深圳市半导体行业协会领导周生明、常军锋出席启幕仪式。

6月13日,区党工委书记、管委会主任杨建平率考察团一行先后拜访深圳多家重点企业、科研机构和投资公司,多方洽谈落地合作。区领导秦艳参加活动。

6月15日,区党工委书记、管委会主任杨建平率考察团赴珠海横琴粤澳深度合作区,深化与粤港澳大湾区多领域联动合作。区领导王贤、秦艳参加活动。

6月16日,无锡经济开发区和澳门中华文化促进会共同举办的锡澳文化产业交流会在横琴举行。区领导杨建平、王贤、秦艳参加活动。

6月17日,市人大常委会常务副主任徐劼一行来到无锡经济开发区,实地调研社会事业发展情况并进行座谈。市人大常委会副主任、市人大开发区委员会主任委员曹佳中和秘书长陆洪参加调研,区领导杨建平、俞政业陪同调研。

6月18日,无锡经济开发区"安全生产咨询日"暨公共场所消防应急演练活动在金城湾公园举行。区党工委书记、管委会主任杨建平参加活动并讲话。市安全生产第八派驻督导组副组长、市住房城乡建设局副局长朱烨昕,市安委办专职副主任钱韵,区领导李晓军、王贤、秦艳,太湖新城集团领导张军伟参加活动。

6月18日,区党工委书记、管委会主任杨建平率队调研辖区部分重点企业,了解企业复工复产、生产运行、疫情防控等情况。区领导秦艳参加走访。

6月18日,区党工委书记、管委会主任杨建平主持召开传达市委常委会及经济工作座谈会、部署当前重点工作会议。区领导俞政业、李晓军、王贤、秦艳,太湖新城集团领导张军伟参加会议。

6月18日,2022"无锡杯"足球联赛经开赛区开赛仪式暨首场比赛在市体育中心举行。区党工委书记、管委会主任杨建平参加仪式并为比赛开球,区领导俞政业参加仪式。

6月24日,无锡经济开发区社会治理现代化工作推进会暨全国首批市域社会治理现代化试点合格城市迎检会议召开。

区党工委书记、管委会主任杨建平参加会议并讲话，区领导俞政业、李晓军主持会议，区领导班子全体成员参加会议。

6月28日—29日，在省、市疫情联防联控指挥部视频会议后，区党工委书记、管委会主任杨建平连续主持召开续会，迅速贯彻落实省市会议有关精神，听取各工作组相关情况汇报，部署全区疫情防控重点工作。

6月30日，区党工委书记、管委会主任杨建平主持召开无锡经济开发区党工委第120次、管委会第103次暨党工委中心组学习（扩大）会议，传达学习十四届市委国家安全委员会第一次会议精神，审议通过相关文件。区领导俞政业、李晓军、张静红、王贤、秦艳、孙伟参加会议。

6月30日，区党工委召开党的建设工作领导小组会议，深入学习贯彻习近平新时代中国特色社会主义思想，研究部署2022年党的建设工作。区党工委书记、管委会主任，党工委党的建设工作领导小组组长杨建平主持会议并讲话，区领导俞政业、李晓军、张静红、王贤、秦艳、孙伟参加会议。

6月30日，在市疫情联防联控指挥部视频会议后，区党工委书记、管委会主任杨建平连续主持召开续会，听取各工作组情况汇报，分析研判疫情防控形势，细化部署疫情防控重点工作和突发疫情应急处置。区领导俞政业、李晓军、张静红、王贤、秦艳、孙伟参加会议。

7月

7月1日，在省市疫情防控视频点调会议后，区党工委书记、管委会主任杨建平连续主持召开续会，深入贯彻习近平总书记重要讲话指示精神，落实省市最新部署要求，听取区应急12组疫情防控工作汇报，研判前两轮区域核酸检测情况，细化部署针对性防控和处置措施。区领导俞政业、李晓军、张静红、王贤、秦艳、孙伟参加会议。

7月2日，在市疫情联防联控指挥部会议及国务院联防联控机制综合组（江苏工作组）国家、省、市会商会后，区党工委书记、管委会主任杨建平召开续会，第一时间贯彻落实会议要求。区领导俞政业、李晓军、张静红、王贤、秦艳、孙伟参加会议。

7月3日，在市疫情防控点调会后，区党工委书记、管委会主任杨建平主持召开续会，第一时间落实会议精神。会前，杨建平率队赴辖区部分小区、园区等地检查疫情防控工作落实情况。区领导俞政业、李晓军、张静红、王贤、秦艳、孙伟，太湖新城集团领导张琦海、张军伟参加会议和检查。

7月4日，在市疫情防控点调会后，区党工委书记、管委会主任杨建平主持召开疫情防控工作研究会，听取各工作组紧盯目标任务提出的工作思路和创新战术。区领导俞政业、李晓军、张静红、王贤、秦艳、孙伟参加会议。

7月5日，在省、市疫情联防联控指挥部视频会议后，区党工委书记、管委会主任杨建平连夜主持召开视频点调会，听取工作汇报，第一时间贯彻落实会议精神。区领导俞政业、李晓军、张静红、王贤、秦艳、孙伟，太湖新城集团领导张懿参加会议。

7月6日，在市疫情联防联控指挥部视频会议、国家省市疫情防控会商会结束后，区党工委书记、管委会主任杨建平连夜主持召开视频点调会，听取重点工作情况汇报，迅速贯彻落实会议精神。区领导俞政业、李晓军、张静红、王贤、秦艳、孙伟，太湖新城集团领导张懿参加会议。

7月7日，区党工委书记、管委会主任杨建平带队深入辖区重点区域，检查疫情防控工作，看望慰问奋战在防疫一线的工作人员。区领导俞政业、李晓军、张静红、孙伟，太湖新城集团领导张懿参加相关活动。

7月7日，在国家省市会商会、市疫情防控视频会议后，区党工委书记、管委会主任杨建平连夜主持召开全区疫情防控视频点调会，第一时间贯彻落实省市会议精神。区领导俞政业、李晓军、张静红、王贤、秦艳、孙伟，太湖新城集团领导张懿参加会议。

7月9日，区党工委书记、管委会主任杨建平率队深入辖区农贸市场、重点企业、重大项目施工现场，检查疫情防控和保畅保供工作。区领导俞政业、李晓军、张静红、王贤、秦艳，太湖新城集团领导张懿参加活动。

7月10日，在省、市疫情防控视频会议后，区党工委书记、管委会主任杨建平第一时间主持召开续会，视频点调街道指挥部，迅速传达落实省市会议精神。区领导俞政业、李晓军、张静红、王贤、秦艳、孙伟，太湖新城集团领导张懿参加会议。

7月10日，市委书记杜小刚来到保供单位、居民小区、企业、街道等地检查督导疫情防控工作，慰问一线人员。副市长马良一同检查慰问，区党工委书记、管委会主任杨建平陪同。

7月11日，区党工委书记、管委会主任杨建平率队来到基层一线，检查疫情防控工作，看望慰问社区工作人员和志愿者。区领导李晓军、张静红、秦艳、孙伟，太湖新城集团领导张懿参加检查慰问。

7月11日，区党工委书记、管委会主任杨建平视频点调街道指挥部，迅速传达落实市疫情防控视频会议精神，听取当前疫情应急处置工作情况汇报，研究安排下阶段工作。区领导俞政业、李晓军、张静红、王贤、秦艳、孙伟，太湖新城集团领导张懿参加会议。

7月12日，区党工委书记、管委会主任杨建平率队实地调研企业抗疫保产情况，看望慰问高温期间坚守岗位的企业职工。区领导秦艳参加调研。

7月12日,在市疫情联防联控视频会议后,区党工委书记、管委会主任杨建平主持召开全区疫情防控视频点调会,第一时间贯彻落实市会议精神。区领导俞政业、李晓军、张静红、王贤、秦艳、孙伟,太湖新城集团领导张懿参加会议。

7月13日,区党工委书记、管委会主任杨建平率队赴高速道口、核酸检测基地、保供商超,检查疫情防控工作,看望慰问高温期间坚守岗位的一线工作人员。区领导俞政业、李晓军、张静红、王贤、秦艳、孙伟,太湖新城集团领导张懿参加相关活动。

7月14日,区党工委书记、管委会主任杨建平主持召开疫情防控工作领导小组会议,复盘全区疫情防控工作情况,优化部署下阶段疫情防控工作。区领导李晓军、张静红、王贤、秦艳、孙伟,太湖新城集团领导张懿参加。

7月16日,区党工委书记、管委会主任杨建平率队前往无锡化工装备股份有限公司、无锡王兴幕墙装饰工程有限公司、无锡万华机械有限公司等6家辖区内企业、建筑工地,看望慰问坚守一线的劳动者。区领导秦艳,太湖新城集团领导张军伟参加慰问。

7月16日,区党工委书记、管委会主任杨建平主持召开新冠肺炎疫情防控工作领导小组会议,传达学习市新冠肺炎疫情防控工作领导小组会议精神,听取区街

两级防控专班建设情况,研究部署复盘清单落实工作。区领导俞政业、张静红、王贤、秦艳、孙伟,太湖新城集团领导张懿参加会议。

7月20日,区党工委书记、管委会主任杨建平带队深入背街小巷、新时代文明实践站、居民小区等,实地检查全国文明典范城市创建和城市精细化管理工作,并召开工作推进会。区领导俞政业、李晓军、孙伟,太湖新城集团领导张军伟参加相关活动。

7月21日,市委副书记、政法委书记朱爱勋来到无锡经济开发区实地调研经济社会发展工作。区领导杨建平、俞政业、李晓军、张静红、王贤、秦艳、孙伟,太湖新城集团领导张琦海分别参加相关活动。

7月22日,区党工委书记、管委会主任杨建平主持召开经开智造园重点骨干企业座谈会。区领导王贤、秦艳参加会议。

7月26日,无锡经开区点亮微心愿暨新时代文明实践项目征集启动仪式在耘林生命公寓举行。区党工委书记、管委会主任杨建平参加活动并致辞。市委宣传部副部长、市文明办主任商明,区领导俞政业,市委宣传部道德建设指导处处长顾志坚等参加活动。

7月26日,区党工委书记、管委会主任杨建平主持召开新冠肺炎疫情防控工作领导小组会议,传达市新冠肺炎疫情防

控工作领导小组会议精神,听取前期交办事项清单落实情况,研究部署下步重点工作。区领导俞政业、李晓军、张静红、王贤、秦艳,太湖新城集团领导张懿参加。

7月26日,区党工委书记、管委会主任杨建平主持召开城建条线相关工作推进会,听取上半年房屋征收工作进展情况和土地出让、园区资源优化等工作推进情况,研究部署相关工作。区领导王贤参加会议。

7月27日,2022无锡市网络文明月暨"锡网群心"网上群众路线工程正式启动。市委书记杜小刚,省委宣传部副部长、省委网信办主任杨力群出席启动仪式。新华网党委常委、总编辑钱彤,南京大学社会学院院长、教授成伯清视频致辞。市委常委、宣传部部长李秋峰出席并致辞。区党工委书记、管委会主任杨建平参加活动。

7月27日,欧美同学会海归小镇(无锡·物联网)申建第二轮评审会议在无锡经济开发区顺利召开。市委常委、统战部部长周常青,区党工委书记、管委会主任杨建平,江苏省欧美同学会秘书长朱军,市委统战部领导金卓青、赵俊明,区领导俞政业、秦艳,欧美同学会海归小镇评审专家组组长段燕文,成员陈发云、方明、袁玉宇、张海晓,无锡市海归小镇联席会议成员单位有关处室负责人等参加会议。

7月28日,区党工委书记、管委会主任杨建平主持召开全区信访稳定工作部署会议。区领导俞政业、李晓军、张静红、王贤、秦艳、孙伟,太湖新城集团领导张懿参加。

7月28日,区党工委书记、管委会主任杨建平率队开展"八一"走访慰问活动。区领导俞政业参加活动。

8月

8月2日,区党工委书记、管委会主任杨建平会见全区公安系统功模代表及疫情防控工作先进个人。

8月3日,无锡经济开发区召开2022年半年度消委会成员单位会议,深入学习贯彻习近平总书记关于安全生产工作的重要论述,认真落实市委主要领导批示精神,总结上半年工作,部署下半年工作任务。区党工委书记、管委会主任杨建平参加会议并讲话。区领导李晓军主持会议。

8月5日,第二届南京大学"励行杯"全球校友创新创业大赛无锡站决赛暨颁奖仪式在尚贤湖基金PARK举办。中国科学院院士、天体物理学家、南京大学天文与空间科学学院教授方成,南京大学党委常委、副校长张峻峰,市委常委、统战部部长周常青参加活动并致辞。市政协副秘书长吴春林,区领导杨建平、俞政业、秦艳参加活动。

8月5日,2022无锡经济开发区夏日消费季暨城市生活漫游节启幕仪式在蠡湖畔举行。区领导杨建平、秦艳,市商务局四级调研员雕晨,太湖新城集团领导曹彦杰共同为消费季启幕,并发放经开餐饮惠民消费券。

8月6日,在市疫情防控视频会议后,区党工委书记、管委会主任杨建平第一时间召开续会,迅速贯彻落实会议精神,安排部署下步重点工作。区领导俞政业、李晓军、张静红、王贤、秦艳、孙伟参加会议。

8月8日,博世创新中心二期办公楼正式启用。区领导杨建平、秦艳参加启用仪式。

8月12日,区党工委书记、管委会主任杨建平带队,对全区上半年重大项目进行现场观摩和"集中检阅"。区领导李晓军、张静红、王贤、孙伟,太湖新城集团领导张琦海、张军伟参加活动。

8月13日,无锡经济开发区召开2022年半年度工作会议,深入学习贯彻习近平总书记在省部级主要领导干部"学习习近平总书记重要讲话精神,迎接党的二十大"专题研讨班上的重要讲话精神和中央政治局会议精神,全面贯彻党中央决策部署,认真落实省委、市委工作会议要求,总结上半年工作,部署下半年目标任务。区党工委书记、管委会主任杨建平参加会议并发表讲话。

8月15日,区党工委书记、管委会主任杨建平主持召开压实疫情防控市场主体责任和行业监管责任工作部署会。区领导俞政业、李晓军参加会议。

8月17日,区党工委书记、管委会主任杨建平主持召开全面落实市场主体责任及行业监管责任推进会。区领导俞政业、秦艳参加会议。

8月17日,"创智共融　慧见未来"数字文化产业创新大会暨黄金湾科创园开园仪式隆重举行,全国人大代表、中华文化产业促进会创会会长施家伦,省科协党组成员、副主席李千目,深兰科技集团创始人、董事长陈海波作现场发言。区领导杨建平、王贤、秦艳参加活动。

8月17日,区党工委书记、管委会主任杨建平主持召开大气环境质量提升整治工作会议,听取近期工作情况汇报,研究部署下阶段重点工作。太湖新城集团领导张军伟参加会议。

8月18日,区党工委书记、管委会主任杨建平主持召开重点骨干企业后劲培育推进会。区领导王贤参加会议。

8月20日,区党工委书记、管委会主任杨建平率队来到瑞景城市服务应急保障中心、杨室里、贡湖大道观山路口、雪丰路规划中学新建工程项目建设工地等处,看望慰问一线工作者。区领导俞政业、李晓军,太湖新城集团领导张懿参加慰问。

8月20日,区党工委书记、管委会主任杨建平带队深入农贸市场、建材市场、老旧小区等处,督查全国文明城市创建工作。区领导俞政业、李晓军参加督查。

8月22日,长三角–粤港澳大湾区第一届集成电路"太湖之芯"创业大赛总决赛在无锡经济开发区正式开赛。区党工委书记、管委会主任杨建平，中国半导体行业协会IC设计分会副理事长、深圳市半导体行业协会会长周生明参加开赛仪式并致辞。区领导秦艳参加活动。

8月29日，区党工委书记、管委会主任杨建平率队深入辖区部分小区、农贸市场、待拆地块、沿街商铺等地，检查文明典范城市创建、疫情防控、燃气安全及既有建筑安全工作。区领导俞政业、李晓军、陈国权参加检查。

8月30日，区党工委书记、管委会主任杨建平主持召开单位（场所）落实防疫措施问题整改专题部署会。区领导俞政业、李晓军、孙伟参加会议。

9月

9月1日，无锡经济开发区赴京召开智能网联汽车投资推介会。区党工委书记、管委会主任杨建平，中国汽车工程学会副秘书长赵莲芳参加活动并致辞。中国通信企业协会秘书长李旦，中国信息通信研究院泰尔终端实验室主任马鑫，国家工业信息安全发展研究中心人工智能所副所长、中国语音产业联盟秘书长刘永东，区领导秦艳、陈国权参加活动。

9月6日，区党工委书记、管委会主任杨建平主持召开9月GDP核算联席会议。区领导陈国权参加会议。

9月6日，无锡举办2022年全市网络安全宣传周暨全民数字素养与技能提升行动启动仪式。市委常委、宣传部部长李秋峰，区党工委书记、管委会主任杨建平，市委网信办主任兼市委宣传部副部长蔡文煜，区领导俞政业出席活动。

9月9日，在全国、全省、全市新冠肺炎疫情防控工作电视电话会议后，区党工委书记、管委会主任杨建平召开续会，对做好当前防控工作进行再压实。区领导俞政业、李晓军、张静红、陈国权、孙伟，太湖新城集团领导张懿参加会议。

9月12日，区党工委书记、管委会主任杨建平现场督查市场主体纳入监管情况，并主持召开专项督查推进会。区领导俞政业、李晓军、张静红、陈国权参加会议。

9月14日，区党工委书记、管委会主任杨建平先后赴华庄街道、太湖街道，主持召开全区房屋征收工作推进会。太湖新城集团领导张军伟参加会议。

9月15日，区党工委书记、管委会主任杨建平检查防台防汛工作。太湖新城集团领导张军伟参加检查。

9月15日，全国首批、全省唯一的海归小镇——欧美同学会海归小镇（无锡·物联网）正式揭牌。全国人大常委会副委员长、欧美同学会会长、民盟中央主席丁仲礼，省委常委、统战部部长惠建林共同揭牌。全国政协常委、欧美同学会副会长、民盟中央副主席、自然资源部原副部长曹卫星讲话,省人大常委会副主任马秋林出席,市委书记杜小刚致辞。欧美同学会党组书记、秘书长王丕君宣读《关于同意欧美同学会海归小镇(无锡·物联网)运营启动的复函》。省人大常委会副秘书长袁功民,省欧美同学会会长、省住建厅厅长周岚,市人大常委会副主任高亚光参加活动。市委常委、统战部部长周常青主持。区领导杨建平、俞政业、秦艳参加仪式。

9月16日,无锡经济开发区第一次政协委员联席会议召开,标志着全市首个开发区政协委员联席会议制度正式落地实施。市政协副主席、农工党无锡市委主委韩晓枫致辞,区党工委书记、管委会主任杨建平讲话。区领导俞政业主持会议。区领导秦艳作《无锡经济开发区政协委员联席会议筹备工作报告》。太湖新城集团领导王贤,滨湖区政协领导周军,区领导李晓军、孙伟参加会议。

9月16日,无锡经济开发区召开人大代表联席会议2022年第一次全体会议。市人大常委会副主任、党组副书记,市人大开发区委员会主任委员曹佳中,区党工委书记、管委会主任,区人大代表联席会议主席杨建平参加会议并讲话。区领导俞政业主持会议。市人大常委会领导朱雄、孙文华,滨湖区人大常委会领导王伟伦,太湖新城集团领导王贤,区领导李晓军、张静红、秦艳、陈国权、孙伟,区人大代表联席会议副主席许年平参加会议。

9月20日,无锡化工装备股份有限公司(股票简称:锡装股份)正式登陆深交所主板,成为无锡经济开发区第6家A股上市企业。市委常委、常务副市长蒋敏,区党工委书记、管委会主任杨建平参加上市仪式并致辞。区领导俞政业、陈国权,太湖新城集团领导王贤参加仪式。

9月21日,无锡经济开发区举行"红色金融街"金融行业党建"五大行动"发布暨"经融引航"党建联盟启动仪式。市委常委、组织部部长柏长岭讲话,区党工委书记、管委会主任杨建平致辞。市委组织部副部长、"两新"工委书记余俊慧,市地方金融监督管理局党组书记、局长顾伟,区领导俞政业参加活动。

9月22日,无锡经济开发区召开基层治理体系和治理能力现代化建设工作推进会暨现场观摩活动。区党工委书记、管委会主任杨建平参加会议并发表讲话。区领导俞政业主持会议。区领导李晓军、张静红参加会议。

9月22日,文远知行自动驾驶华东总部项目签约落地无锡经济开发区,全域公交自动驾驶首发。市委书记杜小刚会见文远知行创始人、董事长韩旭一行,并出席总部签约与全域公交自动驾驶首发仪式。副市长周文栋致辞。区党工委书记、管委会主任杨建平主持仪式,区领导秦艳参加仪式。

9月27日,区党工委书记、管委会主任杨建平主持召开全区重点骨干企业后劲培育推进会。区领导秦艳、陈国权参加会议。

9月29日，区党工委书记、管委会主任杨建平率队赴S58华庄高速道口、健康驿站二期建设工地、苏南水产城、红星大都汇及周边等地，检查疫情防控及安全生产工作，随后召开专题会议。区领导俞政业主持会议。区领导李晓军、张静红、秦艳、陈国权、孙伟，太湖新城集团领导张懿参加督查和会议。

10月

10月1日，区党工委书记、管委会主任杨建平来到经开区人民来访接待中心调研信访工作。

10月2日，区党工委书记、管委会主任杨建平主持召开征收工作约谈会。

10月3日，区党工委书记、管委会主任杨建平带队现场督查大气环境质量改善工作，并主持召开全区大气质量督查会。太湖新城集团领导张军伟参加活动。

10月4日，区党工委书记、管委会主任杨建平主持召开部分房企座谈会。区领导俞政业、李晓军，太湖新城集团领导张军伟参加座谈。

10月5日，区党工委书记、管委会主任杨建平率队先后赴辖区建设工地、安置房小区、公园景区、农贸市场、商业综合体、沿街商铺等地，检查国庆假期安全生产、疫情防控等工作。区领导俞政业参加检查。

10月7日，区党工委书记、管委会主任杨建平与全市重点领域安全稳定风险大督查第八督查组常驻副组长徐炳香对接座谈重点领域安全稳定风险大督查工作。区领导俞政业，市第八督查组部分成员参加座谈会。

10月9日，区党工委书记、管委会主任杨建平主持召开近期疫情防控、安全生产、安保维稳等工作研究会。区领导俞政业、李晓军、孙伟、任晓杰参加会议。

10月11日，无锡经济开发区召开冲刺四季度、夺取"双胜利"动员大会。区党工委、管委会领导班子全体成员，太湖新城集团领导班子全体成员参加会议。

10月11日，《新华日报》"奋进新时代　逐梦新锡望"专版以《无锡经开区：永葆争先进位劲头奋力建设新发展理念全域实践区》为题，专题报道建区以来，无锡经济开发区锐意进取、奋楫争先谱写高质量发展新篇章。

10月12日，无锡经济开发区党工委理论学习中心组召开学习会，专题学习《习近平谈治国理政》第四卷。区党工委书记、管委会主任杨建平参加会议并发表讲话。市巡学旁听第三组组长、市委宣传部副部长高燕等一行4人到会指导，对区党工委理论学习中心组学习开展巡学旁听。区领导俞政业、李晓军、秦艳、陈国权、孙伟、任晓杰参加学习会。

10月14日,党工委书记、管委会主任杨建平主持召开重点领域安全稳定风险大督查座谈会。市重点领域安全稳定风险大督查第八督查组常驻副组长徐炳香,区领导俞政业,市第八督查组部分成员参加座谈会。

10月17日,副市长、市重点领域安全风险大督查第八综合督查组组长马良赴无锡经济开发区召开重点领域安全稳定风险督查工作座谈会。市重点领域安全稳定风险大督查第八督查组常驻副组长徐炳香,区领导杨建平、俞政业参加会议。

10月18日,区党工委书记、管委会主任杨建平率队深入贡湖大道沿线部分待拆地块、重点项目现场及周边,实地检查贡湖大道沿线改造提升、征收工作情况,并召开工作推进会。区领导杨燕敏,太湖新城集团领导张军伟参加会议。

10月19日,区党工委书记、管委会主任杨建平在区人民来信来访接待中心接待来访群众。

10月19日,中船奥蓝托雪浪小镇办公大楼启用仪式顺利举行。中国船舶科学研究中心所长、中船重工奥蓝托无锡软件技术有限公司董事长何春荣,区党工委书记、管委会主任杨建平,中国船舶科学研究中心副所长吴文伟,无锡东方船研发展有限公司总经理顾建民,区领导秦艳,中船重工奥蓝托无锡软件技术有限公司总经理冷文浩共同为总部大楼启用剪彩。

10月19日,区党工委书记、管委会主任杨建平主持召开全区重点骨干企业后劲培育推进会。区领导陈国权、杨燕敏参加会议。

10月20日,区党工委书记、管委会主任杨建平率队现场推进华庄街道房屋征收工作,并召开专题会议部署下阶段重点工作。区领导杨燕敏参加会议。

10月21日,区党工委书记、管委会主任杨建平带队先后赴新园路、清水河等地,实地观摩全国文明城市创建、全国最干净城市打造工作情况,并召开专题推进会。区领导班子全体成员,太湖新城集团分管领导参加会议。

10月22日,区党工委书记、管委会主任杨建平主持召开全区社会治理工作现场推进会。区领导俞政业、李晓军参加会议。

10月26日,无锡经济开发区召开传达学习贯彻党的二十大精神会议。区党工委书记、管委会主任杨建平主持会议并讲话。区领导俞政业、李晓军、秦艳、陈国权、杨燕敏、孙伟、任晓杰,太湖新城集团领导张琦海参加会议。

10月26日,无锡经济开发区与华东师范大学、狄邦教育集团签署合作办学协议,共建华东师范大学附属无锡太湖湾学校(暂定名)、华东师范大学基础教育创新改革试验区。副市长秦咏薪,华东师范大学副校长、华东师大教育集团主任戴立益,区党工委书记、管委会主任杨建平,市政府副秘书长顾文龙,区领导俞政业等参加签约仪式。

10月28日，2022雪浪大会颁奖典礼在雪浪小镇举办。中国工程院院士、阿里云创始人、雪浪小镇名誉镇长王坚，中国工程院院士李培根，中国工程院院士杨华勇，中国工程院院士丁荣军，中国科学院院士丁汉，副市长周文栋，区党工委书记、管委会主任杨建平，市工业和信息化局局长冯爱东，区领导俞政业、秦艳、陈国权参加活动。

10月28日，无锡雪浪工业软件联合创新大会暨制造业企业"智能化改造和数字化转型"对接会在雪浪小镇隆重举行。中国工程院院士杨华勇，中国科学院院士丁汉，副市长周文栋，区党工委书记、管委会主任杨建平，市工业和信息化局局长冯爱东，雪浪云董事长&CEO王峰共同发布仪式。

10月28日—30日，2022雪浪大会在太湖之滨、雪浪山麓召开。本届雪浪大会设置一场主论坛和"工业互联网网络安全""数字经济与城市数字化创新"等6场分论坛，以及多场展示对接会、闭门交流会、专题研讨会等活动。区领导班子全体成员，太湖新城集团领导班子全体成员参加活动。

10月29日，百位专家、学者和企业高管等齐聚无锡，开启一场关于数字化转型的思想盛宴。副市长周文栋，区党工委书记、管委会主任杨建平，市工业和信息化局局长冯爱东，区领导俞政业、秦艳参

加活动。

10月30日，以"共筑算力新生态，打造AI新高地"为主题的算力时代的人工智能分论坛暨第四期人工智能创新大讲堂在无锡经济开发区尚贤湖基金PARK路演厅隆重举行。区党工委书记、管委会主任杨建平参加活动并致辞。中科院计算机网络信息中心人工智能部主任、研究员王彦棡，区领导秦艳、陈国权参加活动。

11月

11月3日，在全市疫情防控工作会议后，区党工委书记、区管委会主任杨建平立即召开续会，第一时间部署贯彻落实工作。区领导俞政业、李晓军、孙伟，太湖新城集团领导张懿参加会议。

11月3日，作为2022亚布力中国企业家论坛创新年会重要组成部分的知名民企对接恳谈会召开。市长赵建军出席并发言，副市长周文栋主持，市政府秘书长陈寿彬参加活动。区领导杨建平、俞政业、秦艳、陈国权参加恳谈会。

11月4日，2022亚布力论坛创新年会在无锡市举行。市委书记杜小刚到会讲话，省工商业联合会主席、省自然资源厅厅长刘聪，市政协主席项雪龙出席。区领导杨建平、俞政业、秦艳、陈国权参加活动。

11月5日，无锡经济开发区邀请部分

人大代表、政协委员现场观摩民生实事项目,瑞景道规划中学、瑞星家园与新园路改造提升项目以及灯光球场建设项目接受视察与评估。区领导杨建平、俞政业、李晓军、秦艳、陈国权、杨燕敏、孙伟、任晓杰,太湖新城集团领导张军伟参加观摩。现场观摩后,区领导俞政业主持会议项目建设推进会。

11月8日,2022无锡·横琴粤澳协同创新中心揭牌仪式暨锡澳合作交流会在珠海举行。中央人民政府驻澳门特别行政区联络办公室经济部副部长杨皓、市委书记杜小刚共同为协同创新中心揭牌。横琴粤澳深度合作区执行委员会副主任苏崑,全国人大代表、全国侨联副主席刘艺良,市领导陆志坚、蒋敏、周文栋出席。区领导杨建平、秦艳参加活动。

11月12日,区党工委书记、管委会主任杨建平率队先后赴辖区农贸市场、老旧小区、批发市场、工业园区、商业广场等地,检查文明城市创建和消防安全工作,并召开专题会议。区领导俞政业、李晓军、陈国权、杨燕敏参加检查和会议。

11月16日,无锡经济开发区首届"廉洁经开"家风文化作品展在管委会一楼大厅展出。区党工委书记、管委会主任杨建平率领导班子全体成员现场观展,对展览表示肯定并提出要求。

11月17日,首届私募股权基金流动性峰会在无锡经济开发区召开。全国社保基金理事会原副理事长、中基协第二届

母基金专委会主席王忠民线上参会并发表主题演讲,区党工委书记、管委会主任杨建平致辞,市地方金融监督管理局党组书记、局长顾伟,区领导秦艳参加。

11月23日,无锡经济开发区重点产业项目"拿地即开工"仪式暨优化营商环境工作现场推进会召开。区党工委书记、管委会主任杨建平参加活动并讲话,区领导俞政业主持活动,区领导李晓军、秦艳、陈国权、杨燕敏、孙伟,太湖新城集团领导张军伟参加。

11月28日,无锡经济开发区火灾事故警示教育暨消防安全整治动员会召开。区党工委书记、管委会主任杨建平参加会议并讲话。区领导俞政业主持会议,区领导李晓军、陈国权、杨燕敏,太湖新城集团领导曹彦杰参加。

11月29日,无锡经济开发区举行学习贯彻党的二十大精神经开宣讲团宣讲报告会。区党工委书记、管委会主任杨建平作宣讲报告。区领导俞政业主持报告会,区领导班子全体成员,太湖新城集团领导班子全体成员参加。

11月29日,全市经济社会重点领域安全稳定风险大督查经开区情况反馈会召开。区党工委书记、管委会主任杨建平作表态发言。区领导李晓军、秦艳、陈国权、杨燕敏、孙伟参加会议。

12月

12月8日,无锡经济开发区召开"理响无锡"宣讲大联盟基层宣讲暨"声动经开·思传万千"启动仪式。区党工委书记、管委会主任杨建平,市委宣传部副部长高燕,区领导俞政业,市委讲师团副团长袁伟,市委宣传部理论处处长韩亚辉参加活动。

12月9日,无锡经济开发区召开党工委、管委会工作研究会,围绕全域功能区建设,指导推动新一年工作开展。区领导班子全体成员,太湖新城集团领导班子全体成员参加会议。

12月11日,区党工委书记、管委会主任杨建平主持召开保医疗资源、保城市运行、保老人等特殊群体工作专题研究和部署会。区领导俞政业、李晓军、陈国权参加会议。

12月13日,区党工委书记、管委会主任杨建平前往区人民来访接待中心接待来访群众。

12月13日,在全市疫情防控工作视频会议后,区党工委书记、管委会主任杨建平主持召开续会,迅速贯彻落实市会相关精神,研究部署下阶段重点工作。区领导班子全体成员参加会议。

12月14日,无锡经济开发区召开全区领导干部会议,深入学习贯彻落实12月6日召开的中共中央政治局会议精神和省市有关会议精神。区领导俞政业,太湖新城集团领导王贤,区领导李晓军、秦艳、杨燕敏、任晓杰参加会议。

12月15日,在全市疫情防控工作会议后,区党工委书记、管委会主任杨建平主持召开续会,迅速贯彻落实省市会议精神,研究部署当前重点工作。区领导班子全体成员参加会议。

12月20日,在全市疫情防控工作会议后,区党工委书记、管委会主任杨建平主持召开续会,第一时间贯彻落实市会精神,安排部署下步重点工作。区领导班子全体成员参加会议。

12月21日,在全市疫情防控工作会议后,区党工委书记、管委会主任杨建平主持召开续会,迅速贯彻落实市会有关精神。区领导班子全体成员参加会议。

12月22日,区党工委书记、管委会主任杨建平深入基层医院、居民小区,亲切看望一线工作人员,现场研究核酸小屋功能升级、医疗救治、药品保供、重点人群服务等疫情防控工作。区领导俞政业、陈国权参加调研。

12月23日,2022无锡经济开发区暖冬消费季正式启动,线上线下同步发放首轮100万元惠民消费券。区党工委书记、管委会主任杨建平,太湖新城集团领导王贤,区领导陈国权,太湖新城集团领导张军伟参加启动式。

12月26日,无锡市太湖新城发展集

团有限公司、无锡化工装备股份有限公司（锡装股份）、无锡万华机械有限公司、无锡市方成彩印包装有限公司4家企业，向辖区医疗养老机构一线医务工作者定向捐赠350万元。区领导杨建平、俞政业、王贤、陈国权参加捐赠活动。

12月26日，在全市疫情防控工作会议后，区党工委书记、管委会主任杨建平主持召开续会，第一时间贯彻落实市会相关精神，研究部署下阶段重点工作。区领导俞政业、李晓军、陈国权、任晓杰参加会议。

12月30日，无锡经济开发区召开党工委、管委会工作会议，深入学习贯彻党的二十大精神和中央经济工作会议精神，全面落实省委十四届三次全会和省委经济工作会议部署，总结2022年工作，部署2023年工作。区党工委书记、管委会主任杨建平主持会议并作工作部署，区领导俞政业、李晓军、冯志超、秦艳、杨燕敏、陈国权、孙伟参加会议。

12月30日，区党工委书记、管委会主任杨建平带队深入高层写字楼、商业综合体、待拆迁工地、液化气充装经营企业、建筑工地、工业企业等重点场所，认真察看冬季消防安全隐患整改落实、市场"三合一""多合一"场所整治情况，详细了解全区消防安全重点部位隐患排查整改情况。区领导俞政业、李晓军、陈国权参加检查。

锡经开
**Wuxi Economic
Development District**

概 览

自然地理

【地理位置】 无锡经开区地处长江三角洲腹地,江苏省东南部,无锡市南部。东至华谊大道—高浪路—运河西岸沿线,南至太湖,西至滨湖区雪浪街道辖线,北至梁溪区扬名街道、滨湖区蠡园街道辖线。

（自然资源规划局）

【自然资源】 2022年,无锡经开区总面积56.35平方千米,其中陆地面积51.73平方千米(建设用地41.29平方千米、耕地3.21平方千米、林地4.71平方千米、其他土地2.52平方千米),水域面积4.62平方千米(不含太湖面积)。

（自然资源规划局）

【气候】 2022年,经开区属北亚热带季风气候,四季分明,气候湿润,雨量充沛,日照充足,无霜期长。冬季北风多,受北方大陆冷空气侵袭,干燥寒冷;夏季偏南风居多,受海洋季风影响,炎热湿润,春夏之交多梅雨,夏末秋初多台风。

（自然资源规划局）

【地形地貌】 2022年,无锡经开区位于太湖湾科创带的核心区域,是无锡市委市政府所在地,位置独特、条件优越、交通便捷、生态优美、功能齐全,南有贡湖湾湿地,北有蠡湖和梁塘河湿地,东有蠡河湿地,西临长广溪湿地,中轴线上有尚贤河湿地,绿化率超过42%。

（陆大伟）

【旅游资源】 无锡经开区拥有风光秀丽的太湖岸线,凭借着优质的生态禀赋和悠久的历史文脉,已经成为锡城市民和周边自驾游客的热门休闲度假地。巡塘古镇、

太湖贡湖湾湿地

（阮忠　供）

周新老街、金城湾公园、无锡大剧院、尚贤河湿地公园、贡湖湾湿地公园、梁塘河湿地等历史自然人文景观交相辉映,近年来结合城市建设形成了贡湖湾"彩虹跑道"、尚贤河"夜光跑道"等网红打卡地,海岸城、万象城、八方汇、博大广场等商业配套各具特色,打造一站式"青山绿水乐悠游"的全新休闲度假方式。

（自然资源规划局）

【行政区划】　经开区受委托管理华庄、太湖2个街道和1家市属国企(太湖新城集团),下辖38个社区,2022年辖区人口近40万。

（自然资源规划局）

人口民族

【概况】　2022年,无锡经开区常住人口为322109人,与2010年第六次全国人口普查的172512人相比,增加149597人,增长86.7%,年平均增长率达到6.4%。

分街道来看,华庄街道常住人口为139113人,占比43.2%,比2010年的83552人增加55561人,增长66.5%,年均增长率达到5.2%;太湖街道常住人口为182996人,占比56.8%,比2010年的88960人增加94036人,增长105.7%,年均增长率达到7.5%,太湖街道常住人口的增长速度快于华庄街道。

（区经发局）

【性别构成】　2022年,无锡经开区常住人口中,男性165763人,占总人口的51.5%,女性156346人,占总人口的48.5%,男性比女性多9417人。人口性别比(以女性为100,男性对女性的比例)为106.0,比2010年的118.5下降12.5个百分点,男女人数趋于平均。

（区经发局）

【年龄构成】　2022年,无锡经开区常住人口中,0—14岁人口为53104人,占比总人口16.5%,较2010年增加35456人,比重上升6.3个百分点;15—59岁人口为219954人,占比总人口68.3%,较2010年增加了84377人,比重下降10.3个百分点;60岁及以上人口为49051人,占比总人口15.2%,较2010年增加了29764人,比重上升4.0个百分点,其中65岁及以上人口为33862人,占比总人口10.5%,较2010年增加21924人,比重上升3.6个百分点。少儿人口及老年人口比例较2010年有所增加,劳动年龄人口比例较2010年有所下降,说明人口的老龄化趋势逐渐显现,会对经济社会的发展造成一定的负担。

（区经发局）

【受教育程度】　2022年第七次全国人口普查数据显示,2010—2022年,无锡经开区大学文化程度人口成倍增长,低文化层次人口群体逐年减少,高文化层次人口群体逐年增多,人口文化结构向中、高层次发展。

2022年全区常住人口中,拥有大学

表1 无锡经济开发区常住人口情况表

单位:个、人、%

地区	2022年	2022年		2010年	
	社区、村个数	常住人口数	比重	常住人口数	比重
无锡经济开发区	38	322109	100	172512	100
华庄街道	17	139113	43.2	83552	48.4
太湖街道	21	182996	56.8	88960	51.6

(区经发局)

表2 无锡经济开发区性别结构情况表

单位:人、%

地区	2022年			2012年		
	男性	女性	性别比	男性	女性	性别比
无锡经济开发区	165763	156346	106.0	93558	78954	118.5
华庄街道	73879	65234	113.3	45370	38182	118.8
太湖街道	91884	91112	100.8	48188	40772	118.2

(区经发局)

表3 2022年无锡经济开发区年龄构成情况表

单位:人、%

年龄	人口数	比重
总　计	322109	100.0
0—14岁	53104	16.5
15—59岁	219954	68.3
60岁及以上	49051	15.2
其中:65岁及以上	33862	10.5

(区经发局)

表3　2022年江苏无锡经济开发区民族基本情况一览表

单位:个、人

民族	数量
少数民族数量	35
少数民族总人口(常住)	3064
回族(常住)	445
满族(常住)	396
朝鲜族(常住)	342
土家族(常住)	340
苗族(常住)	325

（区经发局）

（指大专及以上）文化程度的人口为105502人;拥有高中(含中专)文化程度的人口为47572人;拥有初中文化程度的人口为88752人;拥有小学文化程度的人口为51256人(以上各种受教育程度的人包括各类学校的毕业生、肄业生和在校生)。与2010年我区第六次全国人口普查相比,15岁及以上各种受教育程度的人口数量变化明显,每10万人中拥有大学文化程度的由12584人增加到32754人;拥有高中文化程度的由15728人减少到14769人;拥有初中文化程度的由46117人减少到27553人;拥有小学文化程度的由18725人减少到15913人。15岁及以上人口的平均受教育年限为11.8年。小学教育、中等教育程度人口比例持续下降,大学及以上教育程度人口呈不断上升趋势。即层次越高增长幅度越大,呈现"高增低减"的特点。

（区经发局）

【民族基本情况】　2022年全区常住人口中,汉族人口为319045人,占99.0%;回族、满族、朝鲜族、土家族、苗族等35个少数民族人口为3064人,占1.0%。

（区经发局）

【城乡人口】　2022年,全区常住人口中,居住在城镇的人口为322109人,占100%。与2010年我区第六次全国人口普查相比,城镇人口增加211425人,乡村人口减少61828人,城镇人口比重上升35.5个百分点。

（区经发局）

【就业和再就业】　2022年，新增城镇就业1.99万人，援助城乡就业困难人员再就业3056人，支持成功自主创业1791人。

（区经发局）

区划建置

【区划勘界】　2019年1月4日，"江苏无锡经开区"正式挂牌成立。经开区党工委管委会为市委、市政府派出机关，受委托管理滨湖区太湖街道、华庄街道（四至范围：东至华谊大道-高浪路-运河西岸沿线，南至太湖，西至滨湖区雪浪街道辖线，北至梁溪区扬名街道、滨湖区蠡湖街道辖线，面积为56.6平方千米）和太湖新城集团。

通过组建无锡经开区，构建一个管理主体、一个发展平台、一套班子队伍的管理体制和统一规划、统一招商、统一协调、统一建设的管理机制，统一行使辖区内的经济管理、社会管理、城市管理、资源管理、干部人事管理及党的建设等职能。依托无锡经开区，对太湖新城管理体制进行优化调整，是市委市政府着眼于全市发展大局做出的战略决策，也是继三个老城区合并组建梁溪区、成立新吴区以后，我市行政管理体制的又一重大调整，无锡由此形成"7+1"的行政管理模式。

（区社事局）

【下辖园区】　2022年，无锡经开区辖雪浪小镇未来园区、黄金湾科技创业产业园、太湖湾信息技术产业园、智能制造产业园、国家传感信息产业园、文创会展产业园和尚贤湖基金PARK。

（区社事局）

锡经开
Wuxi Economic
Development District

党的建设

综述

【经济发展】 2022年，无锡经开区完成地区生产总值365亿元，增长4.5%；一般公共预算收入33.44亿元，增长17.3%；固定资产投资185亿元，增长27.3%；规上工业总产值180亿元，增长12%；社会消费品零售总额72亿元，增长10.3%；进出口总额9.1亿美元，增长15.1%；对外投资5650万美元；到位注册外资1.1795亿美元。

（区党政办）

【工业】 2022年，无锡经开区102家规模以上工业企业实现总产值180.71亿元，增加值40.91亿元，主营业务收入167.20亿元，利润总额8.73亿元。已拥有上市企业4家，储备上市企业10余家。数字经济核心企业营收158亿元，增长22%，增速全市第二。物联网、软件、集成电路等重点产业规模增幅分别为26.1%、49.6%、82.1%，雪浪云完成超3亿元B轮融资，不断推动制造业数字化转型走深向实。

（区党政办）

【商贸服务业】 2022年，无锡经开区消费市场持续升温，打响"GO经彩 乐开怀"活动品牌，围绕综合体、汽车、餐饮、家电等四大消费类型，举办促消费活动5场，累计兑现新能源汽车消费补贴1090余万元，带动新车销售增长2.2亿元。发放消费券200万元，拉动零售、餐饮消费增长超亿

元。山姆会员店成功开业，完成水乡苑、方庙等2家农贸市场改造，和韵、信成花园社区通过"15分钟便民生活圈"示范社区评审，完成13个社区"智慧菜篮子"网点建设，落霞苑、水乡苑、和畅果色花香、方庙农贸市场完成集中运营托管，集中运营托管率位居全市前列。

（区党政办）

【城市建设】 2022年，无锡经开区深入推进"一带两镇三园"城市更新及"美丽经开"建设"三年五提升"行动，市容市貌有效改善、人居环境显著提升。征收拆迁完成签约面积125.6万平方米，签约及拆除面积均为历年之最，攻坚拔点数量全市最多。老旧小区改造规模、投资额、涉及户数均为历年之最，集中开工改造老旧小区8个，总投资约13亿元，涉及老旧建筑总面积约230万平方米，惠及群众1.7万余户。开展全国文明典范城市创建活动，擦亮城警联动城市精细化管理品牌，城市管理单元优良率首次达100%，太湖街道荣获2022年全市最干净街道（镇）建设优秀街道。加快推进全域"双碳"示范区、国际示范区建设，奥体中心正式落户，奥体板块蓄势待发。

（区党政办）

【生态建设】 2022年，无锡经开区立足生态优势和资源禀赋，致力打造生态环保示范区，高质量完成第二轮中央生态环境保护督察问题整改工作，环境信访问题数量全市最少、办结最快。持续推进美丽河湖

建设,完成13个水污染防治工程和6个太湖治理重点工程,排污口排查整治情况位居全市前列,辖区河道基本消除劣Ⅴ类水质,小溪港水质达到Ⅱ类,地表水国省考断面水质达标率继续保持100%、河湖水面洁净度保持80%以上。强化对华庄国控点3千米范围内65个工地扬尘管控,完成289个大气污染防治项目,PM2.5浓度下降至29.6微克/立方米,优良天数比率为78.4%。华谊路等周边近38万平方米闲置地块有效管养,进一步厚植绿色发展底色。

（区党政办）

【科技创新】　2022年,无锡经开区积极推进规模以上、创新三类、高新技术、专精特新和上市后备等五类企业"培优工程",浪潮卓数等2家企业获评省级软件企业技术中心,8家企业入选省级"专精特新",新增高新技术企业58家,新增入库科技型中小企业277家,智慧园区、智慧规划等项目荣获无锡市新型智慧城市建设"十佳解决方案",全区发明专利授权量达168件,增长189%,创历年新高。完成雪浪小镇数据创新中心等25.6万平方米科创载体建设,无锡深港协同创新中心建成使用,无锡-横琴粤澳协同创新中心揭牌成立,国科大江苏密码应用技术研究院、东大信安云芯片与系统实验室等重大平台相继落户,建成太湖湾ICC集成电路设计服务平台,上海技术交易所无锡创新服务中心、国家专利局南京专利代办处无锡工作站正式投用,雪浪算力中心获评2022年智慧江苏重点工程和标志性工程项目。尚贤湖基金PARK新增基金规模500亿元,总规模超

2022年6月30日,区党工委召开党的建设工作领导小组会议,深入学习贯彻习近平新时代中国特色社会主义思想,研究部署2022年党的建设工作,坚持以高质量党建引领保障高质量发展　（区党政办）

1500亿元,招引QFLP基金达5.8亿美金,IDG资本、春华资本等15家头部机构先后入驻。累计引进院士12名、国家级人才12名,省市高层次人才入选数量增幅超40%,位居全市前列。

(区党政办)

【社会事业】 2022年,无锡经开区坚持教育强区战略,新改扩建学校6所,新增学位7000余个,加强与华东师范大学、市属品牌学校、优质民办学校合作办学,入选全国首批、全市唯一"央馆人工智能课程"规模化应用试点区。改善就医环境,提升医疗水平,区内共有医疗卫生机构141家,开放床位1247张,执业(助理)医师598人,统筹推进华庄街道、太湖街道社区卫生服务中心异地新建,积极参与市级医疗集团试点工作。加强文化阵地建设,在综合体和社区街坊分别设置艺术、休旅、商业、街区、阅读、文博等8个"美好空间",改建笼式足、篮球场场地10片,开展文体惠民活动400余场次,人民群众幸福感逐年提升。

(区党政办)

【人民生活】 2022年,无锡经开区全面完成12个"为民办实事"重点项目。新增城镇就业6000人,城镇调查失业率控制在3%以内。现有社区居家养老服务中心33家、街道日间照料中心2家,拥有社区居家养老床位数323张、养老机构7家总床位数2829张(其中护理型床位数2648张)。累计发放低保金542.3万元,特困供养金53.9万元,困境儿童生活、营养补贴(含孤儿)137.48万元,疫情临时生活补贴107.1万元。

(区党政办)

组织工作

【概况】 截至2022年12月,无锡经开区共有党组织416个,其中党委18个、党总支40个、党支部358个。全区有党员10254名,其中女性党员4049名,占党员总数的39.49%;35岁以下党员2287名,占党员总数的22.3%;大专及以上文化党员6481名,占发展党员总数的63.2%。

2022年,全区发展党员55名,其中女性党员22名,占发展党员总数的40%;35岁以下党员33名,占发展党员总数的60%;大专及以上文化党员53名,占发展党员总数的96.36%。

(区党群部)

【党的基层组织建设】 2022年,无锡经开区坚持党建引领,推动基层党建和中心工作深度融合,以高质量党建推动高质量发展。发布首条"向阳经开"先锋党建示范带,完成两批次30个社区优秀党建品牌展评;举办"红色金融街"金融行业党建"五大行动"发布暨"经融引航"党建联盟启动仪式,吸引理事成员单位9家、联盟单位46家,通过"党建+金融"催生赋能产业链、激活创新链的叠加效应;聚焦新业态,成立区级交通运输、外卖配送、快递物流、互联网行业4家行业党组织,制作发放"小蜜蜂"地图,不断提升新业态新领域党建成效;在6个社区试点运行"大党委"机制,推动基层党建和基层治理融合互促;启动区级党群服务中心设计建设,推进20个社区党群服务中心新建、改扩建,选定6个居民小区新建党群驿站,增设88个"红色先锋楼道",布点建成48个"小蜜蜂"驿站,全面铺开各级党群服务中心建设,形成区、街、社区、小区、楼道"1+1+2+38+N"的五位一体党建阵地集群;评定一星至三星等级党群阵地104个、四星级党群服务中心4个、社区党群服务中心示范点6个、红色先锋楼道示范点6个,获评无锡市五星级基层党建工作指导站1个、培育对象1个。各领域党组织进一步擦亮党建品牌,持续推动基层党的组织优势转变为服务效能。

无锡经开区贯彻落实新时代党的建设总要求,坚持把抓基层党建与服务"国之大者"紧密联系,健全完善机关、街道、社区等6类基层党建工作责任清单。全面学习贯彻党的二十大精神,通过领学、领讲等方式开展领导班子专题学习宣讲16次,开展110余项群众性主题宣传教育活动,召开党的二十大精神专题学习会议、宣讲报告会119场,分类分层开展社区书记培训114人次、社区"两委"班子培训283人次、区级党建指导员和机关党务工作者培训62人次、"两新"组织党务工作者培训82人次,实现全区基层党务培训全覆盖。

（区党群部）

【干部队伍建设】　2022年,无锡经开区全年调配干部5批202人次,其中提任科级干部12名、机关股级干部50名,职级晋升9名,事业单位管理岗位职员等级晋升2

2022年12月8日,无锡经济开发区第二批"红翎计划"(一社区一品牌)社区党建品牌项目成果展评会

（区党群部）

2022年10月24日,2022年度经开区年轻干部培训班正式开班,本次培训以学习贯彻党的二十大精神为主题,来自各街道、部门、园区等34名优秀年轻干部参训 　　　　　　　　　　　　　　　　　(区党群部)

名。努力建设忠诚干净担当的高素质专业化干部队伍。一方面,聚焦打造坚强领导班子,持续推进区机关部门、街道、社区班子运行情况全覆盖考察,分析研判各级班子的整体功能、个体素质、群众评价,提出优化改进措施140余条,对班子结构不够合理、运行状态不佳的领导班子,及时进行调整充实。另一方面,聚焦年轻干部常态化培育,组织开展年轻干部挂职锻炼"砺炼"计划,选派2批次110名年轻干部赴先进地区、上级机关、基层一线进行学习锻炼。聚焦选调生、公开选调人才等年轻干部群体,常态化组织开展谈心谈话、座谈调研等活动。根据年轻干部特点制定常态化培育计划,分层分类设计培养路线,强化递进式培养,提拔使用年轻干部35名,既"压担子"又"给位子"。

　　　　　　　　　　　　　　　(区党群部)

【综合考核】 2022年,无锡经开区出台《无锡经开区2022年度综合考核实施办法》《无锡经开区2022年度园区考核实施办法》和配套实施方案。加强结果运用,将考核结果作为评先评优的重要依据,在高质量发展大会上,表彰2022年度"四区"建设先进集体24个、先锋人物22名。2022年度在无锡市"担使命·做贡献"季季评活动工作中,经开区获评高质量发展考核季度流动红旗2次、"四争"先进集体2次、真抓实干奖2次。

　　　　　　　　　　　　　　　(区党群部)

【人才工作】 人才项目:坚持为党育人、为国育才,发挥优势资源作用,瞄准一流高校、一流人才发力,成功申报国家人才工程93个,同比增幅200%,位于全市前列,2位人才成功入选国家人才工程,取得零的突破。培育省"双创人才"4人,其中,科研院所创新人才1个,全市唯一;培育省"双创博士"6个、市"太湖人才计划"支持项目22个,其中,丁荣军院士团队入选市"太湖人才计划"顶尖人才团队,获得1亿元顶格支持。

人才活动:多措并举办好人才活动,高标准举办2022中国无锡"太湖杯"国际精英创新创业大赛南京赛区,38个人才项目激烈角逐,联合《新华日报》、央视新闻、交汇点新闻等主流媒体发布宣传新闻稿18篇,累计阅读量达47.4万,"无比爱才 锡望您来"闪耀紫金塔。用市场化手段"牵线搭台",组织"直播带岗"人才专场活动,依托"无锡城市猎头计划"平台发布高端就业岗位90个,成功引进博士人才16名。举办"才赋新城"人才服务系列活动20余场,完成人才知识产权质押融资1.37亿元,为人才在金融服务、项目申报、人才分类认定等方面搭建人才沟通交流的平台。持续打造"一见倾心 缘来是你"青年人才联谊活动品牌,组织活动10余场,17对青年人才牵手成功。

人才服务:以"大安居"理念精心营造"人才无忧环境",打造全链条全方位人才服务体系。大力实施人才安居工程,率先出台《关于实施无锡经开区高端人才宜居工程的意见(试行)》,首批20套"新郡"优质人才安居房、最高800万专项补贴重磅发布,6名人才获得安居房购买资格,24位人才兑现专项购房补贴券2522万元,发放人才租房补贴300余万元。加速推进人才公寓建设,6.6万平方米516套"仁恒"国际人才公寓完成主体项目60%建设,10万平方米1108套太湖新城人才公寓提升改造项目和3.3万平方米570套中天大厦人才公寓改造项目均按计划启动建设。与头部人力资源机构深度合作,摸清企业人才"需求库""人才池",搭建"企业人才深蓝池"系统平台,建立市场主导、企业主体、政府支持的引才机制,每年最高给予每家企业招聘补贴100万元,切实解决辖区企业"引才难""引才贵"的难题。依托人才金融港,建立"一站式""保姆式""全链式"服务机制,为各类人才提供企业注册、分类认定、购房补贴等帮办代办服务,常态化开展"人才服务月"活动,协调区内优质教育资源、医疗资源,为39名高层次人才解决子女入学入园,积极稳妥办好人才"关键实事"。

(区党群部)

宣传工作

【概况】 2022年,无锡经开区坚持以习近平新时代中国特色社会主义思想为指导,围绕迎接学习宣传贯彻党的二十大精神,以坚持党的领导为核心,以融入中心服务大局为导向,做深做实理论武装,持续抓好意识形态工作,巩固壮大主流思想舆论,扎实开展"扫黄打非"和网信工作,为全区加快建设新发展理念全域实践区提供强劲精神动力和思想保证。

(区党群部)

【思想理论武装】 2022年，无锡经开区把学习宣传贯彻党的二十大精神作为首要政治任务，党工委第一时间召开全区传达党的二十大精神会议，制定宣传报道、宣传引导、学习宣讲等系列方案，系统部署全区学习宣传工作，党工委理论学习中心组带头开展专题学习4次，各单位组织专题学习、集中交流研讨62场。中心组学习制度化规范化，制定学习计划，专题学习17次，交流研讨6次，交流发言22人次，领导班子人均交流4次。编印学习专刊16期，开展精学研读《习近平谈治国理政》第四卷等辅导讲座7场。举办"经开讲堂"、领导干部读书班，形成调研文章20余篇。征订学习教材4万余本，覆盖辖区全体党员。开展巡学旁听4次，延伸检查8个社区。挖掘本土宣讲达人开展理论宣讲500余场次，推出"小镇HOME+思享汇客厅"，构建"思政+元宇宙"情景教学，推出"行走的思政课"20余期。结合党员冬训，开设书记课堂110余场，推出"我是冬训主讲人"等课程、视频近600期，2个街道均获评省党员冬训示范街道。依托10支特色小分队，开展"声动经开·思传万千"对象化、分众化、互动化宣讲230余场。与江大马院深化校地共建，推出学习菜单44项、理论课程56堂。

（区党群部）

【意识形态工作】 2022年，无锡经开区坚持把意识形态工作摆到极端重要位置，党工委专题研究意识形态工作2次，制定落实意识形态工作责任制的《若干规定》等规范性文件3个、应急处置预案4个，召开联席会议4次，向市委专题汇报1次，向全区通报3次。严格落实"3+5+5"工作机制，下发主体责任书，完善工作责任清单。加强经常性风险研判和防范化解，开展意识形态和舆情稳控领域风险排查12轮，排查化解风险160余条。制定维护意识形态（网络意识形态）安全专项督导活动方案，开展覆盖全区的"推磨式"专项督查1轮。规范提升讲座讲坛建设及管理，完成区级备案19场。做好重点领域规范管理联动，开展线上线下出版物市场检查，实施网络舆情处置应对联动，推动宗教领域重点难点问题解决和矛盾隐患化解。

（区党群部）

【壮大主流思想舆论】 2022年，无锡经开区充分发挥融媒体作用，围绕喜迎二十大、雪浪大会等重大主题活动、聚焦经开区重点产业发展和疫情防控等社会关注热点，与中央、省市主流媒体深化合作，发表各类报道3000余篇次，其中央媒230余篇，省媒350余篇，仅2022雪浪大会就吸引112家媒体联动报道，获1500万+直播曝光量，覆盖超1亿人次。依托《中国日报》成立Facebook、Twitter、Instagram经开海外矩阵发布平台，半年发布稿件129篇（条），阅读量217万。新华社关注经开发展，智库刊登分析报告1篇、高管信息刊登3篇。

2022年，无锡经开区召开新闻通气会3次、发布会2次，在开学季、楼盘交付等

2022年12月14日,召开全区领导干部会议,深入学习贯彻12月6日召开的中共中央政治局会议精神和省市有关会议精神,听取有关工作情况汇报,研究部署贯彻落实工作　　　　　(区党群部)

重要节点前做好态势预判,提交研判报告30余期。紧扣经开打造新发展理念全域实践区、拥抱粤港澳大湾区的战略举措、显著成绩和群众身边暖心故事,精心策划专题报道1700余条。疫情防控中,成立宣传舆情组,制订应急处置方案,印发《信息发布和社会舆论引导工作机制》等5份文件,发布政策解读、防控亮点等信息1200余篇次,单篇报道最高阅读量超100万。

2022年,无锡经开区举办"e起奋斗 '经'石为'开'"网络文化季六大主题活动200余场,评选优秀微视频、摄影作品28部。落实全时全域信息推送机制,在商业综合体等400余处电子屏播放防疫、创文等图文超5万小时,发布提醒短信1000万余条。有效运用"网屏端微",推出更有感染力传播力的爆品爆款,原创发布视频

号、抖音号640余条,新媒体作品"阳康"返岗记,超40万人次参与互动,播放时长超380小时。

2022年,无锡经开区联合江苏吉金文化传媒科技有限公司为2022北京冬奥会打造冬奥转播主题曲《燃》,歌曲贯穿于冬奥会为期一个月的赛事转播中;通过冬奥官方转播商中国移动全平台首发上线24小时内,MV播放量就超过了420万,全网话题阅读量过2亿,包括新华社、共青团中央在内的官方权威媒体力挺歌曲宣传,覆盖2亿+热血青年;成功入选无锡市第十届精神文明建设"五个一工程"作品。

(区党群部)

【精神文明建设】　2022年,无锡经开区始终把加强精神文明建设作为一项重要工作来抓,以宣传、教育、志愿服务为抓手,

借助文明城市创建、阵地建设、品牌项目打造等，不断提升精神文明水平。

围绕文明城市创建制定三年行动计划，实施8项工程，推进24个项目，制作文明城市创建工作手册，实现点位、责任、标准、问题四张清单合一，8个攻坚项目成效显著，19个攻坚"点位群"面貌焕然一新。通过挂图作战机制，对全区104个样本框点位进行每季度全覆盖督查，市级通报问题整改率100%，打造了金匮公园、落霞农贸市场、农联社区、永信路等一批特色红榜点位。将"智慧创文"平台纳入区城运中心首期五个项目之一，依托城运中心一网统管平台，实现问题的自动化派单、快速化处置、智慧化分析。

印发《无锡经开区2022年新时代文明实践中心（所、站）建设重点工作安排》，拓展优化文明实践阵地网络，建成1个区新时代文明实践中心、2个街道新时代文明实践所、38个社区新时代文明实践站，实现新时代文明实践中心（所、站）建设全覆盖。在全市率先启动首批六大类13个新时代文明实践志愿服务项目，深入13个社区开展151场志愿服务活动，线上线下服务人次超3万，挖掘本地骨干志愿者百余人。制作"倡导文明健康"系列宣传海报，获评2022年"文明无锡"公益广告大赛优秀奖。常态化开展"文明就在家门口"系列活动，编制印发"居民文明行为12条""15分钟便民生活圈"等系列宣传手册近30万套。

积极参与省市两级身边好人、文明家庭等先进典型评选表彰活动，先后选树江苏好人、无锡好人、最美人物等先进典型37人，制作2022年度身边好人善行义举榜万余份，在居民小区、商场超市、中小学校等场所开展好人巡展，传递正能量。广泛开展公民道德歌传唱活动，积极发动辖区各级文明校园、文明社区、文明单位等参与最美之声评选，5万余人次参与线上投票。

（区党群部）

【网信工作】 2022年，无锡经开区以落实"两个责任制"为抓手，持续建好用好管好互联网，为全区经济建设和高质量发展提供了良好网络舆论环境、有力信息化支撑和可靠网络安全保障。

在区党群部下设网信科，增挂"互联网舆情中心""网络安全应急指挥中心"牌子。建立网络舆情风险排查预警和重大舆情应对处置协调机制，累计监测涉区网情29万余条，负面信息5800余条，其中敏感信息100余条，均下发舆情告知单并协调相关部门妥处，舆情闭环处置率100%。持续加强网络安全事件监测预警，全年印发日常通报12期，涉及18个网络安全风险隐患，5日以内整改率达100%。组织开展2022年网络安全工作培训会暨网络安全事件应急演练，特邀网络安全相关专家开展授课培训，并选取3家区级机关网站进行模拟攻击，进一步提升网络安全事件监测预警、研判分析、应急处置的能力。

排查全区1626家互联网网站，处置违法违规网站47家，对党政机关、事业单位、区属（管）国有企业信息系统等32项重要互联网资产进行远程网络安全渗透测试和漏洞扫描，并通报检查中发现的漏洞，督促各单位整改反馈。

聚焦"喜迎二十大"主题主线，于2022年4月28日举办"e起奋斗　'经'石为'开'"2022网络文化季主题活动，开展6大类精品活动、30余项子活动，共创作图文、视频、H5等新媒体产品近600件，总传播量创历届网络文化季之最。"e起读"——"幸福经开"云讲习获评2022年无锡市第十届网络文化季优秀网络文化项目。

（区党群部）

【"扫黄打非"工作】　2022年，无锡经开区党群工作部全面贯彻落实中央、省、市"扫黄打非"工作各项决策部署，坚决守住政治安全底线、筑牢文化安全防线，为党的二十大胜利召开营造了良好的社会文化环境。无锡经开区党群工作部宣传科获评2022年江苏省"扫黄打非"先进集体。

围绕"耽美"类出版物、涉黄侵权等重点内容开展专项整治，共下架境外图书、少儿不宜类图书357本，处罚3家出版物零售单位，鉴定涉黄书刊400余本；联合市文化执法支队、教育局等部门开展校园及周边出版物市场检查，共检查校园图书馆15家次、出版物零售单位144家次；联合市民族宗教事务局处理3起擅自组织开展宗教活动案，收缴涉宗教类非法出版物57册；会同

公安处置研判、关停47家涉黄、涉赌网站。

依托区级和各街道、社区微信公众号发布"护苗"、版权保护宣传信息。结合全民阅读等新时代文明实践活动，开展"护苗""绿书签"系列宣传活动66场；联合区教育局开展"强国复兴有我　'护苗'健康成长"等主题宣传活动，参加学生超1.5万人次；举办网上"护苗"公开课，推荐优秀出版物，在线观看人数超3万人次。

（区党群部）

统一战线工作

【概况】　2022年，无锡经开区统一战线紧扣强基固本、凝聚人心这个根本，突出"聚心聚智聚力"，全力推动统一战线各领域工作提质增效，全年共组织全区70名基层统战骨干及党外代表人士专题培训。《坚持和完善多党合作制度　加快推进国家治理现代化》获全省"多党合作与中华民族伟大复兴"主题征文获二等奖、太湖街道统战干部获全市统战系统"喜迎党的二十大"青年党员演讲比赛三等奖，《桥连百年、锡商赓"扬"》短视频获全市短视频大赛三等奖。

（区党群部）

【民族宗教工作】　2022年，无锡经开区认真贯彻落实习近平总书记关于民族宗教工作重要论述，以铸牢中华民族共同体意识为主线，坚持我国宗教中国化方向，不

2022年5月13日,市各民主党派、无党派知联会与各市(县)区、无锡经济开发区"8+8"挂钩结对启动仪式,在尚贤湖基金产业园举行,同时启动2022年度"双督"工作和"聚力惠民""我为群众办实事"社会服务活动

(区党群部)

断巩固民族团结、促进宗教和谐,夯实民族宗教领域工作基础。

(区党群部)

【民主党派工作】 2022年3月9日,成立民进经开区总支部,至此7个民主党派和1个无党派知联会基层组织在经开区实现全覆盖。打造"致公凤巢""中山博爱之家""留英驿站"等10个民主党派阵地,其中,海创智慧谷"致公凤巢"获评致公党江苏省委"引凤工程"海外人才引进服务基地。全力支持党外人士学习交流,打造区级统一战线工作基地。协同做好民主党派24名新成员考察,完成28名无党派人士认定。严格做好党外代表人士在人大、政协安排的政策规定。落实区领导与党外代表人士常态化联谊交友制度,通过座谈交流、走访调研等方式,与党外代表人士联谊交友21次,区机关部门与各民主党派开展专题讲座等对

口联系活动12次。承办全市"8+8"挂钩结对启动仪式,与九三学社市委联合打造"九九同心"结对品牌,实施"1+1+1+6"结对工程,联合举办无锡九三大讲堂,围绕"集成电路涉及关键技术以及发展趋势"等10个专题开展交流研讨。联合相关部门开展"生态城市形态更加优美""创新驱动效应更加显著"等民主监督3轮,"九三助力残疾康复 同心共建美好社区"社会服务、数字化产业调研等活动6场。

(区党群部)

【港澳台海外统战及侨务工作】 2022年10月14日,无锡经开区《江苏省华侨权益保护条例》立法调研组赴凤凰画材调研,获省侨办王华主任高度点赞。配合办好市新侨创新创业论坛,举办留学人员夏令营、海归创业分享沙龙、侨法宣传等主题活动。12月14日,尚贤教育集团与美国

旧金山美洲中华中学校缔结华文教育友好学校。以满珍樱花林为主题拍摄《一起赏樱花》短视频寄送香港,帮助1位台湾同胞子女入学、助力1家企业商务赴台。

(区党群部)

【申建欧美同学会海归小镇(无锡·互联网)】 2022年7月27日,海归小镇完成第二轮专家组评审。9月15日,全国首批、江苏唯一海归小镇成功落地,获全国人大常委会副委员长、欧美同学会会长、民盟中央主席丁仲礼,省委常委、统战部部长惠建林等中央省市领导授牌,首批11家海归企业入驻。11月赴北京向欧美同学总会做专题汇报,获总会高度认可,接待海南省委统战部等20家省内外单位前来考察。

(区党群部)

【民营经济工作】 2022年11月4日,无锡经开区常委会承办2022亚布力中国企业家论坛创新年会。与UINO优锘科技、西信信息科技、万帮数字能源、博将资本、江苏哈工智新、傲威半导体、江苏声立传感、真贺半导体、深石资本、深石零碳科技、中城新产业集团、格澜数字科技等12家企业签约合作,合作项目涉及物联网、生物医药、信息科技、数字能源、数字科技、半导体、零碳等多个行业。

(区党群部)

纪检监察

【概况】 2022年,无锡经开区区街两级纪检机关围绕中心、服务大局,持之以恒正风肃纪反腐,加快建设廉洁经开,为推动经开区新发展理念全域实践区建设提供了坚强保障。深入学习领会习近平总书记重要讲话和重要指示批示精神,认真学

2022年11月4日,2022亚布力中国企业家论坛创新年会在无锡经开区举行。市委书记杜小刚到会讲话,省工商业联合会主席、省自然资源厅厅长刘聪,市政协主席项雪龙出席

(区党群部)

习党的二十大报告,不断筑牢拥护"两个确立"、践行"两个维护"的思想根基。紧密围绕党中央、省委、市委和区党工委各项重点任务,对全国文明城市整改提升和典范城市创建、安全生产整治、三大攻坚战等重点工作开展实地督查。围绕"优化疫情防控二十条""新十条"和市委"百日攻坚"行动等决策部署,开展嵌入式督查。制发《经开区优化营商环境专项监督十条措施》,紧扣全区产业发展和改革创新各项措施开展专项监督。探索运用"调研监督+"模式,率先在全市开展"调研监督+纪委书记同'一把手'谈话"全覆盖活动。重点围绕基层小微权力腐败问题,查处了一批"蝇贪蚁腐"。全面开展内控机制建设"提升年"行动,监督各部门各单位排查岗位廉政风险点。持续开展"清风行动",重点查纠享乐主义、奢靡之风问题。认真落实"三个区分开来"要求,加大容错纠错机制的实践运用。深入推进治理商铺转租等重复信访积案的专项攻坚,有力推动矛盾化解,维护社会和谐稳定。围绕辖区养老机构运营、商铺转租整治、公共停车收费等涉及群众切身利益的领域开展专项治理,不断增强人民群众获得感。

(区纪工委)

【监督执纪】 2022年,无锡经开区纪工委紧紧扭住责任制这个"牛鼻子",协助党工委制定《2022年无锡经开区党工委全面从严治党主体责任清单》《2022年无锡经开区党工委领导班子成员全面从严治党责任清单》《2022年无锡经开区纪工委全面从严治党监督责任清单》,压紧压实各街道、部门和单位主体责任。率先在全市开展"一把手"廉政谈话全覆盖,对辖区2个街道和13个区级部门开展党风廉政建设调研,与党政领导班子一对一谈心谈话47人次,深化"纪委书记带头谈""'一把手'和班子成员主动谈"格局,有力推动对"一把手"监督破题见效。依托廉政档案信息系统,完成市管干部9人、区管干部87人、股级干部502人的廉政档案填报工作,让党员干部和公职人员实事求是"晒家底",实现了对干部的"精准画像"。

2022年,无锡经开区纪工委坚持把安全生产领域监督作为政治监督重要内容,会同区安委办组成督导组,出台了《2022年无锡经开区安全生产专项整治督导工作方案》《经开区经济社会重点领域安全稳定风险排查化解工作领导小组办公室工作手册》,通过现场检查、听取汇报、查看安全责任清单等方式,抓领导干部履责、抓专业部门部署,促进"一岗双责"履行到位。紧盯安全生产事故责任调查和相关人员举报发现问题线索3个,涉及6人,并就已签未拆除房屋失管问题,深挖彻查问题背后的腐败,留置1人。

2022年,无锡经开区纪工委聚焦科学精准高效做好疫情防控监督工作,制定《经开区疫情防控考核督导组工作机制》《经开区疫情防控监督检查工作组工作机制》等制度,建立市、区、街三级联动,扁平高效的提级指挥和横向到边、纵向到底的作战格局，深入高速道口、隔离场地、农贸市场等重点防控一线，紧盯核酸检测、防控消杀、流调跟踪等重要环节开展专项督查。下发交办单229份，发现解决问题643个，形成督查专刊23份，构建"发现问题—工作交办—靶向反馈—跟进整改—逐项销号—回头跟踪"全链条监督闭环。对疫情防控工作不力的相关人员开展责任追究18人，通报3起，牢牢守住疫情防控底线。

2022年，无锡经开区纪工委围绕招商引资、招才引智工作，探索行之有效的监督方式，研究制定《关于开展优化营商环境专项监督十条措施》，通过走访企业、问卷调查等方式，了解解决企业发展困难和问题，积极构建亲清政商关系。紧盯工程建设领域，探索打造大数据信息化监督平台，精准防范工程建设领域腐败问题。

2022年，无锡经开区纪工委紧盯春节、清明及五一等重要假期，通过节前发送廉洁过节短信、签订廉洁过节承诺书等方式，进一步增强党员干部和公职人员的廉洁过节意识，时刻绷紧廉洁自律这根弦。主动发挥探头、前哨作用，围绕"关键人""关键事""关键时"进行廉政风险点预警提醒。对发现的党员干部思想、作风、纪律等方面的苗头性、倾向性问题，深化运用监督执纪第一种形态，经常让党员干部"咬耳扯袖"、红脸出汗，全年共提醒谈话42人次。

2022年，无锡经开区纪工委开展村级股份合作社专项整治，通过提前审计查方

向、收集信访探民情、实地走访强调研等方式，重点聚焦财务管理制度执行、合同签订履约、村级工程建设开展监督检查，督促完成自查自纠问题整改268个，完善制度2条，立案处理17人，留置1人，第一种形态处理5人，通报曝光2起3人。探索运用大数据信息化手段加强对小微权力运行监督，启用电子印章系统，在街道、社区层面上开展推广部署，全年梳理用印流程1009条，规范线上用印1.4万余次。

2022年，无锡经开区纪工委坚持有腐必反、有案必查，坚决有效惩治腐败。2022年区、街两级纪工委共立案查处违纪案件35件，结案30件，给予党纪政务处分24人，其中乡科级干部1人、一般干部5人、其他人员18人。精准把握政策策略，运用"四种形态"批评教育帮助和处理78人次，第一至第四种形态占比分别为69.2%、26.9%、2.6%、1.3%。

2022年，无锡经开区纪工委聚焦信访举报处理工作，精准履行好受理办理和综合分析职责，紧扣群众需求，切实做到精准受理、精准甄别、精准办理，保障人民群众合法权益。2022年受理办理信访举报58件，立案13人。积极拓展信访举报渠道，加强小微权力"监督一点通"平台推广运用，让更多的群众知晓平台、会用平台、愿用平台，自8月小微权力"监督一点通"平台上线以来，下半年平台访问量共计63245次，收到群众投诉29件，均已办结。

2022年，无锡经开区纪工委扎实做好干部选任党风廉政意见回复工作，严把政治

2022年8月25日,纪工委、教育局联合组织的"读贤吏故事 学为政之德"——"廉洁经开"宣讲第一课在尚贤融创小学举行,党工委委员、纪工委书记张静红,市纪委监委宣传部部长宗春燕参加,并为各公办学校党政主要负责人赠送"廉洁福袋"
(区纪工委)

关、品行关、作风关、廉洁关,全年党风廉政意见回复49批598人,对4人提出暂缓建议,筑牢选人用人"防火墙"。

(区纪工委)

【制度建设】 2022年,无锡经开区纪工委下发《加强领导干部办理婚丧嫁娶报备通知》,进一步要求各级领导干部带头维护纪律的权威性和严肃性。围绕城市更新等工作,依规依纪实施容错备案8起,推动容错纠错从"事后补救"向"事前预防"转变,为创造性地开展工作提供"试错空间"。

无锡经开区纪工委稳步推进内控机制建设三年行动"提升年"工作,着力构建完整工作闭环,充分发挥制度建设"纠治未病"功能,全年共督促各部门建立完善相关制度157条。

(区纪工委)

【廉政教育】 2022年,无锡经开区纪工委以思廉月为抓手,组织制作廉洁文化短视频、海报,4部作品在"步弓石杯"大赛中获奖;以本土历史南兴楼家风故事为素材,打造和谐道廉洁文化展墙,推动廉洁文化进社区。组织召开思廉月专题警示教育大会,区党工委书记杨建平授廉政专题党课,以案为鉴、以案明纪。组织各街道、各部门、各单位召开各类警示教育会议6场,覆盖党员干部300余人,扎实筑牢拒腐防变的思想防线。

2022年,无锡经开区纪工委规划建设全市首个以"构建亲清政商关系,打造最优营商环境"为主题的综合性廉洁文化教育阵地——无锡市亲清政商廉洁教育基地;以《关于加快打造新时代廉洁文化高地赋能廉洁无锡建设的实施意见》为指导,成立"廉洁经开"宣讲团,策划"读贤吏故事　学为政之德"宣讲活动,组织宣讲2次;举办"廉洁文化校园行""廉洁文化进万家"等主题活动,编排首演儿童话剧《守廉》,组织"廉洁经开"家风文化作品展,扩大廉洁文化覆盖面、影响力。同时,借助各级网络媒体宣传委机关特色工作,传播廉洁文化,促进干部常怀廉洁之思,常悟公仆之本。全年中央级媒体报道3篇,省市级媒体录用素材12篇,区级媒体录用文章及图文素材30余篇,发布新闻视频3个,大力传播"廉洁经开"声音。

（区纪工委）

【贯彻落实中央八项规定精神】　2022年,无锡经开区纪工委持续加固落实中央八项规定堤坝,紧盯节假日及重要时间节点,共查处违反中央八项规定精神问题7起8人,持续释放对"四风"问题紧盯不放、一抓到底的强烈信号。紧盯"车轮上的腐败",开展公务加油卡自查自纠工作,共立案处理4人,严防"四风"问题隐形变异、反弹回潮。针对市纪委督查发现的华庄街道食堂管理不规范的问题,聘请审计机构对2021年以来辖区两街道食堂的财务账册开展审计,并下发纪律检查建议书,督促街道落实整改,完善制度。围绕疫情防控和推进上级决策部署中出现的思想懈怠、责任不落实、推进工作流于形式以及乱加码等问题开展专项整治,追责18人,通报3起。

2022年,无锡经开区纪工委聚焦群众"急难愁盼"问题,多措并举深入整治群众身边腐败和作风问题,让广大群众在全面从严治党伟大实践中感受到公平正义。围绕特困人员集中供养机构规范化运营和养老服务财政资金使用管理开展养老机构专项清理整治,发现问题6个,问责2人,追回资金49824元;开展公共停车收费专项整治,通过参与停车办相关会议、实地督导调研等方式加强嵌入式监督,有效提高了公共停车收益,2022年景区停车收益较2021年同比增长12%。针对建设局开展的物业收费和公共收益不按规定公示、装修"搬霸"等物业管理服务突出问题开展专项整治,共检查3次,发现问题2个,立案查处5人。

（区纪工委）

群团组织

无锡经开区总工会

【概况】　2022年无锡经开区总工会对标先行示范标准,不断强化政治站位和责任担当,紧紧围绕中心工作,全力推进工会各项工作走深走实,各项工作得到进一步提升。全年新建工会组织14家,指导9家单位完成了换届工作和领取工会法人资格证书。以"让职工得实惠,企业得人心,工会得形象,社会得和谐"为目标,把深入开展工资集体协商与推动劳动纠纷源头治理、维护劳动关系和谐稳定紧密结合,

2023年8月13日，区人才办与区团工委精心组织无锡经开区高层次人才子女夏令营，夏令营让孩子们学到了实用的反诈知识和悠久的中国传统文化，既增长了理论知识，又增强了动手能力 （区总工会）

签订工资集体协议的单位共计75家，覆盖职工9915人。

（区总工会）

【职工劳动竞赛】 2022年，无锡经开区总工会助力职工创新创业创造，发动广大职工参与劳动竞赛，营造在实践中锻炼提升业务技能的浓厚氛围。组织盛仕达、金安押运等4家重点企业开展示范性劳动竞赛，无锡大昌机械工业有限公司等3家企业获得全市劳动和技能竞赛先进集体，锻炼了职工队伍素质，促进了职工劳动技能水平的提升，练就出一支高水平的职工队伍。

（区总工会）

【职工科技创新】 2022年，无锡经开区总工会积极营造创先争优、比学赶超的氛围，中电电机的操作法在第十三届无锡市职工十大科技创新成果、十大先进操作法、十大发明专利和十佳金点子评比中，荣获十大先进操作法奖项，凤凰画材袁成波绿色节能技术改造荣获无锡市优秀职工代表提案。

（区总工会）

【职工关爱帮扶】 2022年，无锡经开区总工会举行"经心守护·暖心同行"新就业形态劳动者冬日暖阳服务活动，为辖区的外卖骑手们准备了N95口罩和抗原等暖心礼包，价值3.32万元。做好2022年度无锡市困难职工认定，申报2名无锡市深度困难职工和3名无锡市相对困难职工，累计发放困难群众慈善基金7.1万元，惠及22人。走访辖区街道社区卫生服务中心，向奋战在疫情防控一线的医务工作者发放慰问物资，累计8.439万元。努力做好新就业形态女性工作者"两癌"筛查落实工作,常态化开展女职工两癌筛查。为全区劳模征订《江苏工人报》,组织122名劳模参加体检,向8名劳模发放生活困难补助金16.18万元,向75名劳模发放荣誉津贴11.66万元,向116名省市劳模发放春节慰问金7.6万元。

（区总工会）

【职工阵地建设】 2022年,无锡经开区总工会建设康乃馨服务站1家,爱心母婴室1家,打造2家职工书屋示范点。建成1个全国"最美工会户外劳动者服务站点"（太湖街道信成花园社区工会户外劳动者服务站）、4个全省"最美工会户外劳动者服务站点"（太湖街道太湖国际社区户外劳动者服务站、金匮公园西公厕户外劳动者服务站、太湖国际环卫配套用房户外劳动者服务站、华庄街道水乡社区工会户外劳动者服务站）。

（区总工会）

【职工模范选树】 2022年,无锡经开区总工会评选江苏省模范职工之家1家、江苏省模范职工小家1家、江苏省优秀工会工作者1个。推评选树市五一巾帼标兵2个、五一巾帼标兵岗2个,其中荣获十佳五一巾帼标兵岗1个。推评选树省工人先锋号2个、省五一劳动奖章1人,市劳动竞赛优秀组织1个、市工人先锋号5个、市级以上五一劳动奖章（状）7个、市五一创新能手4人。

（区总工会）

【职工素质培训】 2022年,无锡经开区总工会与多部门联合组织普法宣传维权活

动5场,制作发放宣传品份数4500份,媒体报道宣传13次,参加服务的专家及志愿者人数达105人,接受法律咨询和服务的人数达635人次。举办"经光璀璨,春暖花开"三八节志愿服务活动,评选出11个优秀女职工志愿服务队,用实际行动践行女职工的责任与担当。进一步深化劳模（职工）创新工作室创建工作,王宁宁劳模创新工作室（无锡四棉纺织有限公司）命名为第八批无锡市劳模创新工作室。

（区总工会）

【职工安全教育】 2022年,无锡经开区总工会切实加强工会领域劳动保护,促进企业安全生产,积极动员职工参加班组长安全培训,组织28位新任工会干部参加年度劳动保护培训活动,组织10家企业974名职工参加"安康杯"竞赛。对职工进行安全教育培训,提高职工安全技术素质,增强职工安全意识,切实保障安全生产。

（区总工会）

【产业工人队伍建设】 2022年,无锡经开区总工会研究制订《2022年度无锡经开区推进产业工人队伍建设改革工作方案》,推动中电电机、金鑫集团、四棉纺织、凤凰画材四家单位开展产改试点工作,凤凰画材成功入选首批全市产改示范单位。凤凰画材的"擦亮'产业改革'底色 打响'凤凰和鸣'品牌"入选2022年度无锡市产改优秀案例。

（区总工会）

【党建引领】 2022年,无锡经开区总工会

全面开展政治理论宣讲活动,成立由区街社区三级女职工组成的宣讲团,成员共38名,通过支部活动、座谈交流、观看视频等形式开展宣讲活动30余场,增强女职工对习近平新时代中国特色社会主义思想的政治认同、思想认同、情感认同。同时,开展"新时代·新思想·新宣讲""思政教师进企业"等活动4场。

(区总工会)

无锡经开区团工委

【关爱青少年】 2022年2月,无锡经开区团工委聚焦全区"事实孤儿"、困境青少年等群体,高质量建成5间"梦想小屋",以"梦想改造+"关爱计划为着力点,推出"1+3+6"服务体系,为"事实孤儿"群体提供常态服务,把党和政府的温暖传递给困境青少年群体。

(区团工委)

【创新创业】 2022年5月,无锡经开区团工委举办"让全国看见你"青年创新创业项目路演暨"创青春"江苏青年创新创业大赛(无锡经开区站),为创新创业青年与投融资机构搭建对接平台,助推企业借助资本市场的力量加速发展。

(区团工委)

【思想引领】 2022年6月,无锡经开区团工委开展"青春礼赞新时代 青年追梦复兴路"——青年讲师团走进无锡经开区活动,充分发挥青年讲师团理论宣传"轻骑兵"作用,在全区青少年和各级团组织、广大团干部中掀起学习宣传贯彻习近平总书记在庆祝中国共产主义青年团成立100周年大会上重要讲话精神的热潮。

(区团工委)

【成长成才】 2022年7月,无锡经开区团工委结合《中长期青年发展规划(2016—2025年)》要求,聚焦青年婚恋问题,回应青年人才的"急难愁盼",联合多部门打造"一见倾心·'缘'来是你"无锡经开区青年人才联谊项目。以加强青年人才业余时间关怀为主旨,开展10余场文娱活动,为广大青年人才提供授业解惑的课堂、思想碰撞的平台、艺术提升的舞台、成长交友的家园和文娱体验的乐园,丰富青年人才的文化生活,满足青年人才的交友成长等各方面需求,从而为经开区吸引人才、稳心留根提供保障。

(区团工委)

【联学联建】 2022年10月,无锡经开区团工委联合国家税务总局无锡市税务局团委、无锡市工业和信息化局团委、无锡市市场监督管理局团总支,四家基层团组织共同成立团建联盟,构建"共治共享、互联互通、青力青为"工作机制,通过团建联盟,促进合力,发展共赢,发挥不同领域青年优势,共同携手助企纾困、服务企业、服务群众,贡献青春力量。

(区团工委)

无锡经开区妇联

【概况】 2022年,无锡经开区妇联以习近平新时代中国特色社会主义思想为指引,深入贯彻落实党的十九大、二十大精神以及习近平关于家庭家教家风的重要论述，在经开区党工委正确领导和市妇联关心指导下，着力服务全区工作大局，为加快建设新发展理念全域实践区贡献巾帼力量。推进为民办实事项目，持续开展婚姻家庭教育指导服务项目，累计受益人数6000余人；加强基层阵地建设，共建成妇女微家3家（至此，全区共建成妇女微家10家，其中3家与新时代文明实践站协同共建）；做优做实创新项目，联合打造儿童友好社区、建设2个"三全"试点社区等。

（区妇联）

【组织建设】　2022年，无锡经开区妇联不断选优配强社区妇联班子，按照市妇联"推动优秀网格员与妇联执委'双向互动、交叉任职'"相关要求，推动社区女网格员100%加入社区妇联执委队伍。

（区妇联）

【阵地建设】　2022年，无锡经开区妇联新建妇女微家3家。至此，全区共建成妇女微家10家，其中3家与新时代文明实践站阵地共建、资源共享。各妇女微家累计开展活动112次，协助疫情防控开展活动91次，累计参与人数5000余人次。

（区妇联）

【女性素质提升】　2022年，无锡经开区妇联举办妇联干部培训班暨"平安经开·家庭护盾"网格员培训班，来自区、街道、社区三级妇联主席、妇联执委代表、女网格员等90余人参加培训。

（区妇联）

【纪念"三八"国际妇女节】　2022年，无锡经开区妇联开展2022无锡经开区学雷锋志愿服务活动月启动暨庆祝"三八"国际妇女节主题活动，表彰一批学雷锋志愿服务先进典型代表及巾帼先进典型。

（区妇联）

【婚姻家庭教育指导】　2022年，无锡经开区妇联以为民办实事项目为抓手，开设152节婚姻家庭教育指导服务公益课程，完成率达100%，累计服务6967人，超出预计受益人数近3000人，好评率持续保持95%以上。筹备制作20节线上婚姻家庭教育指导服务为民办实事项目线上公益小课堂，持续弘扬和美家风，积极传播文明健康家庭理念。

（区妇联）

【"三全"试点社区】　2022年，无锡经开区妇联持续推进"三全"试点社区提质扩面，已建设4个省级家庭教育指导服务示范社区，收集家庭信息档案880户，累计开展入户走访1445户，招募和组织家庭教育志愿者42人，开展各类社区家庭教育活动71场，服务群众2532人次。

（区妇联）

【儿童友好社区】　2022年，无锡经开区妇联重点打造万欣、景贤、信成花园三个儿童友好社区，总投入15万余元，建设安全的儿童娱乐休闲场所和设施。搭建儿童议事平台，开展儿童友好型活动20余场，总共受益1500余人。其中，太湖街道信成花园社区"童伴童行·同来议事"儿童友好护学路共创项目以及"儿童成长博物馆"项目成功被评为省级妇女儿童和家庭公益社工服务项目。

（区妇联）

【巾帼科创工作室】 2022年，无锡经开区妇联在雪浪小镇挂牌成立巾帼科创工作室，经常开展以阅读一本好书、树立一种理念、尝试一种方法为主要内容的"三个一"读书学习和阅读沙龙活动，吸引园区内优秀女科研工作者积极参与。组织优秀女性科研工作者到北京、上海、广州、深圳、杭州等地考察学习，实现互联网商业形式的创新。

（区妇联）

【先进典型】 2022年，无锡经开区妇联挖掘培育宣传巾帼建功先进典型，太湖街道万科社区荣获"十佳社区支持案例"称号，无锡经开区政务服务中心综合窗口荣获"江苏省巾帼文明岗"称号，无锡经开区市场监督管理局食品安全监督管理科、无锡市公安局经济开发区分局东绛派出所户籍窗口、江苏凤凰画材科技股份有限公司外贸部荣获"无锡市巾帼文明岗"称号。常态化开展寻访"最美家庭"活动，杜国雄家庭荣获"江苏省最美家庭"称号，引导广大家庭树立勤俭节约、绿色低碳、文明健康的行为习惯和生活方式。

（区妇联）

【主题活动】 2022年，无锡经开区妇联开展"文明无锡 温暖新春"童"画"抗疫——我心中的战"疫"英雄系列志愿服务活动60余场，累计参与1200余人次。全年开展"百千万巾帼大宣讲"活动80余场，受益群众3000余人。深化家家幸福安康工程，持续开展群众性家庭文明建设活动50余场。发挥妇联阵地作用，组织各级妇

无锡经开区政务服务中心综合窗口获评"江苏省巾帼文明岗"

（区党群部）

联开展"铿锵玫瑰·齐心抗疫""浓情端午·巾帼暖人心""书香迎六一·诵读伴成长"等线上线下活动共计40余场，惠及1500余人，组织机关女职工观看爱国题材电影《单声》。组织开展"阅读悦美　书香经开"无锡经开区家庭亲子读书分享会；组织开展世界儿童日金融街"点亮儿童未来"亮灯活动，切实让妇女群众感受到妇联组织就在身边。

（区妇联）

【隐患排查】　2022年，无锡经开区妇联开展特殊困难群体救助帮扶专项排查整治行动，对排查出的存在问题的家庭妇女儿童持续跟踪密切关注并给予妇联的关爱。截至2022年年底，累计排查重点家庭2755户，排查涉及妇女儿童总人数5318人，发现存在问题的家庭户数9户，对于排查出的风险隐患，已全部妥善处置，并持续做好后续跟踪服务。

（区妇联）

【社会救助及社会福利】　2022年，无锡经开区妇联举办"春暖杜鹃红"新春座谈会、"社会妈妈伴成长"等活动，走访慰问困难妇女儿童30余人，捐助物资过万元。做好驰援外地抗疫医护人员家庭关爱帮扶工作，组织开展"'经'心关爱，守'沪'花开"援沪家庭慰问活动，走访慰问援沪家庭38户。邀请社会组织无锡市滨湖区慧尔青少年文化中心在人才金融港常设公益心理疏导服务，为有需求的困境妇女儿童提供免费心理咨询。积极组织开展"童她益起来"

99公益日募捐活动，三天募集善款8376元，让困难妇女儿童感受到妇联组织的温暖。

（区妇联）

无锡经开区关工委

【概况】　2022年是党的二十大召开之年。无锡经开区关工委坚持以习近平总书记关于关心下一代工作的重要指示批示为根本遵循，认真落实中共中央办公厅、国务院办公厅《关于加强新时代关心下一代工作委员会工作的意见》和省、市关工委《关于在全　市关工委开展"老少心向党、奋斗新征程"主题教育活动的实施意见》精神，按照省、市关工委和经开区党工委部署要求，紧扣立德树人根本任务，坚持服务青少年正确方向，进一步完善和落实"党建带关建"工作机制，团结带领广大"五老"发挥独特优势和重要作用，奋力推动经开区关心下一代工作高质量发展。

无锡经开区党工委高度重视关工委工作，专门听取关工委工作汇报，并以党群部名义下发了2022年关工委工作要点。任命经开区教育局原副局长李燕为区关工委副主任，进一步加强经开区关工委班子工作力量。区关工委调整充实了"五老"宣讲团成员，由原来5人调整为9人，平均年龄从78岁降低到63岁。制定了《经开区关工委"五老"宣讲团服务管理办法》，明确了工作任务、工作内容和主要工作要求。

（区关工委）

【主题教育】 2022年，区关工委在全区开展"老少心向党，喜迎二十大"主题教育活动。华庄街道关工委通过"坚持用习近平新时代中国特色社会主义思想引领关工委工作""传承红色基因，开展'老少心向党，喜迎二十大'主题教育活动""完善校站结合，增强校外辅导站育人功能""履行法定职责，促进青少年健康成长、全面发展""进一步完善和落实'党建带关建'工作机制，推动街道关心下一代工作更好发展"等五个方面安排部署了全年工作。太湖街道也通过现场会、读书会等形式组织开展系列活动。

组织青少年开展书画创作展览，并在部分社区进行集中展示和交流。在主题征文活动中，共收到来自华庄街道、太湖街道、区教育局关工委选送的征文、书法、绘画、摄影作品等250多篇参加省关工委组织的比赛，并择优选送市关工委征文24篇。根据省市关工委开展"老少同台"节目展演的要求，区教育局主动请缨，江南实验小学拍摄了题为《师爱与乐学同行》的校外教育辅导站优秀活动项目视频，该视频报送市关工委参评并获奖。

（区关工委）

【特色工作】 华庄街道关工委珍惜和运用好街道的"五老"资源，组建"银发宣讲团"，线下宣讲进校园、进社区、进企业，利用好"传旗课堂"线上阵地优势，录制线上党课，将"五老"的故事传递到百姓身边。"五老"人员以包干形式"承包"各社区、各企业关工委工作，承担社区矫正、帮扶工作，为社区争取资源，提供帮助。同时，华庄关工委以"开方子、架梯子、搭台子、铺路子"的四步工作法，在无锡市关工委参与社区矫正工作"五老"骨干培训班上作交流发言，获得了2022年度无锡市社区矫正先进工作单位的荣誉称号。

经开区辖区内共有38个社区。华庄、东绛派出所关工工作站各自牵头协调，广泛发动社区民警、专职网格员、社区工作人员和志愿者，共同参与青少年教育工作，共摸排各类重点儿童23名。进社区开展普法教育20余次，走进校园进行普法宣讲50余次，同时依托学校力量，重点整治未成年人进网吧的情况。

经开区关工委结合学校劳动课，11月在经开区教育基地开展"稻米的一生"主题活动，让青少年体会水稻种植过程，通过收割、脱粒、烘干、轧米，然后做各种点心等体验活动，感受劳动的艰辛和乐趣。

结合街道、社区新时代文明实践站建设进一步加强校外辅导（总）站建设，在华庄新时代文明实践中心打造了华庄校外辅导总站和经开区青少年校外教育活动基地，并设立了"五老"工作室，进一步继承和发扬原华庄关工委主任赵生男的奉献精神。赴经开公安分局专题调研关爱工作站工作开展情况。要求进一步提升部门联动合力，提升社会效能，坚持打造品牌，关注"新需求"，努力做到一站一典型、一站一品牌、一站一特色，从帮扶帮教

区关工委调整充实"五老"宣讲团成员现场会议　　　　　　　　（区关工委）

群体入手,努力打造关爱工作站的特色品牌。

（区关工委）

【阵地建设】 按照"五有"标准建设校外辅导站并开展活动,区教育局关工委广泛发动,今年共有74名在职教师报名参加校外辅导活动,涉及各种有益心智、立德树人的科目100多个,授课课时高达400课时。青少年踊跃参与暑期教育活动,受众人员逾5000人(次),受到了基层普遍欢迎和好评。11月1日是见义勇为宣传日,经开区关工委和经开区见义勇为基金会一起举办了"弘扬社会新风尚　汇聚社会正能量"宣传活动。在市见义勇为主题公园,"五老"宣讲团成员在现场泼墨书写,进一步发挥了"五老"宣传作用。

华庄社区联合华庄中心小学老师及党建联盟党委,开展"华粹少年"系列活动,结合传统节日,通过"讲、学、做、观、听、想"等方式,开展了"快乐暑假　智趣航天"等系列科普教育活动。据统计,暑假期间共有32人次驻站教师组织活动40余场,结合社区常态化开展的七彩暑期托管服务等,共为辖区内1000余名青少年提供了校外辅导。

在市关工委的大力支持下,太湖街道大桥社区、华庄街道清舒社区关工委VR展示馆顺利建成。华庄街道太湖社区以"全民阅读春风行动"为契机,开展"舞韵太湖·共沐书香"主题活动,结合舞蹈、阅读等文体活动,在氤氲书香中送上一场文化、教育、关爱为一体的"寒假大餐"。通过片段连连看、同心话读、快问快答等形式,带来了一场别开生面的阅读公开课。4月,经开区关工委了解到有些孩子的家长都在抗疫一线,孩子独自留守在家,在生活和学习方面遇到许多困难。为合力推进疫情防控工作,经开区关工委下发通

华庄居民陆文明向华庄中学捐赠奖学金200万元　　　　　　　　　　（区关工委）

知要求各街道和经开区教育局关工委认真摸排父母是医护人员且孩子独自留守在家的相关情况，开展关怀帮扶"宅家娃"，助力"白衣"抗疫者活动。此活动在"学习强国"无锡平台进行了报道，并分别在无锡新闻台《联播无锡》栏目播发以及在无锡播报上推出。

（区关工委）

【关爱工作】 2022年继续在全区开展贫困家庭中、小学生"筑梦经开、雨露关爱"活动。经社区和街道关工委推荐，经开区关工委审核确定，对华庄街道张笑溢等8名学生、太湖街道沈佳宇等8名学生，合计16名学生发放助学金10500元。

华庄街道居民陆文明，将个人积蓄200万元捐赠给华庄中学，成立了"纯璞教育基金"，专门用于奖励品学兼优的在校生，并于今年10月进行了第一次颁奖，共奖励6名品学兼优的学子，发放奖学金66600元。陆文明的凡人善举受到了市、区两级的宣传报道，其本人也被评选为"无锡好人"，事迹在全无锡范围内进行巡展，提高了街道关心下一代工作的知名度。

华庄街道关工委开展专场"春雨关爱"帮扶行动，邀请爱心企业走进校园，为家庭困难学子提供了经济帮扶与精神关怀，勉励他们认真学习、回报社会，本次专场活动共计帮助学生20余名，发放奖金及爱心礼包共计5万余元。

6月20日，区关工委、太湖街道离退休党支部等20余人深入糜巷桥社区，开展"共建社区书屋"赠书捐资活动，共向社区书屋捐赠红色经典、文学诗词、知识科普、亲子儿童等各类型书本共100余册，并集体捐款共计5000元助力社区书屋建设，点亮阅读传承。

（区关工委）

锡经开
Wuxi Economic
Development District

政务服务

综述

【概况】 2022年,无锡经开区完成地区生产总值365亿元,比上年增长4.5%。一般公共预算收入33.44亿元,增长17.3%。完成固定资产投资185亿元,增长27.3%。新设立外资及港澳台资企业13家,实际使用外资及港澳台资1.18亿美元;完成对外投资5650万美元。打造以雪浪小镇未来园区有限公司为主体的现代企业股权架构,获评AA+主体信用评级。国家传感园发行8亿元公司债,太湖城传感EDO公司绿债5亿元获上交所发行批文,太湖城传感公募REITs项目报国家发改委审核。

（区经发局）

【招商引资】 2022年,无锡经开区坚持把招商引资作为促进高质量发展的强劲引擎,时时记在心中,牢牢抓在手上。科学制定年度目标任务,完善"领导干部带头招商"工作机制,强化各行业部门、产业园区、驻外机构等主体责任。积极走出去、引进来,成功举办2022雪浪大会、粤港澳大湾区产业创新试验区投资合作论坛等"双招双引"活动,无锡深港协同创新中心建成投用,无锡-横琴粤澳协同创新中心揭牌成立,引进院士12名、国家级人才12名,省市高层次人才入选数量增幅超40%,位居全市前列。雪浪算力中心正式发布,太湖湾ICC集成电路设计服务平台揭牌启动,中国科学院大学江苏密码应用技术研究院、东南大学信安云芯片与系统实验室等研发机构签约入驻。京东科技、文远知行、车联天下、小度科技、安尼麦亚太区总部等一批龙头型、领军型项目落子经开,基金PARK新增基金规模500亿元,总规模超1500亿元,IDG资本、春华资本

2022年1月18日,经开区召开"一镇五园""双招双引"工作推进会

（区经发局）

等 15 家头部机构基金落户,金融集聚效应进一步增强。

(区经发局)

【产业发展】 2022 年,无锡经开区出台《无锡经开区"333+5"现代产业体系发展实施意见》,以"一镇五园"建设为抓手,奋力打造九大核心产业,构建五大产业生态圈,全面提升经开产业竞争力和含金量,全年完成数字经济核心企业营收 158 亿元,增长 22%。加速统产业转型升级,启动规模以上、创新三类、高新技术、专精特新和上市后备等五类企业"培优工程",发挥有为政府与有效市场作用,推动总投资 70 亿元的 17 个先进制造业项目建设,化工装备成功上市,浪潮卓数连续四年入选"中国大数据企业 50 强"榜单,研微半导体、柯诺威、联能科技等先进制造业项目的加盟,为经济高质量发展蓄势赋能。借鉴深圳南山高新产业园、天安云谷"工业上楼"经验,按照新产业、高品质、定制化标准,加快实施 400 万平方米都市工业新空间建设三年行动计划,以拓宽都市工业新空间来抢占现代产业新赛道。

(区经发局)

【重大项目】 2022 年,无锡经开区立足"一镇五园"产业布局,聚焦"三大经济"招大引强,筑牢产业争先、项目争速基本盘。全面推行重大项目帮办代办机制,112 个市区重大项目全年完成投资 171.56 亿元,产业有效投入份额逐年加大。实质性启动数字经济产业园和江南大悦城项目,推

进太湖湾信息园启动区、黄金湾科创园启动区、雪浪小镇未来中心、新发数字经济创新中心等载体建设。国家传感园一期完成改造,雪浪小镇数据创新中心等建成投用,全国首批欧美同学会海归小镇(无锡•物联网)揭牌成立,山姆会员店正式开业,好达电子 5G 用滤波器及双工器研发产业化项目竣工投产,震泽睦邻中心、万象城二期等现代服务业有序推进,科大讯飞汽车智能驾驶科技总部、湖南大学无锡智能控制研究中心、天梦广场等项目签约落地,重大项目支撑愈发明显。

(区经发局)

【科技创新】 2022 年,无锡经开区以构筑高质量现代产业体系为目标,积极引育高活力创新企业,大力培育高能级创新产业,努力营造高水平创新环境。全区高新技术产业产值达 109.6 亿元,增长 15.65%,占规模以上工业总产值比重的 60.65%,排名全市第三;全社会研发投入累计完成 8.06 亿元,增幅 20%;有效期内高企达 136 家,增幅 29.8%;科技型中小企业累计培育入库 277 家,完成度全市第一;"创新三类"企业新增入库分别为 28 家、11 家、3 家,累计入库分别为 95 家、37 家、8 家,增幅 43%,超额完成年度目标。湖南大学无锡智能控制研究院丁荣军院士团队入选市"太湖人才计划顶尖人才团队",上海大学无锡产业研究院引进项目超 10 个,正式启动与复旦大学新一轮全面合作,新增市级工程技术研究中心 10 家。累计发放"经开

贷"6400万元、"园区保"495万元,推动形成平台集聚、企业集群、生态集约的产业发展新格局。

（区经发局）

【园区建设】 2022年,无锡经开区深入推进"一带两镇三园"城市更新和"美丽经开"建设"三年五提升"行动,老旧小区改造规模、投资额、涉及户数均为历年之最,集中开工改造老旧小区8个,总投资约13亿元,涉及老旧建筑总面积约230万平方米,惠及群众1.7万余户。扎实开展全国文明典范城市创建活动,擦亮城警联动城市精细化管理品牌,城市管理单元优良率首次达100%,太湖街道荣获2022年全市最干净街道（镇）建设优秀街道。加快推进全域"双碳"示范区、国际化示范区建设,奥体中心正式落户,奥体板块蓄势待发,国际化生态型城市形态未来可期。办好10大类36项为民办实事项目,完善低保边缘家庭一体化综合帮扶,发放各类民生资金1.7亿元,新改扩建学校6所、新增学位7000余个,入选全国首批、全市唯一"央馆人工智能课程"规模化应用试点区,加快华庄、太湖街道社区卫生服务中心异地新建,推进江大附院华庄街道社区卫生服务中心外科联盟等医联体合作,万欣社区党群共享街心广场项目荣获市"微幸福"民生工程金奖,老旧小区改造提升项目荣获市"民心工程"银奖。

（区经发局）

民生实事

【概况】 2022年,无锡经开区以为民办实事项目为抓手,开设152节婚姻家庭教育指导服务公益课程,完成率达100%,累计服务6967人,超出预计受益人数近3000人,好评率持续保持95%以上,持续弘扬和美家风,积极传播文明健康家庭理念。建成畅享家数创中心店、半亩·书田、一米书屋、TIC烹书图书馆4个钟书房优质公共阅读空间,积极探索"钟书房+咖啡""钟书房+直播间""钟书房+数字阅读"等新模式,根据不同特色定位,每月开展主题阅读、公益讲座、绘本分享、科普宣传等各类阅读推广活动。

（区党群部）

【服务项目建设】 2022年建设项目共计166项,总投资概算170.69亿,计划完成投资额41亿,实际完成投资额47亿。其中,结转项目48项,新开项目47项,候补项目71项。截至2022年年底,项目处在前期阶段18项,处在招标阶段8项,处在施工阶段67项,完工73项。

（区建设局）

【服务进校园】 我为群众办实事,全面落实学生课后服务,开设课程9类707门,学生综合参与率达96.28%,教师综合参与率达100%,实现两个"全覆盖"。开设考前心理辅导热线,保障1800余名考生平安

TIC烹书图书馆致力打造亲子阅读俱乐部,主要针对的服务对象为社区3—10岁青少年,是以亲子阅读为基础的一个交流平台　　　　　　　　　　　　（区党群部）

中考。

师生微幸福工程,组织开展"经翎飞扬"教师社团活动,搭建教职工健康绿色通道,优化直饮水供给,试点"躺睡工程"等。实施关爱圆梦工程,资助困难学生930人次。

（区教育局）

政务服务

【概况】　2022年,无锡经开区行政审批局坚持以习近平新时代中国特色社会主义思想为指导,紧紧围绕"审批提效、服务创优"工作思路,以"放管服"改革为统揽,以政务服务"三化"建设为抓手,以"互联网+政务服务"为支撑,以提升企业、群众的获得感和满意度为导向,不断优化服务要素,改进工作作风,提高行政效能,全力打造企业群众满意的一流政务服务环境,全面完成年度各项目标任务,政务服务便利度、市场主体活跃度、企业群众满意度显著提升。全年,经开区各部门共受理办件87250件,按时办结率100%,街道便民服务中心受理办件68492件。行政审批局先后荣获江苏省巾帼文明岗、无锡市政务服务优秀单位、经开区"四区建设"先进集体等荣誉,两人获评无锡市政务服务优秀个人,一人获评"为民服务先进标兵"。

（区行政审批局）

【商事制度改革】　2022年,无锡经开区行政审批局贯彻《中华人民共和国市场主体登记管理条例》,以"重点培训+个性化指导"方式落实条例精神内容。大力推进"一证多址""一址多照""集群登记""住用商登记""住所申报承诺制""企业歇业登记""企业迁移调档网上办"等政策制度,有效降低市场主体制度性交易成本。进一步完善市场"准入准营与退出"机制,依托"全链通"平台推行企业开办"一网通办",将企业登记办理环节从6个缩减为1个,实现营业执照申领、公章刻制、银行预约开户、税务发票申领、员工参保登记、企业住房公积金缴存登记集成办理,向辖区新开办企业免费赠送涵盖纸质营业执照、电子营业执照、企业公章等5枚印章,社保开户、云办税、安全生产读本等的"经心办红包",将企业简易注销公告时间由45天压缩为20天,帮助141家企业完成简易注销。2022年,全区新增市场主体共3677家,其中新增企业为1548家,新增个体工商户为2129家;0.5天全流程登记企业886家,发放电子营业执照1310张,完成企业档案网上迁移329家。

(区行政审批局)

【工程建设项目审批】 2022年,无锡经开区行政审批局紧扣市"三提三即"改革实施方案要求,制定《无锡经开区深化工程建设项目审批制度改革若干措施》,推出"十二条"改革举措。推动经营性房地产项目核准改备案,取消申请报告文本编制和评审,进一步减环节、减材料、减时限,审批时限由10个工作日缩短到0.5天。市区部门联合为山姆会员(无锡)店、太湖湾信息产业园、黄金湾科创园、雪丰路规划中学等重点项目提供联合验收、施工许可集中办理等专班服务,推动化工装备、万华机械、运通涂装、恒驰智能等项目实现"拿地即开工",项目从签订土地出让合同,到取得施工许可证最快仅用时2个工作日。山姆会员(无锡)店成为全市首个

综合体类"建成即投用"重大产业项目,通过市区联动、统筹协调,变"多次验收"为"联合验收",5个工作日内即完成消防验收合格意见书、建设工程规划核实合格证、档案预验收证明、竣工备案证和不动产权证,并同步发放部分商户营业执照,实现"建成即投用"。

(区行政审批局)

【"一网通办"提质升级】 2022年,无锡经开区行政审批局围绕省、市数字政府建设工作部署,制定提升政务服务"一网通办"三年行动计划和经开区数字政务工作要点,持续深化"省政务服务网经开区综合服务旗舰店"集成服务能力,优化政务服务平台移动端建设,推广"苏服码"应用落地,推动企业和群众经常办理的事项"掌上办、指尖办"。加速融入"太湖湾科创带"跨区通办,开通省政务服务平台"省内通办"事项线上服务模块,建立对口城市跨省异地合作通办机制,实现108个"跨省通办"事项、116个长三角"一网通办"事项跨层级、跨地区线上通办。公布经开区政务服务电子证照共享目录,强化电子证照应用,扩大电子证照应用领域和范围,全区注册电子证照事项数共计130项,全年签发电子证照3150份,累计用证1064次。创新项目审批"云评审",评审机构、建设单位、设计院、职能部门及行业专家五方线上"面对面"。升级区政务大厅"好差评"系统,完成区、街、社区三级政务服务"好差评"体系建设,"好差评"数据与省市

系统实时对接。2022年，全区累计收到"好差评"数据103673条，其中区本级政务服务大厅19787条，街道（分中心）、社区服务大厅83886条，好评率达99.95%，差评整改率100%。

（区行政审批局）

【"放管服"改革】　2022年，无锡经开区行政审批局按照"放管服"改革的部署要求，坚持放管结合、一体推进，在持续深化"放管服"改革中取得新成效。动态管理权力事项清单，做好事项承接、取消、下放工作，新增权力事项3项，取消6项，调整权力事项3项，更新维护505项。公布经开区公共服务事项清单，统筹推进全区政务服务事项清单修订工作，标准化、动态化管理审批事项575项和公共服务事项269项。推进"审批服务一窗口"改革，街道便民服务中心、社区便民服务站"全科受理"，落实基层政务服务标准化规范化便民化。围绕企业发展全周期、个人成长全维度，聚焦生命周期关键服务节点，推进"一件事一次办""一业一证"等改革，公布10个"一件事"导办清单，养老机构开业"一件事"获市级赋码，制订经开区"一业一证"改革实施方案，公布"一业一证"事项目录，做好"一证准营"前期研究。做精做细帮代办服务，将帮代办成效纳入园区高质量发展考核，常态化开展"政务服务惠民行"进社区、农贸市场、睦邻中心，拓宽街道、社区层面帮代办服务范围路径，为入驻基金PARK的18家类金融企业帮办代办，全年累计为企业开展帮代办服务830余人次。

（区行政审批局）

【"15分钟医保服务圈"】　2022年，无锡经开区行政审批局坚持以人民为中心的

2022年，经开区召开营商环境督察工作座谈会。市行政审批局四级调研员史铭，党工委委员、管委会副主任陈国权参加会议

（区行政审批局）

服务理念,围绕群众的服务需求,细化建设方案,创新工作方式,打造优质便捷、运行高效、管理有序的"15分钟医保服务圈",在华庄、太湖街道便民服务中心对医保参保和变更登记、信息查询、医保关系转移接续和异地就医备案等18项医保服务事项实行"一窗受理",切实提升群众在医疗保障领域的幸福感和满意度。自经开区"15分钟医保服务圈"建设运行以来,华庄、太湖街道便民服务中心共受理医保业务12518件,其中城乡居民参保登记3578件、职工参保登记4297件、参保人员参保信息查询1911件、其他类业务2732件,群众满意度100%。

(区行政审批局)

【"12345"热线】 2022年,无锡经开区行政审批局建立"急事急办、特事特办、难事帮办、常事快办"的办理机制,分层分类处置群众诉求2067件。突出重点工单办理,建设"市长在线·民声留言板"专栏,做好《作风面对面》电台、电视上线直播和15个上线诉求件的闭环办复,合理解决126个国务院"互联网+督查"工单。组织各承办单位开展热线百科知识库建设,动态维护知识库,共涉及政策法规、政务服务、机构职能、名称解释等八大板块,涵盖民生保障、经济综合、党务政务、科教文旅等热点信息301条。发挥12345热线"前哨站"作用,对涉疫线索、特殊群体求助等工单全程跟踪,全年报送《12345热线一周专报》50期。全年累计接处群众诉求四万余件,同比增长52%,期限内办结率100%,群众满意度97.5%,满意率位列全市版块前列。

(区行政审批局)

【不动产登记】 2022年,无锡市不动产登记中心经开区分中心在全市不动产登记领域率先推出7×24小时"不打烊"自助服务区,实现热点服务事项"不打烊""自助办",深化"线上"与"线下"的服务融合,为企业群众"全天候"提供智慧化、信息化的

政务办理"马上办、网上办、一次办、就近办"在我区已逐步成为现实。政务服务"一网通办",建成全区"一网通办"总入口,实现线上线下深度融合

(区行政审批局)

不动产登记服务。实现个人住房信息100%线上查询,证书打印95%以上自助办理,个人商品房线上办结率95%以上。探索制定人才安居类政策性住房不动产登记的管理标准细则,实现人才安居房不动产登记"一站式"服务。专设"办不成事"服务窗口,务实做好历史遗留问题化解处置,解决糜巷桥家园118户和东埭小商品市场历史遗留问题。全年累计受理业务32809件,其中线上业务16542件,线下一级业务8699件、二级业务4673件、线上帮办服务件2895件。发证9413本(不含电子证照),总计接待群众33964人次,收取登记服务费211万元,土地交易服务费85万元,代收政府土地收益1.45亿元,代收维修基金477.98万元,收到企业群众锦旗9面、感谢信11封,荣获三季度市自然资源和规划局"流动红旗"窗口称号。

(区自然资源规划分局)

数字政府

【概况】 2022年,为贯彻落实市委市政府关于数字政府建设的要求,无锡经开区成立由党工委、管委会主要负责人为组长的经开区数字经济提速和数字化转型领导小组,出台了《无锡经开区数字经济提速和数字化转型三年行动计划(2022—2024年)》《无锡经开区数字经济提速和数字化转型2022年工作要点》,从产业数字化、数字产业化、治理数字化、政务数字化、生活数字化、数字新基建、数字生态体系7个方面全面开展全区数字化转型工作,着力推进经开区数字政府建设。

(区经发局)

外事工作

【概况】 2022年,无锡经开区完成工商登记协议注册外资4.01亿美元,实际使用外资1.18亿美元,完成外贸进出口总额9.51亿美元,比上年增长16.9%,其中出口总额8.52亿美元,比上年增长24.9%,进口总额0.99亿美元,比上年下降24.7%。完成境外投资5家,中方实际投资额0.57亿美元。

2022年2月,经开代表团赴深圳、香港开展系列招商活动,密集拜访了中国电子、比亚迪集团、速腾聚创、香港科技大学、香港科学园、香港量子人工智能实验室中心等一批知名企业、高校和机构,参与市级科创交流活动"无锡-香港科创产业融合发展交流会"。

2022年12月,经开区招商中心小分队赴境外展开经贸交流3批次。招商中心带队以小分队形式赴法国、瑞士、德国等欧洲国家拜访了西门子公司、博世集团、Triton Partners、洛桑联邦理工、苏黎世大学等世界500强头部企业、金融机构和顶尖高校,实现经开区首次海外招商。

(招商中心)

信访工作

【概况】　2022年，无锡经开区政法和应急局坚持以习近平总书记关于加强和改进人民信访工作的重要思想为指导，认真落实第九次全国信访工作会议精神和省委、市委工作要求，深入学习贯彻《信访工作条例》，将信访突出问题化解攻坚与经济社会重点领域安全稳定风险排查化解工作相结合，着力化解存量风险、防范增量风险，以过硬成效践行"两个确立"，做到"两个维护"，确保全区社会大局持续和谐稳定。2022年，全区共受理信访件696件1120人次，其中群众来访来信287件686人次、各类网上投诉409件434人次。

（区政法和应急局）

【信访积案化解处理】　2022年，区政法和应急局主动担当作为，紧紧围绕信访稳定工作主线，扎实开展"信访突出问题攻坚化解年"行动，强化统筹协调、整体推进和督促落实，加强源头预防治理，深化信访制度改革，落实信访工作责任制，实行专班化运作、目标化管理、项目式推进、清单式督办，在矛盾化解、思想疏导、困难帮扶、人员稳定方面努力寻找切口，确保重复访案件实质性解决。2022年，中央信访联席办交办的2批重复信访事项化解上报率100%；省攻坚年行动交办人员（事项）7件，化解率100%。

（区政法和应急局）

机关事务工作

【概况】　2022年，党政办根据《无锡市机关事务管理办法》要求，以政治建设为统领，以做优服务、做精保障、做强管理为目标，统筹抓好公共机构节能、办公用房、公务用车、食堂管理等机关事务工作，不断优化后勤保障管理和服务品质，为党工委管委会高效运转提供坚强保障。

（区党政办）

【办公用房管理】　2022年，党政办及时对在外办公部门及下辖两街道进行摸底排查，按照《无锡市党政机关办公用房管理办法》要求实地测量办公面积，加强办公用房统一、集中、规范管理。高标准完成党政机关办公用房图纸和工作人员信息系统录入工作，根据人员实际流动和领导职务调整等情况，第一时间在系统中调整、腾退、重新分配办公用房，并定期做好办公用房检查、统计、调拨、上报工作。

（区党政办）

【总值班室工作】　2022年，党政办建立健全值班工作制度，以制度科学、流程规范、人员配置、设备保障、预案完备"五位一体"形成合力，推动值班工作规范化建设，全年累计召开值班值守专题会议4次、节假日值班综述3次，科学调度358人参与特殊时期值班任务14次。灵活运用疫情点调系统，搭建全市首家区级值班工作视

2022年7月28日下午,党工委书记、管委会主任杨建平主持召开全区信访稳定工作部署会议,强调要学深悟透习近平总书记关于加强和改进人民信访工作的重要思想
　　　　　　　　　　　　　　　　　　　　　　　　　　　　　　　　　　　　(区党政办)

频点调系统,提高重大紧急突发情况实战水平,全年累计点调198次,收传值班专报251份,接听市民来电56次,上报事件16次,值班情况整体有序平稳。宜兴市总值班室来经开区参观调研,学习经开区值班值守工作经验。

　　　　　　　　　　　　(区党政办)

【公务用车管理】 2022年,党政办按照省、市关于党政机关公务用车管理平台信息化建设要求,积极投入"一张网"平台建设,在高效便捷、安全规范保障中发挥重要作用。由专人维护管理公务用车平台,及时汇总更新70辆在编公务用车基础数据,节假日对公务用车封存管理并上报,做到标识化、平台化、信息化管理。全年公务用

车保障1320余次,其中租赁车辆178余次,党政办所辖6辆公务用车均未发生违法违纪行为。针对长期租车问题,先后通过3次市场调研和9轮谈判,确定2家租车公司和年租金最高限价,制定《无锡经济开发区公务用车租赁管理暂行办法》,按规定向市场购买服务,首年节约经费近60万元,第二年起以5%价格下降。

　　　　　　　　　　　　(区党政办)

【公共机构节能】 2022年,党政办积极对接江苏省能耗数据统计平台,建立能耗统计"一张网",按时间节点填报能耗数据。开展节能周和公共机构节能行动,制定《2022年公共机构节能活动方案》《无锡经济开发区公共机构节能降耗十项行动》,

2022年,经开区成功创建省级节能示范单位及无锡市首批公共机构生活垃圾分类示范点 (区党政办)

通过集中观看线上启动仪式、打卡云课堂、节能降碳宣传进社区进企业进学校等方式扩大宣传覆盖面,推动形成绿色低碳生活方式。经开区节能降碳经验做法多次被省、市平台报道,其中江苏省机关事务管理局官网刊登2篇、无锡市机关事务管理局官网刊登3篇。

(区党政办)

锡经开
Wuxi Economic
Development District

社会治理

法治政府建设

【概况】 2022年，无锡经开区坚持以习近平新时代中国特色社会主义思想和习近平法治思想为指导，深入学习贯彻党的二十大精神，有力落实市委市政府决策部署，围绕中心、服务大局、崇尚实干、狠抓落实，印发《无锡经开区法治政府建设实施纲要（2021—2025年）》，全力推进法治政府建设，为营造平稳健康的经济环境、国泰民安的社会环境、风清气正的政治环境，为保障高质量发展、高品质生活、高效能治理服务，更好地展现了经开区城市软实力的善治效能。

（区政法和应急局）

【行政复议】 2022年，无锡经开区推动建立"一站式服务"矛盾纠纷受理机制，形成应调尽调的工作格局，对事实清楚且相对简易的行政争议，当场调处；对于涉及多部门的复杂疑难事件，及时确定牵头单位，召开案件协调会并整合调解力量专门调处，做到限时反馈。全年共收到行政复议申请案件15件，受理14件，已全部办结，没有经复议被提起诉讼的案件。

（区政法和应急局）

【行政执法】 2022年，无锡经开区管委会全面落实行政执法公示、执法全过程记录、重大执法决定法制审核"三项制度"，按规配置执法记录仪，积极推行行政执法音像记录，规范和约束行政执法行为。规范行政执法主体管理，加强行政执法证件管理。组织开展经开区执法体制机制调研，推动经开区执法赋权工作，加强全区执法人员力量配备管理。今年以来，经开区共新增执法证件17张，清理注销执法证5张，在执法过程中没有出现不规范执法、不文明执法的情况。

（区政法和应急局）

【全面履行政府职能】 2022年，无锡经开区结合党史学习教育，巩固教育整顿学习成果，将《习近平谈治国理政》特别是习近平法治思想等列入必学科目和中心组学习重点内容，同时组织全区政法干警和法律服务队伍结合二十大会议精神集中开展学习，实现习近平法治思想学习全覆盖。研究制订了区党工委全面依法治区委员会及其办公室组织架构和工作制度，成立了经开区党工委全面依法治区委员会，并召开了党工委全面依法治区委员会第一次会议暨党工委全面依法治区工作会议。研究制订了《无锡经开区贯彻落实〈党政主要负责人履行推进法治建设第一责任人职责规定〉实施办法》《无锡经开区党政主要负责人履行推进法治建设第一责任人职责考评办法（试行）》，将党政主要负责人履行推进法治建设第一责任人职责纳入年终述职内容，把法治素养和依法履职情况纳入干部的考核评价。

（区政法和应急局）

【社会治安防控】 2022年，无锡经开区政法和应急局将治安防控体系建设纳入平

2022年4月12日,我区召开社会面疫情防控推进会。党工委委员、公安分局局长李晓军参加会议并讲话,政法和应急局主要负责人部署下阶段工作
（区政法和应急局）

安经开建设考核,压紧压实主体责任,以突出治安问题为导向,坚持人防、物防、技防相结合,不断提升防控体系整体效能,切实增强人民群众获得感、幸福感、安全感。对辖区内特殊人群进行细致摸底梳理,对安置帮教对象、社区矫正人员、易肇事肇祸严重精神障碍患者等人员进行分类登记,分别建立台账,准确掌握重点人群的基本信息。根据重点人员类别,通过实地走访、见面谈话、侧面了解等方式掌握其家庭情况、就业状况、交往人员等基本情况,加大走访频率,动态研判、因人施策,依风险程度制定化解方案,做到人员管控有效可控。通过强化网格化管理、畅通信息报送渠道等措施,提高快速反应处置能力,及时采取处置措施。依托街道综治、辖区民警、网格员等骨干力量,形成教育管理、改造工作合力,组织开展教育感化活动,增强教育转化的力度和效果。牵头公安分局、两街道全面加强社会治安重

点地区和突出问题排查整改。疫情期间,对51处原未全部封闭区域和8处商住混杂人员聚集流动重点部位和场所的视频监控进行“织密补盲”,进一步筑牢疫情防控安全屏障。推进扫黑除恶工作的常态化,会同公安分局、社区、网格加强对黑恶势力的摸排和打击力度,重点开展侵害妇女儿童等群体权益排查整治,对聚众滋事、电信诈骗等危害公众安全的违法犯罪行为加大打击力度,实现风清气正的安全社会环境。联合派出所,协同各属地社区,充分调动各类群防群治队伍力量,组建“红袖章”巡逻队伍,加强节假日和重大敏感时期重点场所、重点部位治安巡逻,强力震慑各类违法犯罪行为。在辖区内凯发苑一期、南湖家园等10个老旧小区进行共计约231万平方米区域技防改造提升。针对建筑区域的广场、道路、出入口、电梯、单元门厅、电动车停车场、消防通道等重点部位、区域,通过新建高清摄像机、

高清球机、人车抓拍机、周界热成像相机、高空抛物监管、违规进电梯检测摄像机、结构化球机、车库热成像相机、鹰眼相机等实现小区内部场景高清监控，全面提升小区监控智能化率，提高小区智能化应用，进一步服务实战应用，为打击犯罪、服务民生提供有力的保障。

（区政法和应急局）

公安

【守好区域疫情防线】 2022年，无锡经开区公安局在专班核查力量7×24小时运作基础上，统筹分局文员、专职网格员、消防网格员、校园安全专员等力量，第一时间响应、开展集中突击，不断完善全链条机制流程，扎紧筑牢"外防输入"的数据篱笆。全年累计下发核查涉疫数据72万余条。

（经开公安分局）

【筑牢安保维稳底线】 2022年，无锡经开区围绕党的二十大安保维稳主线，以最高标准、最严要求、最实举措、最硬作风，"一步一脚印"落实维护安全稳定各项工作。全面铺开全警大走访活动，全面掌握社会面治安情况。严格落实夏季治安打击整治"百日行动"，开展9次梳网清格大清查，划定11个夜间人员密集区、夏季警情多发区为夜间巡逻重点，车摩步叠加巡防、显性见警，最大限度挤压违法犯罪生存空间、整治突出治安风险。结合辖区实际，深入推进"双安"、"燃气安全"、群租房整治、"清患安居"等系列行动，熔断群租房

坚持党建引领，深入肃清流毒，打造忠诚警队，推动开展了"三警三提"系列工程，提升队伍整体精神面貌，锻造了"三个绝对""四个铁一般"高素质过硬经开公安铁军

（经开公安分局）

40户、单位2家,过堂住人车库399个,整改隐患310处;排查收缴自然村户非正规渠道液化气钢瓶90余个。

（经开公安分局）

【提升打击工作效能】 2022年,无锡经开区依托"太湖鹰击"系列集中统一行动,向"盗抢骗""黑拐枪""黄赌毒""老妇幼"等突出违法犯罪发起凌厉攻势,持续增强群众安全感。坚持打大打新打集群,刑事案件破案率41.5%。全面推进打击传统盗抢骗、电信网络诈骗、侵害妇女儿童权益问题排查整治等专项行动,全区盗窃警情下降24.62%;盗抢案件破案率70.8%,电信网络诈骗案件破案率42%。深入推进"扫黄打非"、禁毒"清源断流"、社会治安重点地区挂牌整治"净风"等专项行动,加强警情盯控、线索研判、攻坚整治,组织全区性集中统一清查行动30余轮次,涉娼警情同比下降13.28%。

（经开公安分局）

【队伍建设】 2022年,无锡经开区公安分局8支党员突击队、6个党员先锋岗冲锋在前、砥砺担当,东绛、华庄两所全部获评市级党建示范点。不断加强新闻中心、督察、警保等部门随警随战保障,认真倾听民警心声,及时填补工作、生活缺项。坚持战时激励和督查问责两手抓,记功嘉奖25名民警、48名辅警,正向记录16人,通报表扬49名民警、35名辅警。

（经开公安分局）

【刑事案件侦破】 2022年,无锡经开区共受立刑事案件1306起,破案573起,破案率43.9%,同比上升12.4%。

（经开公安分局）

司法行政

【概况】 2022年,无锡经开区政法和应急局坚持以习近平新时代中国特色社会主义思想为指导,深入学习宣传贯彻党的二十大精神以及习近平法治思想,全面贯彻落实省、市司法行政工作会议精神,持续强化"一个统筹、四大职能",全面提升司法行政工作现代化水平,各项工作取得明显成效。

（区政法和应急局）

【人民调解】 2022年,无锡经开区调解各类社会矛盾1184件,成功调解1180件,调解成功率达99.66%,有力维护了社会和谐稳定。5月,经开区挂牌成立了江苏无锡经开区金融纠纷人民调解委员会,与滨湖区人民法院共同出台《关于建立金融纠纷调立裁审执"五位一体"多元化解机制的实施意见》,确立全面建成集诉前调解、审执对接、保全查控、简案速裁、难案精审、审执对接"五位一体"的金融案件"一站式"解纷新模式。截至2022年年底,2779件金融案件中,已经成功在诉前阶段化解金融案件825件,进入诉讼环节进行判决的有942件,调撤率达到66.1%,解决涉案标的金额5.95亿元。经开区坚持和发展新时代"枫桥经验",加强矛盾纠纷源头化解,突出一般矛盾纠纷及时化解、重点矛盾纠纷有效化解、重大疑难矛盾纠纷联合化解,防止矛盾纠纷激化升级。经开区层层压实责任,强化督导考核,以督促干、以考促优,建立常态化工作机制,进一步强化人民调解员能力素质培训,全面提升化解矛盾纠纷的能力和水平。始终保持对重点突出问题、重点领域、重点人群的敏感性,将"大排查+大调解"模式作为常态化工作模式,定期开展,巩固成果,形成齐抓共管工作合力。

(区政法和应急局)

【普法宣传】 2022年,无锡经开区严格按照市、区两级普法规划确定的目标任务及法治无锡建设的总体部署要求,全力推进法治宣传工作。结合"3·15消费者权益日""4·8司法日""4·15国家安全日""119消防宣传月""12·4宪法日"等专题普法节点,利用广场宣传、抖音直播、微信公众号等新媒介开展相关主题普法线上、线下宣传活动,将《民法典》《安全生产法》、疫情防控须知以及预防非法集资诈骗等宣传热点作为普法宣传重点内容,将法治宣传送到广大群众身边,受到了一致好评,取得良好的法律宣传效果。全区大力开展民主法治示范社区创建工作,不断优化创建工作机制,提升创建质量,增强基层治理效能,构建法治化共建共治共享的基层治理新格局。2022年,辖区内华庄街道与太湖街道争先创优,各有一个社区获评"省级民主法治示范社区"。

(区政法和应急局)

【法律援助】 2022年,无锡经开区法律援助中心围绕服务保障党工委管委会中心工作,不断拓展法律援助服务,有效满足困难群众个性化、多样化法律服务需求,确保应援尽援、应援优援,增强群众获得感和满意度。努力为弱势群体提供法律援助服务,切实维护弱势群体的合法权益,取得了较好的社会效果。全年区法律援助中心共受理法律援助案件332件(其中民事案件246件,刑事案件86件),提供法律咨询建议1000余条。经开区对法律援助工作模式的探索在持续进行。1.简化流程,改进指派方式。进一步缩短受理、审批案件以及指派承办律师时限,进一步改进案件指派方式,确保援助服务到位。2.提供精准服务,聚焦疫情防控和经济发展,放宽与疫情相关事项的经济困难标准,对于疫情防控工作一线的医务人员、军人、人民警察、社区工作者、志愿者等提出的法律援助申请,免于经济状况审查。3.创新法律援助服务方式,由原来的"等上门"变为"送出去"。4.事后监管,提高受援人满意度。今年以来省、市二级案件质量现场抽查受授人满意率达99.6%。

(区政法和应急局)

【助推优化营商环境】 无锡经开区政法和应急局积极引导辖区内律师事务所与产业行业协会的日常联络和信息交流,加强与相关产业链的企业之间的联系机制

2022年11月23日，召开无锡经济开发区重点产业项目"拿地即开工"仪式暨优化营商环境工作现场推进会

（区行政审批局）

建设，全面优化营商环境，助力企业高质量发展，破解营商环境建设痛点难点堵点问题。2022年5月"小微企业法律服务月"活动期间，辖区内多家律师事务所深入企业内部，对企业经营中遇到的合同履行、知识产权、复工复产等相关法律问题，提出了针对性建议，帮助企业最大限度减少经营法律风险。为推动公司律师制度落实落地，助推民营企业高质量发展，区政法和应急局积极响应省、市要求，深入开展民营企业公司律师设立工作。截至2022年年底，共有2名民营企业公司律师持证上岗。经开区始终以高质量法治保障为引领，组织青年律师建立涉外律师服务团，组织律师与企业面对面交流，对于国际民商事遇到的法律风险问题提出专业建议等。

（区行政审批局）

【社区矫正】 2022年，无锡经开区政法和应急局共新接收社区矫正对象66人，按期解除矫正65人，未发生因监管不力而造成的脱管、漏管事件和重新犯罪案件，未收到检察机构纠违通知书。区政法和应急局每月对所有社矫对象分析研判，摸排高风险重点对象，并实行一人一册、包案到人的监管措施。在党的二十大期间，每半个月召开分析研判会，全面了解矫正对象的情况，确保社区矫正工作持续安全稳定；每季度开展"三类人群"管理工作闭环督查，对自身及辖区司法所执法管理及日常工作进行检查，并对检查出的问题整改责任到人，挂牌销号。7月，在无锡市司法局安保维稳、提质行动的专项检查中，各项工作均得到检查组的肯定。定期组织社区矫正对象开展专项警示教育，通过"以法为先、以案释法"的形式，强化矫正人员对犯罪危害性的认识，从源头上降低重复犯罪率。每年年末岁尾，区政法和应急局联合辖区司法所组织开展节前特殊人群"冬日送温暖"特困帮扶活动，为困难家庭送去大米、油等爱心物资和新春祝福，进一步加强特殊人群服务管理，创新精准帮扶手段。

（区政法和应急局）

【律所和律师管理】 截至2022年年底，无锡经开区共有15家律师事务所，专职律师169名，全年业务收费9105.97万余元。2022年，经开区始终坚持管理与服务并重，对全区律师实施依法管理、严格管理、科学管理、文明管理，着力引导律师为维护全区和谐稳定、人民安居乐业提供优质法律服务。全区紧紧围绕新时代律师管理工作要求，采取有力举措加强律师管理，强化律师队伍建设。1.加强律师行业执业监督管理，加大违法违规执业的处罚力度，提升律师服务质量。全年我区共受理律师投诉3件，已办结3件，均依法依规进行处理，妥善解决。2.加强与公安、检察院、法院、纪委监委等单位横向沟通联系机制，主动定期发函进行对接沟通，征询律师违法违规违纪线索情况，完善信息通报。3.完成网上巡查工作，对巡查中发现的问题，及时要求律所整改，督促完善内部制度管理，堵塞内部管理漏洞，确保各项工作举措在律师事务所层面落实下去，积极推动律所管理工作从"宽松软"走向"严紧硬"。

（区政法和应急局）

人民防空

【人防设施建设和管理】 2022年做好人防结建审批、易地建设费征收和人防平时使用证发放工作。2022年度共计完成35个项目结建审批、易地建设费征收工作，征收异地建设费3447万元；完成10个项目人防竣工验收备案、3个项目竣工核实工作；完成20个项目平时使用证办理、4个项目平时使用证年审、推动人防工程维修资金银行专户的管理工作；配合市人防质检站、市人防执法队参与人防工程各阶段验收检查工作50余次。完成省人防"百项重点工作"，完成全区人防设施数字化改造工作，制定每年警报器新增及后期维护管理实施方案。新增警报器4台，完成全区47台警报器巡检工作。

（区建设局）

【人防宣传】 完成年度人防宣传工作，重点做好中小学人防杂志征订、"9·18"防空演练、试鸣培训、综合演习等。指挥通信工作中各种信息平台的录入也在2022年逐步完善，确保数据实时传送。

（区建设局）

【人防标识改造】 按照省人防办关于进一步做好人防工程标识设置工作的要求，全区重点推动标识标牌改造工作，进行大排查大整治专项行动。

（区建设局）

新经济

数字经济

【综述】 2022年，无锡经开区全区数字经济核心企业营收158亿元，同比增长22%，增速位列全市第二。物联网、软件、人工智能等重点产业规上企业营收增幅达26.1%、49.6%、64.6%。六成以上数字企业抗住了"疫情大考"，雪浪云完成了超3亿元B轮融资，展现出亮眼成绩。

（区经发局）

【数字基础设施建设】 无锡经开区5G基站建设完成769个，进一步优化了5G全覆盖、规模化应用；雪浪算力中心已基本建成，获评2022年智慧江苏重点工程和标志性工程项目，无锡AI CITY创新赋能中心正式投入运营，为制造业、服务业提供数字化之源，进一步加速数字产业化发展。

（区经发局）

【数字产业化发展】 线上线下成功上市，成为全区首家突破10亿元的信息化服务企业；浪潮卓数连续四年入选"中国大数据企业50强"榜单；雪浪数制荣获工信部工业互联网平台、省级智能制造领军服务机构，塬数科技、新格尔等荣获级省级工业互联网平台、省级工业电子商务示范企业，博世软件、中船奥蓝托、海宝智能、京东工业等200多家科创类企业落户经开。

（区经发局）

【产业数字化转型】 出台了《无锡经开区加快智能化改造数字化转型绿色化提升推动制造业降本降耗降碳三年行动计划

2022年1月13日，雪浪算力中心发布暨雪浪小镇重大项目集中签约仪式

（区经发局）

（2022—2024年）》《无锡经开区加快智能化改造数字化转型2022年工作要点》，明确从千企画像、千企上云、千企转型等七大方面精准发力，全面提升经开区制造业数字化转型。2022年新增省星级上云企业11家，省工业互联网平台1家，省工业互联网标杆工厂和省级智能车间实现零的突破，制造类标杆项目总数达91个。成功召开经开区智改数转工作推进会暨数字化诊断启动仪式，完成42家规上工业企业的免费数字化诊断服务、12家企业的绿色化诊断服务和24家绿色工厂星级评定服务，企业满意度100%，转型率超30%，以诊断服务"小切口"，实现数字化改造"深突破"。

（区经发局）

【江苏密码应用技术研究院落户】 2022年4月22日，中国科学院大学·江苏密码应用技术研究院及生态企业云签约仪式在北京、成都、无锡三地同步举行。此次中国科学院大学与无锡经开区合作推动的江苏密码应用技术研究院将作为长三角防伪芯片、密码技术、数据安全等核心科技成果转化平台和产业化主体，致力于完成密码应用核心技术的研发、相关产品的设计、开发研制和检测认证，并提供区块链等多领域的底层技术支持等。其核心技术对孵化经开区生态企业、培育和引进准独角兽企业、具备IPO条件的企业能够起到技术支撑和引领示范作用，将为经开区产业发展注入新的动能、激发新的活力。

无锡经开区作为重点打造的城市新核心，在成立时就十分注重发展数字经济，近年来引进了博世中国软件创新中心、英伟达人工智能、车联天下智能驾驶舱等一批数字领域的龙头企业，以及400余个科创项目和人才团队，数字经济规模相比成立之初增长了35.4%，发展势头良好。国科大密码学院与无锡经开区举行云签约，支持成立江苏密码应用技术研究院，将进一步推动商用密码技术的研究开发、成果转化和推广应用，为经开区乃至无锡各类企业智改数转提供网络安全技术支撑，也将加速聚集一批网络安全领域的龙头项目，形成更加丰富多元的产业生态，打造数字经济发展新的增长点。无锡经开区与国科大密码学院以此次签约为起点，将加快江苏密码应用技术研究院建设，争取早日投入运营，早出创新成效。无锡经开区将为研究院的发展提供全方位的服务和支持，推动研究院更多创新成果在经开转化，更多高端人才在经开集聚。中国科学院大学与无锡将建立更加密切的科技、人才交流与合作，在科技成果转化中形成更为丰硕的成果。

（区经发局）

【数字经济与城市数字化转型主题论坛成功举办】 2022年10月29日下午，数字经济与城市数字化转型主题论坛成功举办，百位专家、学者和企业高管等齐聚无锡。当前，新一轮科技革命和产业变革深入发展,数字化转型已经成为大势所趋。数字化转型正在成为影响要素资源配置、重塑城市竞争力消长和城市发展格局的关键力量。"太湖明珠"无锡是全国唯一的国家传感网创新示范区,基于物联网产业率先发展打下的基础,无锡正在全力推进数字经济提速与数字化转型。

在此背景下,数字经济与城市数字化转型主题论坛暨京东云城市峰会无锡站在太湖华邑酒店隆重举行,数字城市领域顶级科学家、权威机构专家以及头部企业高管等齐聚一堂,多层面、多维度地展开碰撞和交流,旨在联合数字城市产、学、研、商、用各方力量,启迪行业创新思维、挖掘行业示范案例,推广行业优秀成果,引领城市数字化转型,为无锡数字化城市建设全面发展提供助力。在本次论坛上,还举行了多场仪式。包括京东(无锡)数字经济产业园开园仪式;江苏省人工智能学会协同创新中心、京东(无锡)人工智能研究院揭牌仪式;无锡经开区与京东健康、京东工业合作签约仪式;京东科技与5家生态合作伙伴签约以及京东(无锡)数字经济产业园首批10家入园企业签约入驻仪式。

(区经发局)

总部经济

【概况】 2022年,无锡经开区积极做好总部经济的引育工作,坚持内育外引,积极

2022年3月21日,无锡经开区与吉利控股集团视频签约仪式在上海、杭州、无锡三地同步举行

(区经发局)

促进全区总部经济健康发展。修订了《无锡经开区总部企业认定、扶持政策及资金管理实施细则》（锡经开太科创办〔2022〕2号），此项政策在原实施细则基础上降低了招引门槛、扩大了企业来源，为打造特色鲜明的太湖湾科创带总部经济发展"新高地"提供政策支撑。

（区经发局）

【吉利控股区块链全球总部项目落户】
2022年3月21日，无锡经开区与吉利控股集团视频签约仪式在上海、杭州、无锡三地同步举行。此次吉利控股集团携手瑞士孔柯迪姆基金会，共同在无锡经开区设立吉利区块链创新应用中心，为区块链全球总部提供具有高性能、低成本、可监管、强隐私等特点的底层核心技术支持，并参与科技创新及标准化制定相关工作。打造吉利控股区块链全球总部，是吉利在前沿科技方向的一次探索。吉利控股集团将与无锡经开区就区块链领域深入合作，融合自主研发技术及国外先进技术，推动区块链在汽车行业的落地应用，加速区块链与实体经济融合，为各行各业数字化转型提供新的驱动力，为无锡高水平发展数字经济贡献力量。未来，吉利控股还将强化区块链技术融合，提供更多产品与解决方案，基于吉利控股的多元产业生态与业务场景，赋能工业互联网、供应链溯源、碳中和、元宇宙等领域，加速区块链在汽车及更多产业落地。双方将携手抢抓数字化机遇，以区块链技术应用为切入口，积极融入数字中国建设和江苏"智改数转"战略，推动区块链等新一代信息技术产业做强做优做大；携手开展自主化研发，以创新应用中心建设为着力点，把吉利控股集团的技术研发优势和无锡的应用场景优势结合起来，在无锡这个创新"高地"上标注出新的科创"高峰"；携手推动总部化发展，以区块链全球总部和高性能电驱项目为突破口，进一步加大吉利控股集团在无锡的布局力度，推动更多产业项目和产业链企业落户无锡。

（区经发局）

【总部经济环境打造】　加强空间载体打造。谋划布局、推进建设雪浪小镇未来中心、雪浪小镇数据创新中心、雪浪小镇创新基地等产业和人才载体，在上海、深圳布局"科创飞地""离岸孵化器"，促进金融商务街区等社会存量载体有效盘活利用，推动传感信息产业园提升和黄金湾、双新等传统老工业园区整体性改造工作，加快闲置空间盘活，为总部经济发展提供空间。

完善总部功能配套。建成一批商品房住宅小区、商业设施、商务会展设施、学校、医院等；全面启动"一带两镇三园"城市更新；国际会议中心、国际网球中心等一批城市地标建筑正在紧锣密鼓建设之中，无锡奥体中心、市文化艺术中心今年也迎来重大进展；和畅睦邻中心、方庙睦邻中心、体育公园及国际学校周边环境改造等工程进展顺利；探索推进城市管理智慧平台建设,35个管理单元在全市率先合格,开展"畅行经开"文明交通专项行动。民生事业持续投入,完成115项为民办实事项目。

优化企业发展环境。政务服务效能不断提升,建成全区"一网通办"总入口,实现线上线下深度融合。创新环境不断优化,积极探索"培养独角兽+培植研发机构+培育产业平台"的"三位一体"发展模式,雪浪云国家工业互联网平台、物联网领域智能计算产业平台、无锡智慧城市大数据加工及交易产业平台、无锡军民融合高技术成果产业平台、车联网产业平台六大平台建设加快。

(区经发局)

现代服务经济

【概况】 2022年,无锡经开区围绕信息服务、金融服务、商贸服务等服务业态,以提高质量效益为中心、以对标找差为导向、以创新发展为动力、以要素集聚为保障,推动经开区现代服务业高质量发展取得新突破,进一步提升经开区现代服务业发展综合实力。2022年规上服务业企业营业收入159.67亿元,同比增长19.3%,规模以上服务业企业净增入库76家,年均增长56.6%。

(区经发局)

【金融服务】 2022年9月20日,无锡化工装备股份有限公司正式登陆深交所主板,成为经开区第6家A股上市企业。好达电子拟在科创板上市,已通过证监会审核,等待核发注册批文。探索多元融资渠道,鼓励金融机构通过多样化方式加大信贷投放力度,有效减轻受困企业还本付息压力;积极发挥"经开贷""园区宝"等政府性投融资产品作用,努力为科技创新企业营造"投、贷、保"联动的金融生态环境,全年累计为10家企业申请"经开贷"总计贷款金额5200万元。

(区经发局)

【信息服务】 2022年,无锡经开区规模以上软件信息服务业营业收入45.9亿元,同比增长49.5%。围绕全市重点制造业产业集群,实施软件业态赋能赋质赋智,推进工业软件研发应用,推广雪浪数制、中船奥兰托等一批工业APP,成立无锡工业软件研究院,着力推进工业软件集聚区建设,加快工业软件生态培育。着力推广工业互联,今年瑈数工业荣获省级工业互联网平台,好达电子荣获省级工业互联网标杆工厂,技术与应用结合,不断扩大产业数字化规模发展。加快布局元宇宙、人工智能、区块链应用,加大培育梦途、海宝智能等一批拥有未来技术的企业,全面推动国产化、自主研发、创新思维走在全市前列。

(区经发局)

【科技服务】 无锡经开区围绕产业发展定位,聚焦云计算、物联网、大数据、人工智能、集成电路设计等领域,全力招引一批前景好、后劲足的优质项目。2022年已累计招引吉利科技、科大讯飞、文远知行等各类企业近190家，数字经济核心产业规模超130亿元。海创智慧谷、筑梦之星、兰尚智能等10家省级科创平台相继获批，省级工程技术研究中心达7家，市级工程技术研究中心达15家。

（区经发局）

【商贸服务】　无锡经开区社会消费品零售额72.68亿元，同比增长11.4%。积极打响"太湖购物节"品牌，举办了"爱在经开""汽车嘉年华""GO经彩　乐开怀"等系列促消费活动。加快万象城二期建设，支持海岸城、万象城等购物中心开展形式丰富多样的营销活动，依托电商直播带货基地，打造"经开年货网上直购通道"，持续深化"经开网络年货节"品牌建设。同时加快兑付纾困稳增长政策产业扶持资金、出台新能源和燃油汽车促消费政策以及多场促消费活动，切实提振市民消费信心。

（区经发局）

【山姆会员无锡店开业】　2022年11月8日，山姆会员（无锡店）竣工验收。据介绍，山姆会员（无锡店）项目于2020年10月立项，2021年3月正式动工，2022年11月7日完成竣工验收，预计2022年11月底开业，项目总投资金额为6.1亿元，用地面积2.4万平方米，总建筑面积7.2万平方米，其中地上建筑面积约为3.29万平方米，地下建筑面积为3.91万平方米，总计有1000个车位。项目以建设城市新地标、服务民生、完善配套、绿色建设为目标，建成后将形成区域级商业核心，丰富经开区的商业配套，满足不同人群享受高效工作和舒适生活的各种需求，为全区增添一张靓丽的商务名片。

（区经发局）

2022年11月8日，山姆会员（无锡店）竣工验收仪式现场　　　　　　　　　　　　　　（区党政办）

【周新里开街】 2022年12月23日，周新里古街正式开街。周新里位于区立信大道与衡源路交会处，地铁4号线周新苑站2号口，交通便利。本次开街的属于周新里一期南岸区域，一个具有江南传统文化与现代气息融合的特色商业空间，可为市民带来文化体验新升级。100多年前，无锡籍民族资本家、"煤铁大王"周舜卿一手建造起周新镇。20世纪二三十年代，这里商贸交易频繁，文娱活动丰富，是远近闻名的一处江南繁华地。作为无锡市重要的城市更新项目，周新里与传统的体验式商业体不同，一方面强化保护周舜卿、俞文彬、张卓仁儒商旧居及京堂桥、裕昌缫丝厂等优秀历史建筑，另一方面对现有仿古建筑的立面形态，依照江南古镇的山墙面肌理及滨水门户要素，进行更新改造，打造城市级商业标杆建筑，布局三街、七巷、九区，以城市文化力聚场为定位，以兼具江南文化和现代气息，集文旅、夜经济于一体的全新面貌回归。项目共分为3期6万平方米，一期约4000平方米，本期开街以餐饮业态为主，包含2家黑珍珠级餐厅，75%的品牌是无锡首店。街区后续还将活化利用好片区内丰厚的历史人文元素，结合一期商业扩展延伸精品酒店、精品零售等业态，打造无锡新的商业文化中心。

（区经发局）

【2022无锡经开区暖冬消费季】 2022年12月23日，2022无锡经开区暖冬消费季正式启动，首轮100万元惠民消费券线上线下

2022年12月23日，2022无锡经济开发区暖冬消费季正式启动，经开区党工委书记、管委会主任杨建平，太湖新城集团党委书记、董事局主席王贤，经开区党工委委员、管委会副主任陈国权，太湖新城集团党委委员、副总裁张军伟参加启动式

（区经发局）

同步发放。本次暖冬消费季将投放总额500万元的惠民消费券,五折抢购。即日起,首轮周新里百万消费券投放,市民可至大众点评搜索"周新里"购买。商圈消费券陆续上线。多家商圈共同参与消费券投放,商圈涵盖万象城、海岸城、大悦城、方糖、和畅睦邻中心等,市民可登录招商银行"掌上生活App"购券,50购100元券、100购200元券、300购600元券,消费券总量3万张,数量有限,售完即止。购券活动详情见"掌上生活App"。

（区经发局）

【健康养老服务】　2022年,无锡经开区持续加密、优化养老服务设施,建立起以街道综合养老服务中心为支撑、社区养老服务站为网点、社会养老机构为补充的养老服务网络。

2022年9月,华庄街道禾塘社区居家养老服务中心和华庄街道区域性助餐中心完成升级改造并投入使用,实现辖区老年人助餐中心街道全覆盖;太湖街道大桥社区居家养老服务中心完成服务提升;新增养老机构1家(安信颐和),新增养老机构床位301张;怡和养老院完成智慧养老项目建设;新评定三级养老机构3家,分别是无锡怡和养老服务运营管理有限公司、无锡市中海锦年贡湖养老管理有限公司、无锡经开区贡湖颐养院;对辖区高龄居家老年人进行综合能力评估,为其定制生活照料、紧急救援、康复护理、精神慰藉等居家养老服务提供依据;加快推进老年人居家适老化改造,50户老年人家庭通过专业评估、个性化改造,实现原居安全、舒适享老;为辖区高龄老人提供助餐、助浴、助洁、生活照料、精神关爱、康复护理等居家援助服务,全年累计服务6588人70000余工时。

激发公益创投活力,开展乔迁老人社区融入、高龄老人上门帮扶项目、文体项目义化乐老、空巢老人心理增能、智慧养老专项培训推广等为老公益创投项目34项。

（区社事局）

【旅游休闲服务】　2022年,无锡经开区深入挖掘特色文旅资源,汲取经开区最受市民欢迎的文旅元素,成功打造经开八境。开展2022"情韵江南　蠡岛夜市"文旅促消费活动,通过"夜市+文化活动"的形式,帮助实现客流快速回正,助力打造无锡夜生活经济圈,活动期间商场客流集中爆发,客流同比达到110%。开展"乐游无锡"经开特装展,围绕文创、旅游、体育的融合发展之路,向游客提供具有经开特色的文旅产品和优质服务,促进"文创+体育+旅游"融合发展,展示充满活力、宜游宜业的新城形象。

（区社事局）

开放合作

综述

【概况】 2022年,无锡经开区主动融入服务长三角一体化发展、粤港澳大湾区建设、"一带一路"建设等重大国家战略,开放水平不断提升。

(区经发局)

参与长三角一体化发展

【区域协同,产业融合】 2022年,无锡经开区主动融入上海科创中心建设体系,加强与国家技术转移苏南中心、国家技术转移东部中心、长三角技术交易市场联盟的深度对接,推动经开区与长三角高科技产业园区的战略合作,围绕"对接大上海,逐浪太湖湾"主题,经开区与上海12家科创企业强强联手,推动区域合作迈上更高台阶。"一镇五园"结合自身发展规划,与深圳4个园区进行友好园区战略合作签约。已投入使用25.6万平方米科创载体,完成总投资21.1亿元,园区面貌日新月异。成功举办2022雪浪大会、粤港澳大湾区产业创新试验区投资合作论坛、中国集成电路创新大会等53场次"双招双引"活动,推动科大讯飞、优地机器人、文远知行、研微半导体等优质项目签约落地,形成聚项目、打品牌、促发展的生动局面,苏南国家自主创新示范区建设不断加强。推进公共服务优质均衡便利,全年举办文化惠民活动300余场,文体场所设施建设体系进一步完善。共享高品质医疗卫生资源,为优化医疗设施布局规划,已正式启动华庄卫

围绕"对接大上海,逐浪太湖湾"主题,无锡经开区"一镇五园"之一的黄金湾科创园与上海12家科创企业强强联手,推动区域合作迈上更高台阶

(区经发局)

2022年5月11日,锡经开与阿联酋再续"甜蜜",开展经贸合作交流,抢抓"一带一路"发展机遇,为两地友好关系注入新活力,托起更多合作共赢局面
（区经发局）

生服务中心和太湖卫生服务中心项目建设工作。协同推进社会治理共建共享,融入长三角一体化治理联动机制,健全基层社会治理网络,全域推广网格化服务管理。推动教育资源高位均衡发展,引入华东师范大学、上海师范大学、江南大学等长三角高校资源,与华东师范大学签订合作办学协议,构建一个面向全区的教育资源服务体系,助推经开教育高位均衡发展。

（区经发局）

【参与"一带一路"建设】　2022年,无锡经开区不断提升"一带一路"建设参与程度,实施全方位、高水平对外开放,创造开放型经济新优势。经开区紧跟时代步伐,加速互联互通,主动拥抱海外市场,取得了较好成效。2022年度,实现年进出口总额超9亿美元,年度进出口500万元美元以上企业34家,其中15家实现两位数增幅。充分利用广交会、进博会等国际级展会,开展精准对接活动。"一平台""一园区"发展势头良好,完成出口额超2.6亿美元,跨境电商园区加快增长,积极争创市级重点跨境电商产业园。方成彩印泰国项目、云晖资本开曼群岛项目等境外投资有序推进;城贸控股Animax亚太区总部项目、集成电路外贸企业江苏新芯动能供应链有限公司等一批重点外资企业和项目注册落地,项目招引成效明显。

（区经发局）

Wuxi Economic
Development District

产业发展

综述

【概况】 2022年,无锡经开区102家规模以上工业企业实现总产值180.71亿元,同比增长11.3%,超全市平均2.5个百分点,全市排名第三;增加值40.91亿元,同比增长11%,超全市平均5.6个百分点,全市排名第一。主营业务收入167.20亿元,利润总额8.73亿元。已拥有上市企业4家,储备上市企业10余家。数字经济核心企业营收158亿元,增长22%,增速全市第二。物联网、软件、集成电路等重点产业规模增幅分别为26.1%、49.6%、82.1%,雪浪云完成超3亿元B轮融资,不断推动制造业数字化转型走深向实。

（区经发局）

经济总量与结构

【概况】 2022年,无锡经开区完成地区生产总值365亿元,增长4.5%;一般公共预算收入33.44亿元,增长17.3%;固定资产投资185亿元,增长27.3%;规上工业总产值180亿元,增长12%;社会消费品零售总额72亿元,增长10.3%;进出口总额9.1亿美元,增长15.1%;对外投资5650万美元;到位注册外资1.1795亿美元。

（区经发局）

重大项目

【概况】 2022年,无锡经开区引进市级重大项目13个,新发数字创新中心、雪浪小镇未来中心、万象城二期、国际会议中心一期、二期、山姆会员店、博大广场改扩建、太湖湾信息园、黄金湾科创园、湖南大学无锡智能控制研究院、基金PARK二期项目、数字经济产业园、传感园一期改造提升,计划总投资180.91亿元,全年完成投资39.69亿元。

（区经发局）

【引进区级】 5000万元以上重大项目111个,完成投资175.6亿元,其中新开工项目71个,完成投资89.3亿元。数字经济产业园、万华机械年产150万套汽车超高强度钢板热成形冲压件生产线三期等项目启动建设,华庄工业园区改造提升、雪浪小镇未来中心、国际会议中心一期、二期有序推进,山姆会员店完成建设。

（区经发局）

物联网产业

【概况】 2022年,无锡经开区持续推动物联网产业链各细分领域协同发展,产业规模不断扩大。截至2022年年底,全区有物联网企业400家,其中在库规上企业26

车联天下智能驾舱智能工厂顺利投产　　　　　　　　　　　　　　（区经发局）

家,全年营业收入达55.78亿元。近两年虽受新冠肺炎疫情的影响,但总体还是呈现稳中有升的趋势,增速35.8%,增速位居全市第一。

（区经发局）

【新引进企业】　2022年,无锡经开区新引进科大讯飞、文远知行、吉利区块链等物联网重点企业,其中科大讯飞年内已实现营收近1亿元,柯诺威新能源、车城智联等12个重点项目已签约入驻。

（区经发局）

【龙头企业培育】　2022年,化工装备成功上市,车联天下智能驾舱智能工厂顺利投产,联合博世拿下了广汽、奇瑞等国内龙头企业的8155座舱域控订单,产值达4亿元,2023年预计可达10亿元,增幅150%。博世中国创新与软件开发中心成立至2022年,团队已快速扩容至800多人,营收达3亿元,同比增长164%。

（区经发局）

【行业技术创新】　2022年,无锡经开区泰尔科技智能网联汽车和车联网联合实验室已投入运营,其中的搭建车载高速网络/芯片子平台、5G AGPS子平台和EMC子平台,可填补我国车载高速网络芯片自主标准的测试能力空白,满足华东地区企业对毫米波频段的检测等迫切需求。

（区经发局）

【应用场景落地】　无锡经开区5G基站建设已完成769个,在贡湖大道、和风路等128个路段、近70千米路程,设立点位127个,进一步扩大C-V2X覆盖范围,助力车联网路测端相关设备加速落地。文远知行、轻舟智航在经开区内投入55辆自动驾驶小巴,开通8条线路,京东科技投入17辆智能快递车,服务广大经开居民。对295个泊位完成智慧化改造,依托5G物联网终端,实现道路泊位的智能化无人值守,加快形成全域智慧化停车示范应用。

(区经发局)

【特色园区建设】 国家传感园获批无锡市物联网特色园区,智能网联汽车产业园揭牌成立,基于原有的物联网产业和汽车零部件产业基础,着力推动智能交通产业发展,计划到2025年,建成超30万平方米产业集聚区,总产值突破150亿元。

(区经发局)

【文远知行自动驾驶华东总部项目签约落户】 2022年9月22日,文远知行自动驾驶华东总部项目签约落地无锡经开区,全域公交自动驾驶首发。文远知行是全球领先的L4级自动驾驶科技公司,也是全球第一家同时获得中美两地全无人驾驶牌照的自动驾驶公司。

无锡是全国首个国家级车联网先导区和首批"双智"试点城市,特别是无锡经开区正全力发展以智能网联汽车为代表的战略性新兴产业,构建了"基金-项目-企业-平台"全方位产业体系。此次华东总部项目和L4自动驾驶商用落地,是无锡车联网"龙头企业发挥优势、地方政府搭建平台、地方国企展现担当"发展思路的生动实践。

双方将进一步深化交流、强化对接、优化合作,抢抓车联网这个"蓝海"市场,深耕细分赛道,探索应用新场景,为建设

2022年9月22日,文远知行自动驾驶华东总部项目签约落地无锡经开区,全域公交自动驾驶首发

(区经发局)

新型智慧城市树立标杆。无锡经开区将秉持"无难事、悉心办"承诺，为企业在锡发展提供最优营商环境，打造车联网与智能网联汽车高质量发展先行区。

（区经发局）

软件与信息服务业

【概况】　2022年，无锡经开区秉承以雪浪小镇为核心的"一镇五园"产业布局，瞄准新型软件，大力发展工业互联网、人工智能、大数据、云计算、区块链、智能网联汽车等产业。2022年，全区软件业务收入达到45.91亿元，同比大幅增长49.6%，集聚了以工业软件、工业互联网为核心的相关企业400余家，其中在库规上企业38家，引育了中船重工奥蓝托、安超云、雪浪数制、浪潮卓数等一批明星企业和塬数科技、海宝智造、未来镜、灵锡互联网、电鲸互动等一批潜力企业。

2022年，无锡经开区软件企业持续加强关键技术攻关，打造了一批具有自主品牌的优秀软件产品和解决方案。无锡雪浪数制科技有限公司的雪浪算盘和江苏海宝智造科技股份有限公司的云MES制造执行协同系统软件被评为"2021年度江苏省工业软件优秀产品和应用解决方案"。中船重工奥蓝托无锡软件技术有限公司的船舶水动力学CFD求解器软件V2.0和安超云软件有限公司的安超虚拟化软件V1.0入选了2022年江苏省重点领域首版次软件产品应用推广指导目录。中船重工奥蓝托无锡软件技术有限公司的设计仿真分析一体化软件获评为工信部"2022年工业软件优秀产品"。

2022年，无锡经开区围绕企业培育、投融资、基础设施支撑、知识产权服务等方面，打造建成了海创江南众创空间、尚贤湖基金PARK投融资服务平台、雪浪算力中心算力支撑服务平台、中国（无锡）知识产权保护中心雪浪小镇工作站、太湖城人才公寓、雪浪大会等多个平台载体。

2022年，无锡经开区围绕技术研发载体、高层次人才着力集聚创新资源，无锡雪浪工业软件研究院、深圳大数据研究院长三角创新中心、湖南大学无锡智能控制研究院、中国科学院大学江苏密码应用技术研究院等重点研发机构聚焦软件产业细分领域加速建设，汇聚了王坚、李培根、钱锋等24位国家级领军人才，以海归小镇为平台持续集聚海外高层次人才，软件人才队伍超1万人。

（区经发局）

集成电路

【概况】　2022年以来，无锡经开区积极贯彻落实全市"465"产业体系建设发展目标，积极投身集成电路产业建设，以半导体存储为切入点，以重大项目为抓手，以

2022年8月26日，2022存储创新暨无锡集成电路产业合作论坛在我区举行，现场，无锡半导体存储产业生态圈联盟成立，首批11家集成电路存储企业入驻联盟 （太湖湾信息园）

粤港澳大湾区合作为契机，构建了"一园区、一产业、一套班子、一政策、一基金"的创新培育模式，着力打造成太湖湾科创带集成电路产业集聚的"芯"势能。

2022年经开区集成电路规上企业产业规模8.75亿元，同比增长25%。2022年，已集聚了好达电子、研微半导体、稳先微、九霄科技等规上企业近10家。其中，好达电子主营产品集中在射频滤波器方面，已成长为国内技术领先的射频滤波器优质供应商，并获评省级专精特新企业。

（区经发局）

【创新要素加快集聚】 太湖湾集成电路ICC公共服务平台已启动实施建设，无锡·横琴粤澳协同创新中心正式揭牌，东南大学信安云芯片与系统实验室成功落地，深圳市公共安全技术实验室等一批创新型项目落户经开。

（区经发局）

【企业招引有力有效】 根据经开区资源禀赋，重点围绕集成电路设计、装备及零部件领域，年内新增安可芯、临德半导体等集成电路企业29家，弥补了经开区在集成电路产业链上的空白。完成了研微半导体设备和稳先微华东总部两个重大项目的招引及落地，已储备较高质量的超亿元项目10个。

（区经发局）

【发展环境持续优化】 第二届中国集成电路设计创新大会暨IC应用博览会、2022存储创新暨无锡集成电路产业合作论坛在经开区成功举办。同时，经开区承办了长三角-粤港澳大湾区第一届集成电路"太湖之芯"创业大赛无锡总决赛，推动获批一等奖的深圳朗力半导体等20多个项目成功落地。

（区经发局）

【政策扶持有效精准】 出台了《无锡经开区关于支持集成电路产业的专项政策》，重点对集成电路的投资、研发等方面进行靶向扶持，2022年区内5家单位申报资金已超1000万元。同时，发布了《无锡经开区高端人才购买人才安居房实施办法(试行)》，吸引了研微半导体等一批海内外博士在经开创业落户，加速推进高端人才宜居工程，进一步优化了经开区高端人才生态环境。

（区经发局）

制造业

【产业布局】 2022年完成产值83.36亿元，同比增长29.8%，占全区规上工业产值的46.1%，对全区规上工业产值的快速增长继续保持较大的拉动作用，其中以化工装备、运通涂装等企业为代表的专用设备制造业完成32.1亿元，同比增长24%；以万华机械、大昌机械等企业为代表的汽车制造业完成30.16亿元，同比增长26.4%；以好达电子、车联天下等企业为代表的计算机通信和其他电子设备制造业完成21.1亿元，同比增长45.7%。

（区经发局）

【重点企业】 全区规上工业企业20强完成产值117.71亿元，同比增长17.3%，占规上工业总产值的65.1%。其中，万华机械产能快速释放，完成产值13.99亿元，增速

达68.2%；化工装备成功上市，发展后劲充足，完成产值12.25亿元，同比增长18.1%；明芳汽车受新能源汽车市场拉动，完成产值7.1亿元，同比增长17.6%；耀鑫交通积极开拓国内市场，完成产值4.98亿元，同比增长47.1%。

（区经发局）

商贸服务业

【概况】 2022年，无锡经开区消费市场持续升温，打响"GO经彩　乐开怀"活动品牌，围绕综合体、汽车、餐饮、家电等四大消费类型，举办促消费活动5场，累计兑现新能源汽车消费补贴1090余万元，带动新车销售增长2.2亿元。发放消费券200万元，拉动零售、餐饮消费增长超亿元。山姆会员店成功开业，完成水乡苑、方庙等2家农贸市场改造，和韵、信成花园社区通过"15分钟便民生活圈"示范社区评审，完成13个社区"智慧菜篮子"网点建设，落霞苑、水乡苑、和畅果色花香、方庙农贸市场完成集中运营托管，集中运营托管率位居全市前列。

（区经发局）

【大型商业综合体】 无锡山姆会员店于11月底开业，截止12月底，室外市政及绿化完成了35%，项目基建安装方面已达到98%，10月进行消防验收。

原博大假日广场"变身"江南大悦城

即将于年底前重新面世。曾经的"博大"，是周边居民和江南大学学子闲暇时喜欢前往的商业综合体，本次改造升级，将以"潮趣欢聚场"的定位入市，携手大悦城控股核心战略品牌，从情感链接的维度打造青年潮流生活样本，成为城市商业的新增长极，为城市注入新活力。该项目的改造内装工程于11月底完工，招商也取得了不错的成绩，已有AMAZZY米练健身、One super精品生活超市、奈尔宝家庭中心、大世界影城等一批品牌店确认进驻。

去年12月，无锡太湖新城集团与中粮集团大悦城控股达成战略合作，双方联手打造"睦邻中心+农贸市场"模式的"新泽·悦街"，布局社区商业"新赛道"，首批项目将于明年开业。7月4日，无锡市自然资源规划局发布震泽睦邻中心（无锡新泽·悦街-震泽）项目规划设计方案批前公示，助力我区配套再升级。

该项目位于无锡经开区和风路与信成道交叉口东南侧，可建设用地面积约1.2万平方米，总建筑面积约2.4万平方米，"新泽·悦街"以高品质社区商业为定位，规划精品超市（农贸市场）、电影院、运动健身、餐饮、生活零售、休闲娱乐及社区配套设施等业态，打造有温度、有品质的"美好生活中心"。同时，在引进品牌时，将通过为项目打造定制化店铺的形式，满足周边社区客群高频消费及消费升级需求，进一步引领社区商业生活方式，赋能城市社区美好生活。

（区经发局）

综合管理

财 政

【概况】 2022年，无锡经开区财政局围绕高质量发展和攻坚突破的各项目标，全面贯彻新发展理念，着力增强财政保障能力，不断提升政策效能，实现了财政运行的稳健优质。一般公共预算收入增幅全市第一，政府性债务率连续两年全市唯一绿色区域，债券申报规模再创新高，融资能力大幅提升，民生领域财政投入持续增长，各项支出保障有力，绩效评价体系不断健全。

（区财政局）

【一般公共预算收入】 2022年，无锡经开区完成一般公共预算收入35.11亿元，同比增长12.9%，增幅高于全市平均18.5个百分点，扣除留抵退税因素后增长22.5%，增幅高于全市平均20.9个百分点，两个口径增幅均列全市第1位。其中税收收入完成26.80亿元，同比增长3.5%，增幅高于全市平均16.9个百分点。税收收入占一般公共预算收入比重为76.3%，高于全市平均1.1个百分点。

（区财政局）

【债务风险管控】 2022年，无锡经开区坚持统筹好"发展"与"化债"关系，加强债务管理，加大化债力度，依法合规开展融资工作，全年债务工作取得新成效，为经济社会发展提供有力支撑。债务率维持绿色等级。足额安排化债资金，全年化解隐债34.08亿元，债务率连续两年维持绿色风险等级。积极争取政府专项债券42亿元，其中新增政府专项债券34亿元，同比增长97%；全面置换成本超5%的经营性债务6笔计9.6亿元，全口径债务平均年化利率下降至4.26%，较上年压降11个BP，最低的三年期公司债利率仅为2.98%，为AA主体可比债券江苏省新低、全国第三低。融资平台监管成效明显。及时对隐债清零的平台公司制订注销或转实体化运作方案，全年隐债提前清零8家（超额完成市下6家目标），其中成功转实体化运营4家，完成注销2家。融资创新取得新突破。积极梳理项目争取政府债券资金42亿元，新增专项债占全市比重较上年提高3个百分点，太湖城传感保租房项目获国开行无锡首单4.35亿元支持，太湖湾信息园获进出口银行政策性投资基金江苏首单，智造园和太湖湾信息园获进出口银行牵头的17年中长期贷款22亿元，太湖城传感成功发行全省首单EOD模式公司绿债5亿元，梁南城市更新项目获银团16亿元授信支持，传感园发行8亿元公司债，传感公募REITs项目成功报国家发改委审核。

（区财政局）

【保障民生领域投入】 2022年，无锡经开区优化政府专项资金支出，优先保障民生领域财政投入，全区各类城乡公共服务支出170.66亿元，同比增长16.52%。其中，教育支出9.73亿元，同比增长0.9%，占一般公共预算财力超10%；卫生健康支出

无锡经开区财政局局长徐强开展项目支出绩效自评　　　　　　　　　　（区财政局）

8.96亿元，同比增长287.6%，为全区疫情防控取得最终胜利作出了应有贡献。社会保障和就业支出共计2.16亿元，积极落实就业政策。重点支持医养结合居家养老项目，切实保障养老服务和困难群众、弱势群体、低收入群体的基本生活；文化旅游体育与传媒支出0.77亿元，同比增长8.6%，重点保障奥体中心、市文化艺术中心、市美术馆等项目建设；城乡社区支出118.2亿元，同比增长19.5%，全力保障好14所学校的新改扩建、道路新改建和环境绿化提升改造。住房保障支出8.60亿元，同比增长3.15%，集中开工改造老旧小区8个，涉及老旧建筑面积约230万平方米，惠及群众1.7万余户，老旧小区改造规模、投资金额、涉及户数均为历年之最。

（区财政局）

【绩效管理】　2022年，无锡经开区财政局认真履行财政监督和预算绩效管理职责，规范政府收支行为，推进财政资金使用合规、安全、高效，保障经济健康稳定发展。建立重大专项绩效评价体系。为加强绩效管理指标体系建设，成立绩效指标攻坚小组，以过去三年的重大专项执行情况为支撑，综合项目部门、外部专家、内部小组三方的宝贵建议，按照"量化可行、分析可比、结果导向"原则，研究编制了区本级21个重大专项绩效评价体系，实现部门全覆盖、重大专项全覆盖，总资金预算规模达124.4亿元，占部门预算（除还本付息专项预算）比重达到89%，为各部门提高项目预算绩效指标设置提供指引，从而全面推动预算绩效管理提质增效。首次实现绩效自评部门全覆盖。组织各部门开展绩效自评案例征集活动,邀请南京财经大学教授对区本级各预算单位就全面实施预算绩效管理、项目支出绩效评价、绩效自评实操三个方面进行专题培训,期间深入部门探讨绩效自评方式,组建案例评审组对各部门上报案例进行逐一评分,并分享了"智慧校园项目"等优秀案例,有效提升了部门"花钱必问效"的责任意识。创新重点项目绩效评价方式。一方面,财政局自行开展路面执法编外及临聘人员、产业扶持专项两个重点项目绩效评价,加强预算绩效管理人才队伍建设。其中,执法项目通过现场核查、问卷调查等方式对铁骑、交通协管员等十类人员就规范岗位、人数设置以及强化监督检查、完善绩效激励等方面提出了建议;产业扶持项目重点针对自经开区成立以来至2021年年底所有拨付过扶持资金的111家企业进行调研,并形成《产业引进和人才引育项目调研报告》,对各企业年度财政扶持、销售、纳税、人才招引等投入产出情况进行统计分析,为后续企业扶持政策修订与服务奠定基础。另一方面,选取水利事业、智慧信息化、教育事业3个专项作为重点绩效评价项目,聘请第三方事务所实施,发现各类问题12个并提出改进意见,带动绩效评价工作整体"扩面",优化预算项目结构,深化评价成果应用。

(区财政局)

市场监督管理

【市场质量监管服务】 2022年,无锡经开区开展重点工业产品质量安全排查治理专项治理。加大了对电动车及配件、民用口罩、燃气灶具及配件等涉及人身财产安全的各类产品专项抽检力度,全年抽检20类46批次,7批次不合格均已移交稽查科依法进行查处。落实7家工业产品许可证获证企业、1家CCC获证企业"双随机、一公开"检查。

2022年,无锡经开区组织申报江苏省质量信用A级企业14家,AA级企业2家,获评1家,全年组织首席质量官培训56名。申报江苏质量基础设施"一站式"服务网点3个。

(区市场监管局)

【计量器具检定校准】 2022年,无锡经开区落实民生计量,强化计量监管,开展计量服务。配合开展元旦、春节期间计量专项检查;春耕农资定量包装计量专项检查;五一、端午定量包装商品计量专项检查,处理不合格移交4家6批次。

2022年,无锡经开区在疫情期间开通绿色通道,依托市计量测试院技术力量,检定和校准辖区集贸市场计量器具检定676台,37所幼儿园及中小学的915件测温计,大型综合体红外测温仪70台。开展"明镜守护"计量专项和加油站计量专项检查。开展"5·20"计量日民生计量走进经开眼镜店直播活动。

（区市场监管局）

【免罚清单】 2022年，无锡经开区为取得正向积极的社会效果，立足于上级包容审慎监管文件精神，对情节轻微、危害后果较轻的违法违规行为，依法作出不予处罚或从轻减轻处罚。2022年度，累计适用不予处罚案件39件、减轻处罚案件13件、从轻处罚案件2件，免罚、轻罚案件达到总数的32.34%，充分彰显人性化行政执法。查处的某餐饮有限公司不当使用红领巾及少先队队委标志用于商业活动案入选省局2022年度免罚轻罚年度十大典型案例。

（区市场监管局）

【消费维权服务】 2022年，无锡经开区受理消费咨询投诉举报工单总数7826件。消费者满意率98.9%，为消费者挽回经济损失1500余万元。组织开展消费维权宣传9场次，培训企业200余家次，受众800人次。动员属地企业放心消费示范单位创建，强化标准化建设，不断划大群众消费"放心圈"。方糖广场被评为江苏省放心消费创建示范街区，太湖新城放心消费商圈初步形成，新开办的和畅睦邻中心被评为无锡市放心消费创建示范街区，淳净化环境科技公司等3家单位被评为无锡市放心消费创建先进企业。

（区市场监管局）

【执法稽查】 2022年，无锡经开区立足"严"字主基调，积极推行包容审慎执法。全年累计查处某饭店诱导误导消费者超量点餐、某便利店向未成年人售酒等一批与群众紧密相关、性质恶劣的违法案件共计167起，罚没金额64.44万元。其中，1起案件入选市场监管总局及省局典型案

2022年11月15日，执法人员在反食品浪费专项检查中，发现某饭店存在诱导、误导消费者超量点餐造成明显食品浪费的行为，当场责令当事人立即改正，并给予警告 （区市场监管局）

2022年,区市场监管局对辖区35家进口冷链食品生产经营单位每月组织全覆盖检查,累计开展检查督查330余家次,发现各类问题500多个均整改到位

(区市场监管局)

例汇编,3起案件入选市局典型案例汇编,充分发挥警示震慑效果。另对我辖区某一年内累计受到3次行政处罚且被责令停产停业的食品生产加工企业实施信用惩戒,将其列入严重违法失信名单,做到立规矩、儆效尤。执法有力度不失温度。积极推行市场监管领域轻微违法行为免罚清单,本年度依法做出免罚、轻罚案件累计达到总数的32.34%,充分彰显人性化行政执法。

(区市场监管局)

金融管理

【概况】 2022年,无锡经开区以习近平新时代中国特色社会主义思想为指导,深入学习贯彻党的二十大精神,严格按照"疫情要防住、经济要稳住、发展要安全"的重大要求,不断创新金融服务、完善金融体系、加强金融监管,金融运行持续向好,为全区经济社会高质量发展提供了坚实支撑。

(区经发局)

【企业上市】 2022年,无锡经开区新增1家主板上市企业(锡装股份),首发募集资金11.98亿元;一批拟上市企业(好达电子、凤凰画材)的上市工作有序推进;上市培育企业超15家,上市后备企业梯队快速扩容,企业想上市、争上市、能上市的良性局面初步形成。通过与券商、基金、银行等对目标企业的专班服务,加强对区内重点拟上市企业专项辅导,精准助推企业上市。积极引导本地优质企业向资本市场靠拢,组织企业参加金融科创领军人才高级研修班学习。

（区经发局）

【金融管理】 推广新型融资渠道,拓展综合金融平台服务覆盖面,发挥普惠金融增信优势;畅通企业信贷支持,拓展融资需求收集渠道,建立融资需求推荐反馈机制,搭建政银企对接交流平台;加大风险补偿力度,创新融资担保模式,发挥政策性担保公司融资支持、信保基金风险补偿功能。出台针对性强的纾困帮扶政策,探索建立中小微企业融资纾困帮扶机制,开展企业融资一对一精准对接服务,力促各项纾困政策直达基层、直惠企业。推出"经开贷""园区保""苏科贷"等贷款产品,有效降低了企业融资门槛和融资成本,为辖区企业营造了投、贷、保联动的金融生态。截至2022年年底,"园区保""经开贷""苏科贷"已累计为近百家企业、授信额度超6.1亿元。

（区经发局）

【金融服务】 2022年无锡经开区优化产融生态圈,助力产业高效发展。一是打造"投贷保"联动金融生态圈。通过风险补偿资金池和联合担保的模式,设立"园区保""经开贷"2个特色金融产品,共计落地22户市场主体,解决企业融资需求1.24亿元,有效帮扶车联天下、混沌能源、新格尔等科技型中小企业解决融资难、融资贵的问题。二是发挥"政-企-银"合作优势。发挥政府桥梁作用,实现银、企合作,压缩每个环节办理周期,联动招商中心和各园区融资专员,精心筹划线下科技金融企业服务活动3期,接洽企业共计22家,协调银行为11家企业直接贷款2.14亿元。三

是发挥政府引导基金抓手作用。探索"一园区一基金"模式,充分发挥国有企业基金引领作用,完成50余只基金注册落地,已对7只基金累计出资3.97亿元。

（区财政局）

国有资产管理

【企业国有资产】 由无锡经开区代管1家市属国企——太湖新城发展集团(以下简称"新城集团"),在"三位一体"体制框架下,进行实体化运作。区财政出资企业1家——无锡经开雪浪小镇未来园区有限公司(以下简称"雪浪小镇"),为无锡经开区"一镇五园"科创园区建设运营主体,总资产187亿元,净资产109亿元,2022年成功获得主体信用评级AA+。雪浪小镇下设7个子公司,主要承担产业园区的投资、招商引企、园区管理、资产管理等职能。

（区财政局）

【行政事业单位国有资产】 无锡经开区所属行政事业单位机构数49个,由区财政局对其国有资产实行综合管理。其中,16个主管部门对本部门所属单位和委托管理范围内的国有资产实施监督管理,33个事业单位负责对本单位占有、使用的国有资产实施具体的管理。2022年年末,经开区行政事业单位国有资产74.35亿元,净资产69.58亿元,净资产较上年同口径增长44.62%。

（区财政局）

【加强资产管理】 2022年,无锡经开区通过资产管理培训、管理系统迭代升级,加强监督检查等方式规范资产管理,提高资产效益。制定发放《行政事业单位固定资产管理手册》,确保全过程规范化操作打破资产管理与财务核算信息壁垒,减少账账差异。全面接入省资产云管理系统,重造线上管理流程,提升资产登记、处置、年报报送等业务线上办理流畅度。对15家行政事业单位、21家学校进行资产实盘,完成资产标签张贴,进一步厘清资产数据,强化主管部门资产管理主体意识。

(区财政局)

【开展镇街资产清查】 2022年,无锡经开区下辖2个街道,纳入资产清查97家单位确认资产总额134.72亿元,净资产75.46亿元。持续开展镇街资产清查,盘盈资产1496万元,盘盈土地、房产面积近10万平方米。制定《无锡经开区街道国有资产专项治理工作实施方案》,由财政局、纪工委建立协同督办机制,共同推进经开区镇(街道)国有资产专项治理工作。制订《江苏无锡经开区街道经营性资产监督管理办法(试行)》,明确审批备案事项及流程,实现区街经营性资产统一监管,填补街道经营性资产管理漏洞。

(区财政局)

【盘活国有资产】 2022年,无锡经开区通过京东拍卖平台公开处置资产,累计产生处置收益247万元,溢价率达15%。及时参与优质产业用地竞拍,以低于评估价875万元成功竞得双新经济园两处优质地块,为后续园区建设发展、增大招商引资空间提供资源保障。智能制造园、太湖湾信息园启动区获得中国进出口银行江苏区域首单、无锡前两单2.61亿元基金支持。梁南城市更新项目16亿元银团授信成功,已提款使用8亿元。传感园8亿元公司债发行利率2.98%创AA主体可比债券有史以来江苏省新低、全国第三低的好成绩,为国有企业稳步实施市场化运作提供了强有力的资金保障。

(区财政局)

```
江苏无锡经济开发区财政局
        │ 100%
无锡经开雪浪小镇未来园区
      有限公司
```

100%	100%	100%	100%	100%	50.1%	100%
无锡经开尚贤湖投资有限公司	无锡数字鲸科技有限公司	无锡太湖城传感信息中心发展有限公司	无锡经开黄金湾科技创业产业园有限公司	无锡经开公建项目管理有限公司	无锡经开太湖湾信息技术产业园有限公司	无锡滨湖经济技术开发区有限公司

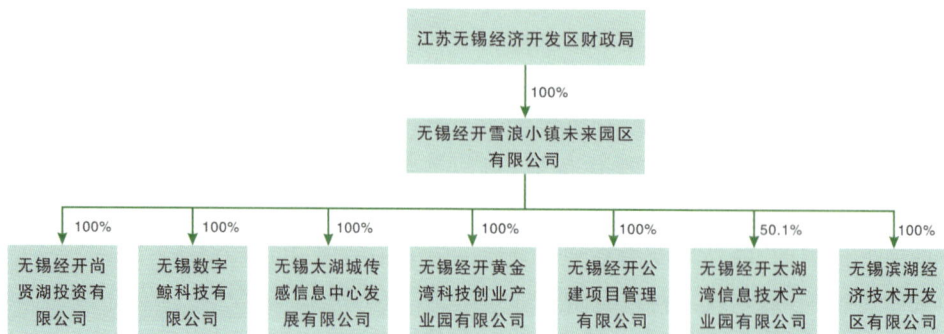

区属国企业架构 　　　　　　　　　　　　　　　　　(区财政局)

【推进国企改革】 2022年,无锡经开区优化区属企业架构,完善现代化管理体系,推进区属企业市场化、专业化改革。通过整合房产、土地等优质资产资源,打造以雪浪小镇未来园区有限公司为母公司的现代企业架构,并成功获得AA+主体信用评定。通过内部选拔和外部选聘等多种方式,设立无锡经开雪浪小镇未来园区有限公司董事会,任命选举7名董事,其中内部董事3人,外部董事4人,进一步明确董事会职责和义务。由财务中心全面统筹区属国企财务工作,先后出台区属国企《采购制度》《报销办法》《大额资金监管细则》等制度。全面推进资产清查工作,完成太湖街道、华庄街道共计17家"两非两资"企业注销工作,有效解决国有企业资产状况不清、账实不符、资产闲置浪费及流失问题。

(区财政局)

审计

【概况】 2022年,无锡市审计局无锡经开区审计处(经开区审计处)完成审计项目11个,审计发现问题78个,5个项目得到市主要领导批示,促进被审计单位出台修订制度5项。开发区审计处同时对214个政府投资项目进行持续跟踪,跟踪项目金额约272.92亿元。

(区审计处)

【预算管理和其他财政收支情况审计】 2022年,无锡经开区审计处对经开区2021年度预算管理和其他财政收支情况进行了审计,围绕全面实施预算绩效管理要求,加强国有资金、资产、资源规范管理,对财政资金的筹集、分配、使用、管理情况,政府报表数据的真实性,收支活动的合法性,资金使用的效益性开展审计工作,对国有资产、载体运用、政府投资等方面进行重点关注。通过审计,进一步完善预算编制体系、规范财政收支行为、强化国有资产管理、优化载体运用绩效、明确政府投资效益,促进经开区财政资金高质量使用。

(区审计处)

【专项审计调查】 2022年,无锡经开区审计处立足"审计监督首先是经济监督"的定位,对经开区载体运用情况进行了专项审计调查,并融合研究型审计,聚焦科创载体在载体管理服务、孵化器孵育能力、产学研合作等方面存在的突出问题,分析成因,提出探索建立"三项清单"制度等多项审计建议,得到市主要领导批示。区管委会高度重视,推动问题整改落实。通过审计,促进经开区完善园区考核体系,清退了转租、空置、产出率低的企业和项目等,进一步补齐载体运用短板,助力经开区打造高质量发展的新高地。

(区审计处)

【政府投资审计】 2022年,无锡经开区审计处全面梳理政府投资项目审计管理流程,完成固定资产竣工决算审计项目6个,主要对项目前期概预算、招投标执行、项目建设管理、工程价款结算等环节进行全方位的审计,对项目竣工验收手续不完备、未督促项目监理履职尽责、竣工财务决算的编报不及时等问题进行了揭示。同时跟踪审计政府投资项目214个,跟踪项目金额约272.92亿元,通过加强项目建设过程中的造价控制和外部监督,推动政府投资项目的有序实施。

(区审计处)

【经济责任审计】 2022年,无锡经开区审计处对经开区市场监督管理局局长邹风峰同志、经开区财政局原局长姚江同志、经开区建设局原局长袁江飞同志任职期间经济责任履行情况进行了审计,围绕贯彻执行党和国家经济方针政策及决策部署、本部门重要发展规划和政策措施制定执行、重大经济事项的决策执行效果、财政财务管理和经济风险防范、资金管理使用和效益、执行机构编制管理规定等方面进行审计,揭示了财政预算安排、国有资产管理、内部财务管理、财政资金存放、建设项目组织、项目前期调研、工程款项结算等方面存在的问题,分析了问题产生原因,提出针对性处理意见和建议。

(区审计处)

【审计整改】 2022年,在无锡经开区主要领导和各部门的重视和有力组织下,经开区审计处积极推动审计发现问题的整改,共计完成审计发现问题整改销号69个,实现非税收入入库2.96亿元,对71处51.65万平方米资产建立台账并完善要素,出台《经开区园区考核实施办法》《载体租赁管理制度》等5项目制度,对部分企业和载体面积进行清退,审计发现问题整改成效得到进一步巩固。

(区审计处)

知识产权管理

【概况】 2022年度,无锡经开区知识产权管理工作不断深化服务能力,优化营商环境,以知识产权"质"和"量"的双提升推动创新驱动发展,全区发明专利授权量达168件,同比增长189.7%,数量创历年新高,高质量考核排名全市第三。

(区市场监管局)

【知识产权管理和服务】 2022年,无锡经开区获批设立南京专利代办处无锡工作站,为积极应对专利审查资源的不足,企业创新成果无法及时有效获得保护的难题,区管委会积极与南京专利代办处沟通磋商,南京专利代办处同意设立无锡工作站,并派专员驻点,接入国家知识产权局新业务系统,做到全类别、全业务、全流程服务,为全省首家全功能工作站。

无锡经开区获批江苏省知识产权信息公共服务网点(全省23家,无锡3家),获批无锡市知识产权工作站(商标品牌指导站),充分发挥我区构建的知识产权公共服务体系作用,打造"一站式"服务站点,并针对不同创新主体发展情况和需求量身打造更有效的因企施策的服务方案。联合南京专利代办处定期开展"专利质量提升主题活动"系列公益讲座，有效提升了企业知识产权的认知水平、重视程度和综合能力。

无锡经开区清理非正常专利申请222件，完成率列全市第一。组织申报国家知识产权优势企业1家并获评，组织申报"省专利申请精准管理名单"企业14家，知识产权贯标企业12家，通过省绩效评价企业2家，协助78家次企业开展在省、市知识产权保护中心的备案工作。

（区市场监管局）

价格调控

【市场价格监管】　2022年，无锡经开区重点关注突发疫情期间米蛋肉菜等日常生活必需品市场价格波动情况，加强消费端防疫物资价格监管，累计发放民生领域商品、药品及防疫用品等关键环节《稳价政策提示函》300余份，确保市场全链条价格秩序持续稳定。开展月饼、蟹卡等时令礼品，以及停车、餐饮、交通等服务价格巡查，出动执法人员800余人次，严格规范经营者明码标价等行为，预防和制止价格欺诈，杜绝欺客宰客"天价"事件发生，营造安定、平稳的市场秩序。

（区市场监管局）

【收费管理】　2022年，无锡经开区全面强化收费管理工作，聚焦教育收费、停车收费、物业收费等方面，加强监管和违规整改，持续发挥稳价惠民的作用。完成上年度收费年报统计工作，引导行政事业性收费单位规范收费。运用价格调控管理服务平台，完成47个停车场库收费备案登记、9所幼儿园收费调整备案等。发挥平价商品重要作用，定期进行现场走访，督促不规范问题整改，全区3家平价商店2022年共销售平价蔬菜77.17万千克，销售价格平均比农贸市场低33.99%以上；非蔬菜类平价农产品销量为34.87万千克，销售价格平均比农贸市场低13%以上；受益人次达224万人次，为市民节省支出约325.58万元。

2022年，无锡经开区为确保国家降价政策红利惠及终端用户，区转供电环节收费专项整治工作专班于2022年8月23日成立，同辖区大型转供电主体全覆盖签订《履行国家电价政策承诺书》，向转供电终端用户发放《转供电环节收费政策告知书》300余份，督促加价多收电费转供电主体主动落实整改，累计退还终端多收电费53.15万元。联合业务部门，开展教育培训、公共停车、医疗机构等民生领域收费专项检查10余起，责令我辖区存在收费公示内容不规范、公示信息不全等问题的6家市场主体立即整改。

（区市场监管局）

信用管理

【概况】 2022年，无锡经开区深入贯彻落实省、市关于社会信用体系建设的工作部署，着力在推动诚信体系建设、强化信用监管效力、营造诚信氛围等方面持续发力，编制了《经开区争创全国文明典范城市2022年社会诚信建设项目实施方案》，编制了《2022年经开区优化营商环境行动方案》，将信用要素融入政府采购、不动产登记等方面，同时强调信用监管的重要性，努力提升信用服务水平。全面落实行政许可与行政处罚"双公示"制度，健全由各部门组成的信用"双公示"联络员队伍。

（区经发局）

【信用环境优化】 2022年，无锡经开区积极做好信用宣传，利用"三八"妇女节、"人人访"等活动，宣传社会信用条例，发放150余册。联合江苏银行进行征信知识、金融安全等宣传，增强群众诚信意识。持续深化内控机制建设，打造工程建设领域大数据廉政监督平台和经开区基层公权力监督管理平台。靠前服务助企塑信，开展企业信用管理、信用示范等创建活动。2022年，18家企业获得信用管理贯标荣誉，5家企业获得市级信用示范荣誉。畅通信用修复渠道，利用"一网通办""两书同达"的信用修复手段协调处罚部门快速办件，为企业正常生产经营、招投标提

供支持。通过线上线下结合的方式，组织90家企业参加信用修复培训班。

（区经发局）

知识产权保护

【概况】 2022年，无锡经开区不断完善知识产权保护体系，强化知识产权保护力度，提升知识产权保护能力，为推动全区经济社会高质量发展提供有力的支撑。

（区市场监管局）

【知识产权保护】 2022年3月8日，成立无锡经开区知识产权保护中心。保护中心由区市场监管局作为主管部门，面向经开区重点产业，更好地提升经开区知识产权保护和服务水平，持续优化营商和创新环境，增强知识产权创新成果汇聚能力，激发知识产权创新活力，加快创新驱动发展，为构建经开区知识产权事业协同发展的新格局提供积极的平台保障。

（区市场监管局）

【知识产权服务】 2022年，无锡经开区市场监管局联合北京大成（无锡）律师事务所搭建"经开知通车"知识产权维权援助平台，梳理企业知识产权管理和保护的痛点难点，针对性地提供解决方案；设立无锡知识产权保护中心雪浪小镇工作站，驻点雪浪小镇管委会。经开区知识产权保护中心将既有的"经开知通车"、雪浪小镇工作站纳入管理，统合增效，将企业不同

知识产权需求分类管理，灵活处置，知识产权公共服务能力得到进一步加强。

（区市场监管局）

食品药品安全

【食品安全】　全程发力食品安全"守查保"专项行动，共出动执法人员11800余人次，检查各类食品生产经营主体3800余户，发现各类食品安全问题隐患超4万个，均已落实整改闭环；办食品安全案件182件，案值7.32万元，罚没54.04万元。

无锡经开区共实施食品监督抽检3256批次（10批次/千人），在按规定及时公示抽检信息的基础上，积极配合省市局抽检数据质量核查工作，抽检数据质量较往年明显提升。

全市首创"食不相瞒"的宣传品牌。自2021年12月以来，与无锡广电合作开展"食不相瞒"外卖突击检查活动7期，栏目总阅读量超10万，得到了市民朋友的广泛关注及各界赞誉，食品安全监管工作关注度获得全面提升。

全面强化进口冷链食品疫情防控。巧用QQ作业小程序，对重点人群实施全覆盖动态精准监管，实时查验其"两码（苏康码、行程码）一记录（核酸采样检测）"。2022年，相关从业人员疫苗全程接种率以及加强针接种率始终保持100%，核酸检测逾期率始终压降在1%以下。通过"双随机，一公开"系统，对辖区35家进口冷链食品生产经营单位每月组织全覆盖检查，累计开展检查督查330余家次，发现各类问题500多个均整改到位。

（区市场监管局）

【药品和医疗器械】　2022年度药品经营日常监管检查70户次，其中5家存在处方药与非处方药分类管理未按规定销售药品、未严格按照药品的贮藏要求储存、陈

2022年，无锡经开区开展"共创食安新发展，共享美好新生活"食品安全宣传周活动　（区市场监管局）

列药品及执业药师不在岗等问题,均完成整改。开展药品使用单位日常监管46户次,开展疫苗存储和接种环节质量安全监管检查6户次,均未发现违法违规问题。严格落实"五类药"购药后24小时内进行一次核酸检测,形成管理闭环,系统内购药人员的接收数据完成情况持续维持全市第一。

2022年,结合规范装饰性彩色隐形眼镜生产经营行为专项整治、防疫药械专项检查等专项行动,开展医疗器械经营企业分级分类监督检查102户次,责令整改15家,均完成整改;开展医疗器械使用单位监管检查46户次,责令整改9家均完成整改。

2022年,结合化妆品线上净网、线下清源专项行动,以5%比例抽取检查化妆品经营企业共61户次,个别单位存在未严格落实索证索票,已指导整改完成。

(区市场监管局)

科技创新

综述

【概况】 2022年,无锡经开区以构筑高质量现代产业体系为目标,将创新产业发展作为当前和长远工作的重中之重,采取一系列有效措施,积极引育高活力创新企业,大力培育高能级创新产业,奋力营造高水平创新环境,为区域经济社会高质量发展提供强有力的支撑。

（区经发局）

【科技项目】 2022年,无锡经开区全年共获市级科技项目立项9个,省级项目1个,其中产业前瞻与关键技术研发项目8个,申请扶持资金共计285万元。湖南大学无锡智能控制研究院"高铁白车身涂装全流程机器人自动化生产线及应用示范"等3个项目获国家重点研发计划立项,无锡好达电子有限公司的"面向5G的高频大带宽声表面波滤波器研发及产业化"获省成果转化项目立项。

（区经发局）

科技创新平台

【科技创新平台】 2022年,丁荣军院士团队入选市"太湖人才计划顶尖人才团队",上海大学无锡产业研究院引入产业化项目10个,重启与复旦大学新一轮全面合作,华南理工大学未来技术学院正式落地,与香港中文大学、澳门大学、深圳大学、中山大学保持紧密对接;实施"培养独角兽+

序号	项目名称	承担单位
1	面向5G的高频大带宽声表面波滤波器研发及产业化	无锡市好达电子股份有限公司
2	工业智能Quadruped机器人推理平台	无锡东如科技有限公司
3	10MW海上风机超大型结构件精密立式数控磨床的研发	无锡市明鑫机床有限公司
4	防水耐核辐射智能检测清洗装备的关键技术研发	无锡图创智能科技有限公司
5	含酚废水高效回收利用处理关键技术的研发及应用	江苏湖大化工科技有限公司
6	基于决策人工智能的智慧综合能源管理系统的研发	江苏泰坦智慧科技有限公司
7	智能汽车中央网关项目	江苏波霎科技有限公司
8	青少年心理健康监测智能座椅关键技术研发	中物云信息科技(无锡)有限公司
9	新能源汽车电动涡旋压缩机控制系统的研发	无锡雷利电子控制技术有限公司

（区经发局）

2022年6月25日，2022中国·无锡"太湖杯"国际精英创新创业大赛暨无锡经开区"才赋新城"科创项目路演活动在南京举行

（区经发局）

培植研发机构+培育产业平台"发展策略，英伟达AI CITY赋能中心、博世中国软件创新中心、雪浪算力中心、太湖湾ICC集成电路设计服务平台顺利运营，国科大江苏密码应用技术研究院、东大信安云芯片与系统实验室等重大平台成功签约；新增市级众创空间2家、市级科技企业孵化器3家，科技企业加速器1家，市级工程技术研究中心10家，逐步形成平台集聚、企业集群、生态集约的产业成长新格局。

（区经发局）

创新型企业培育

【概况】　深入实施"四区"建设发展战略，牢牢抓住创新型企业培育这一主线，构建了科技型中小企业—高新技术企业—创新三类企业—专精特新企业—上市企业的梯度支持体系，不断推动辖区创新型企业加速培育壮大。

（区经发局）

【企业集群】　深入挖掘潜力企业集群，重点辅导成长企业集群，梯度支持培育企业集群。2022年，经开区科技型中小企业累计培育入库277家，引进各类科创、平台企业超900家，建立科技型中小企业培育库，培育"雏鹰"、挖掘"瞪羚"、发展"准独角兽"，累计新增培育入库雏鹰企业28家、瞪羚企业11家、准独角兽企业3家，有效期内高新技术企业有136家，新增民营科技企业21家，新入选省市专精特新中小企业22家，其中省级8家。新兴产业规模不断壮大，呈现强劲发展态势。

（区经发局）

科技成果

【概况】 发挥科创资源集聚效应,推动创新要素持续攀升。2022年,雪浪数制在全国第二届智能制造创新大赛中获评二等奖、人气奖、创意奖,被评选为"2022中国信科潜在独角兽企业";塬数科技入围"2022中国未来独角兽TOP100榜单";好达电子荣获2022年北京市科学技术进步奖一等奖,获评2022年江苏省射频微声滤波器工程研究中心;华东锌盾获得2022中国无锡"太湖杯"国际精英创新创业大赛总决赛成长企业组三等奖,唐钢梁、黄柏铭两人带领的2支团队分别获得国际精英创新创业大赛总决赛三等奖。

（区经发局）

【科技成果转化】 全力培育科技创新能力,加速科技成果转移转化。积极开展技术合同认定登记与产学研工作。2022年,技术合同登记累计39.85亿元;产学研合同登记超50项,合同金额近1000万。2022年,新增发明专利数量创历年新高达168件,总数达815件,万人发明专利达25.05件,同比增长189.7%。

（区经发局）

科技金融

【概况】 2022年,无锡经开区坚持创新引领和金融赋能双轮驱动战略,探索建立"金融+平台+生态+集群"发展模式,引入专家团队、上门为企服务。设立总额100亿元的产业、科技和人才扶持资金,引进王坚、丁荣军等10名院士,通过"政府引导+各类资本"有机融合,为更多科创企业、创新团队裂变式发展提供有力支持。

（区经发局）

【科技信贷服务】 发挥辖区金融街区优势,强化科技金融深度融合。积极构建科技金融"投保贷"联动新模式,发挥"锡科贷""苏科贷""经开贷""园区宝"等政府性投融资产品,构建为科技创新企业营造"投、贷、保"联动的金融生态,累计为34家企业申请贷款,总计贷款金额21250万元。

（区经发局）

特色园区
（"一镇五园"）

锡经开
Wuxi Economic
Development District

综述

【概况】 2022年，无锡经开区紧紧围绕"四区"建设目标，加快推进"一镇五园"高质量发展，推动形成工业互联网、智能网联汽车、集成电路、人工智能等主导产业集群。一是双招双引实现新突破。2022年年底，新引进注册各类主体746家，其中科创企业577家、现代服务业130家、重大产业项目11个、总部类项目15个、各类研发机构和创新平台13个，有效申报国家人才项目93项。同时，围绕主导产业方向，大力招引了车联天下、科大讯飞、文远知行、吉利创新中心、京东科技、吉利区块链、小度科技、研微半导体、绿叶诊断等一批重大项目，通过招引龙头企业、链主企业，带动生态企业集聚，在快速打造产业链条上实现新突破。二是企业培育迈上新台阶。启动实施五类企业"培优"工程，2022年，新增入规企业81家，规上工业企业达113家，高企新培育入库58家，雏鹰、瞪羚、准独角兽入库企业分别达95家、37家、8家，新增科技型中小企业277家，新入选省市专精特新中小企业22家，其中省级8家，实现爆发式增长，星级上云企业23家，两化融合贯标试点企业7家。三是基金集聚效应初显。基金PARK在成立一年半时间内，先后引进诚通基金、IDG资本、春华资本、鼎晖投资、招商局资本、GGV纪源资本、英国科勒资本等10余家头部基金，集聚投资机构超100家，各类基金主体注册总规模近1650亿元，QFLP基金达5.8亿美金。IDG资本S基金在2022年一季度完成1亿美元实缴，经开区到位

9月15日下午，欧美同学会携手无锡市共建的海归小镇（无锡·物联网）在无锡经济开发区正式揭牌

[海归小镇（无锡·物联网）]

注册外资率先完成 2022 年度目标任务。四是招商活动量质齐飞。2022 年，成功举办了 2022 雪浪大会、中国集成电路设计创新大会暨 IC 应用博览会（ICDIA 2022）、2022 无锡经开区（北京）智能网联汽车投资推荐会、2023 年全球招商季活动、2023 经开区精准医学产学研转化高峰论坛、无锡智能网联汽车生态大会、2023 锡沪数字经济产业创新及校地合作交流会等 65 场招商活动，累计签约优质项目超 270 个，总投资额约 560 亿元。

（招商中心）

【欧美同学会海归小镇（无锡·物联网）揭牌】 2022 年 9 月 15 日下午，欧美同学会携手无锡市共建的海归小镇（无锡·物联网）在无锡经开区正式揭牌，这里将构建以数字经济、总部经济、服务经济、创客经济为形态，以物联网为主方向的全产业链生态格局。海归小镇是欧美同学会为助力国家和地方经济高质量发展、助力留学人员回国报国，联合地方政府在留学人员集中、产业资源集聚、发展动能强劲、人才条件充分的地区，推动建设的以高科技产业为支撑的留学人员爱国报国、创新创造、建功立业的可持续发展事业基地。

此次揭牌的欧美同学会海归小镇（无锡·物联网）选址无锡经开区，一期项目与雪浪小镇隔路相望，打造以物联网为主的海归企业交流中心和海归创业孵化平台，未来将形成"双镇双园区双核心"格局，位于黄金湾片区的二期项目是集科创、创业、商业、公寓、住宅为一体的科创服务中心，一期二期互为呼应，将充分发挥区位优势，提升海归小镇发展能级。据悉，"十四五"期间，计划引入超 200 家海归企业和 10 万以上各类"高精尖缺"人才，努力建设海归人员满意、地方政府满意、欧美同学会满意的全球性、标杆性、示范性领军小镇。

[海归小镇（无锡·物联网）]

雪浪小镇未来园区

【概况】 2022 年，无锡经开区雪浪小镇未来园区抢抓无锡市太湖湾科技创新带发展机遇，以建设雪浪小镇为抓手，以举办雪浪大会为契机，大力实施"唤醒计划"，积极推动制造业和物联网的全面融合，实践完善"小镇+平台+生态+集群"的产业发展新模式，重点围绕物联网、工业互联网、大数据、云计算、人工智能、集成电路等新一代信息技术产业，建设"工厂大脑"和"城市大脑"，快速集聚了一批重大创新平台、一批科创型企业和一批高端人才，形成了良好的产业集聚效应。

（雪浪小镇未来园区）

【开发建设】 2022 年，无锡经开区雪浪小镇未来园区产业空间持续扩大，载体定位逐步明确。2022 年，长三角（雪浪小镇）数据创新中心顺利开园，雪浪算力中心建成投用。园区科学合理使用科创载体，以更细分的赛道招引企业、打造生态、形成集群。以雪浪(上海)创新中心为载体申报获批市异地孵化器;以雪浪小镇创新基地(置业大厦)为载体申报获批市科技企业孵化器;雪浪算力中心申报获批省智慧江苏重点工程项目。

(雪浪小镇未来园区)

【招商引资】 2022年,无锡经开区雪浪小镇未来园区招商引资持续加码,项目落地不断提速。园区聚焦"双招双引",强攻重大平台和龙头项目,以国科大江苏密码应用技术研究院、深圳大数据研究院两个重要产学研平台,寄云科技区域总部、吉利区块链全球总部、睿泰科技集团总部、华龙迅达区域总部、艾灵网络华东区域总部等重大项目为首的37个项目纷纷落地。

园区招商团队主动出击,不断向外拓展,奔赴深圳、北京、上海等多地开展招商活动,达成数千次意向对接;奔赴德、瑞、法三国,拓展客户资源广度,加快项目落地速度,达到合作共赢的局面。

在人才招引方面,雪浪小镇未来园区招才引智持续发力,高端人才不断聚集。雪浪小镇核心区现有高成长性科技企业30家,集聚科技型人才近2000人;长三角(雪浪小镇)数据创新中心有京东科技、吉利区块链、浪潮卓数、拍信等知名企业入驻,各类人才近400人;雪浪(上海)创新中心已安排炎凰数据、叠腾科技、艾灵网络等多家人才型企业办公。园区本年度共组织申报国家人才项目24项、省级人才项目20项、市级人才项目17项;组织企业参

无锡经开区雪浪小镇未来园区一景

(雪浪小镇未来园区)

加近10场市区举办人才对接活动,积极为园区企业找到适配的高端人才。

（雪浪小镇未来园区）

【科技创新】 雪浪小镇坚持"小镇+平台+生态+集群"的发展思路,以建设工业软件聚集区为目标,持续关心各类科技企业的成长需求,提供创业场地、项目申报服务等企业全生命周期服务,为企业争取荣誉资质、资金等各项扶持奖励,助推企业更好更快发展。这一年,园区内以混沌能源、雪浪数制为代表的30余家企业获得智慧江苏项目、准独角兽遴选等近10大类荣誉。

（雪浪小镇未来园区）

黄金湾科创园

【概况】 2022年,无锡经开区黄金湾科创园以数字技术为发力点,围绕精准医疗、人工智能、数字文化、元宇宙等领域,以数字应用场景为落脚点,打造出聚集国内外一流高校科创资源,聚集众创、孵化、加速等各类平台的城市型科创中心。

黄金湾科创园位于兴梁道以西、高浪路以北、贡湖大道以东、周新路以南,占地面积约800亩,规划总建筑面积约105万平方米,规划定位为以"科技总部+创客空间+文化创意"为主的都市型产业组团。南部启动区是整个园区探索未来办公新形态可能性的第一步,充满共享和互动特质的现代办公模式呈现出智慧办公、标志办公、绿色办公的新趋势。启动区计划2024年年初建成,总投资20.3亿元,可建设用地面积24189.5平方米,总建筑面积约133144.6平方米,其中地上建筑面积约90033.6平方米,地下建筑面积约43111平方米,主要包括2栋高层办公建筑、2栋多层建筑和地下二层地库。

黄金湾科创园依靠便捷的交通条件,以及丰富的绿色生态资源,结合金城湾片区整体改造提升,打造成为总部基地、创客空间、文化社区一体化的"科产城人"融合载体。

（黄金湾科创园）

【开发建设】 黄金湾启动区一期项目占地36.3亩,总建筑面积约13.4万平方米,位于高浪路与兴梁道交叉口西北侧,完成后打造成为本地企业总部、创客空间及高端服务业等产业的优质经济产业社区。项目于2022年5月启动建设,截至2022年年底完成全部地下结构施工,项目整体出正负零,按时、保质、保量完成了项目的年度目标。2022年项目计划年度投资15360.90万元,实际完成投资18529.38万元。

（黄金湾科创园）

【招商引资】 2022年,园区坚持"项目为王"的理念,围绕人工智能、元宇宙和数字文化等几大主题,加大"走出去"频率,实施"点对点"精准对接,累计引进各类企业

俯瞰无锡经开区黄金湾科创园　　　　　　　　　　　　　　　　（黄金湾科创园）

96家,其中科技创新类65家(其中60家已完成科技招商入库,完成率100%)、现代服务业26家、总部类企业3家、新型研发机构2家,综合完成率100%;已引入南邮智能物联无锡研究院、东南大学沉浸与感知实验室等产学研创新平台,以及中科云墨、埃欧珞机器人、云动科技、傲飞科技、飞威科技等18个科技类企业;完成珠海横琴科创飞地的选址,完成租赁横琴信德口岸商务中心16楼一层1620.87平方米;举办有一定影响力的招商活动共计11场。

（黄金湾科创园）

【科技创新】　2022年,园区实现公共预算收入3613.2万元,完成固定资产投资3.03亿,实现数字经济核心产业营收增速29.5%,实现有效期内高新技术企业12家,新增高企培育入库2家,新增科小完成23家,新增雏鹰入库企业1家,完成研发经费0.27亿元,新增规上企业入库8家,新增发明专利10件,辖区内规模以上工业企业在有研发活动的企业数达72.7%。

（黄金湾科创园）

太湖湾信息技术产业园

【概况】　2022年,无锡经开区太湖湾信息技术产业园作为无锡经开区集成电路产业核心区,抢抓当前中国集成电路产业国

太湖湾信息园一期鸟瞰图 （太湖湾信息园）

产替代发展机遇,差异化发展先进存储和存算一体、无线通讯芯片、高端功率和第三代半导体、微控制器(MCU)、现场可编程门阵列(FPGA)、硅光等前沿特色领域,重点布局集成电路设计、设备及零部件、测试产业,打造以芯片设计、封测模组为核心,以制造中试、终端应用、装备及零部件为辅助的半导体产业发展新格局。园区迅速引进集聚了以研微半导体、安可芯、稳先微和朗力半导体等为代表的30多家集成电路企业,初步形成了集成电路设计、设备和应用等优秀企业的扎堆态势。园区重点建设太湖湾ICC集成电路设计服务平台,结合引进云计算、大数据、物联网、人工智能等生态企业,打造软件开发与硬件装配相结合的应用芯片及智能集群的2.5产业园。

（太湖湾信息园）

【开发建设】　太湖湾信息技术产业园位于信成道以西、震泽路以北、五湖大道以东、方庙路以南区域,核心产业区域面积约600亩,规划建筑面积约100万平方米。太湖湾信息园一期启动区于2022年3月30日正式开工,占地面积约90亩,在建总建筑面积约15.5万平方米。至2022年年底,一期启动区A区已结构封顶,B区首栋楼结构封顶,C区地库已经出正负零。

（太湖湾信息园）

【招商引资】　2022年度新引进企业106家,其中科技创新企业81家、现代服务业企业20家、总部类企业2家（研微、稳先微）、各类研发机构3家（华中科技大学长三角智能研究中心、东南大学信安云芯片及系统实验室、捷通华声人工智能芯片及软件研发创新中心），招引10亿元以上重大项目1个（研微半导体）。

园区引进入驻了近50家企业，迅速入驻集聚了研微（江苏）半导体科技有限公司、无锡市稳先微电子有限公司、无锡安可芯信息技术有限公司、无锡朗立微科技有限公司、江苏临德半导体有限公司、无锡前诺德半导体有限公司等30多家集成电路企业。

2022年度共举办有一定影响力的招商活动12场，尤其是8月份中国集成电路设计创新大会暨IC应用博览会（ICDIA 2022）、第一届长三角-粤港澳大湾区太湖之芯创业大赛总决赛以及2022存储器创新暨无锡集成电路产业峰会等活动，显著增强了太湖湾信息园在集成电路产业界、学术界和资本圈知名度和影响力。

（太湖湾信息园）

【科技创新】 2022年，园区有效期内高企有20家，规上企业有21家，完成高企入库企业8家、科技型中小企业入库31家；新增雏鹰及瞪羚入库企业3家和1家，园区累计雏鹰企业6家，瞪羚企业5家；新增有效发明专利13件。

有序开展企业服务工作，提供各类帮助及支持，代办工商注册60次，为12家企业提供融资服务支持，申请兑付区级人才扶持款6次。积极引导企业备案技术合同、申报高企认定入库及规模以上企业入库。2022年，新增高企认定企业6家，入库6家；规模以上企业入库7家，迁入2家。组织资金缺口严重的企业，如方成彩印、智慧城市、元池、大汉等参加区财政局和经发局组织的银企对接会并积极推荐投融资机构，涉及融资金额共计约6000万元。

（太湖湾信息园）

【华中科技大学长三角智能研究中心正式落户】 2022年3月10日下午，太湖湾信息技术产业园迎来了一场朴实而意义深远的签约——华中科技大学长三角智能研究中心正式落户无锡经开区。无锡经开区党工委书记、管委会主任杨建平，华中科技大学电子信息与通信学院院长邱才明参加签约仪式。无锡经开区党工委委员、管委会副主任秦艳与华中科技大学感知-通信-人工智能交叉创新研究院副院长朱椿共同签署合约。华中科技大学长三角智能研究中心由无锡经开区与华中科技大学共建。双方决定把研究院落户在太湖湾信息技术产业园内，合作共建集"科学研发、技术创新、公共服务、人才培养、成果转化"于一体的研究中心，共同打造园区感知、通信和人工智能产业的新高地。同时，将通过学校与地方政府、企业的紧密合作，以"中心+园区+基金"的总体发展思路，加快研究成果在园区转化和产业化，提升园区产业科技创新水平和核心竞争力。

（太湖湾信息园）

经开智造园、国家传感园

【概况】　2022年，在无锡经开区党工委、管委会的坚强领导下，智能制造产业园管理中心紧紧围绕目标任务，锚定产业方向，明确主导产业，以系统思维引育企业发展，夯实营商环境，以健全体系深化企业服务，积极助力区"333+5"现代产业体系建设，助推智能网联汽车和数字装备两大重点产业集群快速发展。现已集聚华东重机、中电电机、化工装备、线上线下4家主板上市企业，81家规上工业企业、88家有效期内高新技术企业、5家准独角兽企业、20家瞪羚企业、63家雏鹰企业，丁荣军、吴明红等6名院士和13名国家级人才，拥有国家级孵化器太湖科技中心、省级众创空间海创智慧谷、市级中皓孵化器、市级经开智造加速器等完备的"众创空间–孵化器–加速器"企业孵化链条，以及湖南大学无锡智能控制研究院、上海大学无锡产业研究院、复旦大学无锡研究院、中国信通院泰尔实验室、国家物联网产品及应用系统质量监督检验中心等5大公共服务平台。

（经开智造园）

【开发建设】　2022年，园区获批市级物联网特色园区、市级产业加速器；创新思路腾笼换凤，置换雪桃和贝奥地块约120亩工业土地。完成传感园一期、人才公寓等63.6万平方米载体的物业市场化升级；全力响应REITs项目实施，清退产业定位不符、有重大经营风险等企业69家，面积为2.5万平方米；助力化工装备、运通涂装、恒驰智能、万华机械等先进制造业项目拿地开工；园区太湖城人才公寓现有1108间人才租赁房，并已经逐步完成改造提升；园区悦来大厦人才公寓改造项目规划有490户租赁公寓，总投资约13.3亿元，改造建筑面积约20.59万平方米；园区在原有商业的基础上持续提档升级，已完成传感园一期改造，引进肯德基、星巴克等知名餐饮平台，可满足入园企业在商务提升、员工消费、路演活动、产业互联等方面日益增长的需求，提高入园企业满意度和员工粘度。

（经开智造园）

【招商引资】　园区拥有一支能打善战、具备丰富智能网联汽车产业招引经验的专班队伍，以新思路、新机制、新方法全面开展精准招商。2022年，园区主动出击，挂图作战，抢滩布局智能网联汽车产业，打造国内智能网联汽车第一生态圈，主要围绕智能网联汽车、汽车零部件、新能源汽车核心部件产业，赴深圳、上海、西安等外出拜访招商；举办北京智能网联汽车投资推介会、科大讯飞总部项目签约仪式等招商引资活动10场，强化项目合作，赋能生态圈企业融合发展；招引科大讯飞智能驾驶科技总部、优地科技服务机器人总部、文远知行自动驾驶华东总部等行业头部

2022年9月1日，经开区赴京召开智能网联汽车投资推介会，由中国信通院泰尔终端实验室作为技术领衔的智能网联汽车与车联网测试实验室正式揭牌

（经开智造园）

企业总部项目6个；引育总投11亿元的车联天下智能座舱域控制器三期项目、总投10亿元的柯诺威热储能项目等10亿元以上重大项目2个；与中国信通院泰尔实验室合作建设智能网联汽车与车联网测试实验室。

（经开智造园）

【科技创新】 园区积极搭建产学研用协同服务体系，依托江苏省电子信息产品质量监督检验研究院大湖城实验室、中国信息通信研究院泰尔实验室、湖南大学无锡智能控制研究院、上海大学无锡产业研究院以及复旦大学无锡研究院五大公共服务平台，为物联网、智能制造领域全产业企业开放相关实验仪器、委托开发等专业技术服务，为企业提供多维度、专业化的技术开发和技术咨询服务。同时对接区级资源，发挥华为云、雪浪算力中心的云端功能，博世软件创新中心在传感信息技术方面的研发模块功能，帮助企业加速技术创新和迭代能力，打造"研发平台-品牌赋能-产业政策-产业基金"全流程、全方位、全周期产业生态圈。2022年，园区新增上市企业1家，规上企业26家，省级专精特新5家，高企39家，准独角兽企业4家；丁荣军院士团队获无锡市唯一"太湖人才计划"顶尖人才团队支持资金1亿元，获批2名国家级人才和14名市太湖人才。

（经开智造园）

锡经开
Wuxi Economic
Development District

城市建设和管理

城市规划

【规划编制】 无锡经开区道路红线规划编制：在交通容量压力倍增的现势下，规划聚焦城市功能与道路交通耦合矛盾，以构建"路网高效、路径连续、路权合理"的交通体系为目标，通过巩固提升快速路网体系、提质扩容南北东西干线通道、织密补齐支路街巷网络、优化调整道路横向断面等举措，促进板块间互联互通，提升区域联系的时效性，加强街区层面交通集散和休闲游憩服务，助力片区交通服务效能大幅提升，为经开区建设高标准"四区"、打造科创带交通枢纽夯实规划引领基础。无锡经开区双碳示范区规划咨询：面向未来可持续发展趋势下，规划以2028年左右达峰为导向，以实现碳排放率先达峰的同时推动经济高质量发展为目标，创新提出"四个工程"引领下的具体措施落实，即创新打造低碳产业结构、协同统筹双碳目标管理、试点落实双碳园区建设、基础夯实双碳可持续发展，实现建筑领域全生命周期碳排放减量、工业领域产业与能源结构双优化、交通领域绿色低碳基础设施优化，助力构建"零碳经开·智创新城"，打造国际一流双碳示范区。

（自然资源规划分局）

【规划设计】 "无锡中心"及周边区域实施性城市设计：围绕城市综合体功能复合利用先行试点，前瞻谋划72公顷的"无锡中心"空间蓝图，通过高标准制定建设开发蓝图、高品质策划功能业态布局、高水平统筹地上地下空间，聚焦价值极化、立体开发、功能复合、交通便捷、蓝绿交融等规划设计母题，营建集商业、办公、居住、文化等功能为一体，凸显用地高效混合、业态高端多元特质的城市地标建筑群，着力培育辐射全无锡的城市动能引擎和标杆性城市活力中心，打造成为城市创新营城地标节点、太湖湾科创带重要增长锚点。

无锡经开区国际社区示范区规划研究：结合无锡经开区打造国际社区示范区的总体要求，系统开展11平方千米的国际社区示范区多维度研究，与区域整体精细化、人本化、国际化要求做好衔接，解决"无锡中心"建设的系统性、边界性、协调性问题。围绕产城耦合、活力个性、便捷服务、高效交通、低碳生态等6大定制化场景构建，对国际社区、无锡南站、科创展览与低碳城、中央绿轴等4个重点单元提出具体的提品质、塑风貌、引人气项目指引，打造最具创新动力、产业张力、宜居魅力、开放活力的城市样板片区。

无锡经开区国际社区概念规划及城市设计：为打造全市首个国际社区样板引领区，充分引入国际化视野，形成"一轴一带一廊"的经开区国际社区空间格局，通过配置国际化功能与业态、树立国际化形象与品质、营造国际化环境及氛围三大营

周新镇老街改造鸟瞰图　　　　　　　　　　　　　　　　（自然资源规划分局）

建策略,充分适应国际人士对建设品质、环境品位、消费模式、公共服务等方面的特殊要求,打造环境靓丽怡人、配套高端齐备、功能复合多元、空间时尚活力的高质量发展样板区和国际人才品质生活目的地,进一步锚固经开新核心地位,成为引留人才落户扎根、提升城市核心竞争力的策源地和新城建设迭代升级、品质形象显著跃升的新注脚。

无锡周新老街城市设计:规划立足于场所功能更新及特色场景营造,聚焦商业体系、生活组团、开放空间、文化底蕴等多元维度,形成周新老街片区"多级两轴两区多廊道"的规划结构,通过特定主题设置、功能业态配比及文化内核输出,构建可感知、可参与的消费体验新空间,并以自然生态格局为基础,以江南水乡历史肌理为背景,以宜人步行尺度为导向,形成开放共享的漫步街区,打造面向经开区的"城市文化会客厅"。

（自然资源规划分局）

城市建设

【发展规划】 2022年,围绕解决"十三五"期间水环境质量及城市防洪痛点,科学构建吴都路以南与城市发展相匹配的防洪排涝体系,填补"十三五"水系规划区域空白等三方面,经多轮现场调研和专家论证,在市水利局的有力支持下,结合经开区实际,经开区编制完成了"十四五"水系规划,排定了未来几年水利建设计划,旨在进一步消除断头浜,强化水系连通,通过河网水系、闸泵站建设,形成南引、北排、西控、东调的畅流活水现代水网格局。

对标瑞典哈马碧湖城和皇家海港生态城等国际知名生态城区,制定出台了《无锡中瑞低碳生态城建设计划(2022—2025年)》和《关于以国际社区建设为引领加快推进国际示范区建设的实施方案》,高标准推进中瑞低碳生态城和国际社区建设。

(区建设局)

【道路改造】 2022年,无锡经开区对24条道路进行改造提升,其中立信大道(周新路—观山路)、大通路(五湖大道—贡湖大道)、南湖大道(观山路—红周路)、新园路(五湖大道—贡湖大道)、东埠片区、五湖大道(蠡湖隧道—观山路)、丰润道(吴都路—和风路)、衡源路(立信大道—贡湖大道)、尚贤道(和风路—巡塘古镇广场)等14条路段均完工。华运路(华清大道—华苑路)、南湖大道(观山路—周新东路)、万顺道(高浪路—和风路)、贡湖大道(周新路—震泽路)、五湖大道(观山路—和风路)、立德道、立信大道、清源路(尚贤道—清舒道)、清晏路(尚贤道—清舒道)、具区路(尚贤道—清舒道)等10条路段进行改造提升,全部启动建设。

(区建设局)

【城市更新】 规划设计方面,2022年贡湖大道两侧城市设计(包括整体城市设计和黄金湾科创园改造提升规划)通过规委会评审,控规动态更新获市政府批复。房屋征收工作方面,2022年重点城市更新单元累计完成签约30万平方米,其中攻坚拔点项目9个项目全部完成签约,签约率100%。项目建设方面,黄金湾科创园启动区加快建设,周新老街首开区顺利开街,贡湖大道与隐秀路东南侧地块于第二季度完成出让,成功启动华庄粮管所提升改造项目。

(区建设局)

【海绵城市建设】 无锡经开区大力推进海绵城市建设,全年完成海绵城市建设项目28项,新增海绵城市建设面积2.23公顷,现状建成区30%以上面积实现海绵城市建设要求,清水河(小溪港西侧)、南湖大道提升改造工程,格致幼儿园新建工程等10个典型项目已初现海绵城市效益,2022年累计下达奖补资金3561万元。

(区建设局)

【中瑞低碳生态城】 2022年,无锡经开区管委会制定出台了《无锡中瑞低碳生态城建设计划(2022—2025年)》,将通过分布式光伏工程、分布式能源系统工程、“零碳校园”等一批重点项目的实施,全面加速生态城建设,实现到“十四五”末基本建成中瑞低碳生态城的目标,并将以2.4平方千米的生态城建设为引领,加快推进经开区全域“双碳”示范区建设,打造一个更可持续、更能彰显新发展理念、令人向往的生态之城。

中瑞低碳生态城,东起南湖大道,西至尚贤道,南至干城路,北到震泽路,总占地面积约2.4平方千米。在这一"四四方方"的生态城地界上,不仅有正在建设的国际会议中心、地铁4号线具区路车辆段TOD项目、零碳小学,还有计划年内动工的奥体中心等重磅项目,可以说是一方"含金量"十足、社会关注度极高的区域。项目建成后,仅通过中央大堂顶部安装的2000多块光伏板,每年就可发电约35万度,相当于减少碳排放200多吨。

在规划编制之初,坚持高标准设计,精准对标瑞典哈马碧湖城和皇家海港区等国际知名生态城区,还专门委托哈马碧湖城原创设计公司Sweco国际,对无锡中瑞低碳生态城近年来的规划、双碳内容、重点工程和开发时序等进行梳理和核校,推动主要生态指标与国际生态城区精细对标。中瑞低碳生态城全面建成后将达到国家绿色生态城区最高的三星级标准。无锡中瑞低碳生态城对标的哈马碧湖城,之所以能够成为享誉世界的生态城区,就是因为其综合运用多种先进的生态理念,创造了一套属于自己的能源、垃圾和给排水生态循环利用系统,最大限度地节约资源、降低能耗。在不久的未来,能源的利用方式将更为多元。在生态城,零碳校园、国际会议中心、奥体中心等新建公共建筑都将全面采用光伏发电技术,确保每年光伏规划建设总面积不少于2万平方米,同时还将在重点公共建筑先行先试分布式能源系统,推进空气源、水源、地源热

无锡经开区管委会制定出台了《无锡中瑞低碳生态城建设计划(2022—2025年)》,将通过分布式光伏工程、分布式能源系统工程、零碳校园等一批重点项目的实施,全面加速生态城建设,实现到"十四五"末基本建成中瑞低碳生态城的目标

（区建设局）

2022年3月29日，党工委书记、管委会主任杨建平以"四不两直"方式，先后赴老旺安村、金泰国际装饰城及周边、信成道与清源路东北侧地块、仁恒置地建设工地等地检查生态环保工作　　（区建设局）

泵技术的应用。

无锡经开区今后将积极构建低能耗、高碳汇的城市公共空间，鼓励功能混合，要求新建地块中，商业商务、休闲娱乐、居住等功能融合布局的"混合街坊"比例不低于60%，着力打造小街区、密路网的空间尺度，试点个人碳积分制度等，为市民解锁更多绿色生活的可能。

（区建设局）

【旧住宅区改造】　2022年，无锡经开区旧住区提升改造按照"十大项""三层次"有序实施，完成糜巷桥、锡铁巷一期和二期、凯发苑一期和二期（以上5个项目纳入省级改造库）、瑞星家园、南湖家园、水乡苑等8个住宅小区。改造总面积约212万平方米，总投资额10.1亿元，惠及居民18361户。以"建筑名家进小区"为特色充分发挥设计引领作用，实现老旧小区个性化、人文化、精细化改造，为城市更新多方赋能。居民人居环境改善明显，住区"焕新过新年"广受好评，群众获得感、幸福感和安全感不断提升。经广大居民热心投票，经开区老旧小区改造提升项目荣获无锡市第三届"民心工程"银奖。完成30部电梯加装并正式投入使用。

（区建设局）

【污水处理】　2022年，无锡经开区在排水达标区建设基础上全面完成目标任务中8个提质增效达标区区块建设工程，区块共涉及40个居住小区、园区、金融街等排水整治，工程总投资约9085万元，共排查管网约429.8千米，排查检查井21411座；新建雨水管10341米、雨水井633座；新建污水管11392米、污水立管3412米、污水井

973座；新建污水提升泵站3座；零星整改管网约112米，修复井盖550个。做好管网长效管理工作，共运行维护各类埋地管道350.362千米，修理检查井195只；清运淤泥46.6立方米；共受理各类来电来信来访22件，处理完成22件，处理率为100%。不断规范排水达标区长效管理，全区管网运行维护总体情况良好。

（区建设局）

【城市管理】　2022年，无锡经开区综合执法局坚持"城市让人民生活更美好"发展理念，以打造"全国最干净城市"为抓手，通过"绣花"般的细心、耐心、巧心，"织"出精管善治品质品牌，"绣"出民生保障温情暖意。

推动全域环卫一体化作业改革落地，道路机械化作业率达100%。按照"室外环境室内标准"，高质量打造金匮公园、新泽广场、观山路、新园路等5座"席地而坐"城市客厅，其中城市家具城市客厅考评第一名，树立经开城市道路品质"新样板"。完成15个省垃圾分类达标小区建设，居民小区"四分类"定时定点投放覆盖率100%，信息化箱体设置覆盖率100%，太湖街道玖玖世家一期被评为2022年度城市精细化管理垃圾分类项目"红榜"单位。

完成水乡苑、凯发苑2个城市管理立标区建设，和谐道、育才路2条背街小巷品质提升。对4大类45项城市家具分级分类提升改造，构建城市家具"全空间、全要素、全过程"管控体系，城市家具提升运用覆盖率达40.7%，总投资额超过2亿元。

提升改造公厕20座，新建改造公共休憩座椅230处，建成立信大道、万顺道、落霞小游园等9个城市家具示范区，聘请专业力量编制完成系列座椅导则，着力打造和谐、生态、舒适的"城市会客厅"。

坚持"重心下移、力量下沉"基层执法改革方向，夯实"一支队伍管执法"基础，为地方经济发展、基层治理提供体制保障。打造落霞苑、华庄集镇区等3个城市管理物业化试点片区，实现城市治理"新生态圈"。推行敞开式公园绿地"园长制"模式先行先试，在全市范围内首推物业管理、公共服务、绿化养护、设施设备管养、改造提升一体运作的"园长制"运营管理模式。构建"城警联动"长效运行机制。建立城管、公安常态化、长效化"信息共享、联勤联动"工作机制，成立以公安分局招聘的120名特勤为班底的"城警一体化"联动队伍，实行24小时工作制负责重大活动期间市容、交通秩序保障，最大限度发挥联勤联动执法效能。

新增停车泊位865个，审批批路内临时泊位编码编制2696个。非机动车泊位进行划设出新5000处，并会同共享单车公司对划设的泊位进行梳理，确定停车区域1500处，并更新电子围栏，进行地图标注。加快建设全区统一的智慧停车信息服务管理系统，实现84个场库、6.27万个泊位的动态数据接入，实现ETC收费停车场6个530个泊位。

（综合执法局）

【供水】 2022年,二次供水改造任务涉及改造或新建室外给水管道DN100-DN300给水管总长约10千米,改造覆盖范围内的户数约20000户,项目立项总投资约5107万元。任务目标完成13个泵房建设,实际立项18个,完工14个。

（区建设局）

【园林绿化】 2022年,综合执法局围绕"一路一景""一园一品"建设理念,大力推进公园绿地、林荫路建设,充分利用闲置开放空间,为城市增园添绿,优化人居生态环境。完成立信大道、新园路、南湖大道等绿化景观提升,通过多色彩的植物搭配,季节性、节点化的景观营造,合理布局空间景观元素,增强道路生态观赏性和视觉冲击力,以"工匠精神"打造"路在花中,点亮新城"的行车新景象,城市道路绿化普及率达97%,人均公园绿地面积达32.54平方米,2.6万方口袋公园、163万平方网红花海成为闲暇好去处,市民正收获越来越多的"绿色福利"。

（区综合执法局）

建筑管理

【建筑节能】 加大绿色建筑和建筑节能推广,新建民用建筑100%按绿色建筑标准设计,2022年,无锡经开区建成新建节能建筑面积101.72万平方米,其中居住建筑面积75.84万平方米,公共建筑面积25.88万

平方米;完成既有建筑节能改造18.05万平方米,其中居住建筑节能改造6.57万平方米,公共建筑节能改造总面积11.48万平方米。

（区建设局）

【文明施工监管】 2022年,无锡经开区提升文明施工查处力度,严要求、高标准落实建设工程"556"文明施工管理,确保各施工项目沿街主干道围挡设置完好、主要出入口全部硬化、车辆冲洗设施完备。结合日常巡查开展文明施工专项督查,加大处罚力度促进长效管理。全年共有在建项目86个,各项文明施工监督基本落实到位。

（区建设局）

【房屋征收】 2022年,无锡经开区完成市级攻坚拔点项目51个,全区累计签约面积125.6万平方米,累计拆除面积77.4万平方米,攻坚拔点完成个数及拆除量均超过历年。

（区建设局）

【项目征拆】 2022年,无锡经开区加快推进贡湖大道两侧城市更新单元征收拆迁工作,完成了大桥建材市场地块、黄金湾科创园、富力十号北侧、周新老街等重要地块的征收工作。2022年,贡湖大道两侧城市更新单元累计完成房屋征收拆迁面积30万平方米。

（区建设局）

物业管理

【概况】 2022年，无锡经开区建设局将小区物业服务管理行业工作纳入全年重点工作。聚焦业主反映的突出物业管理问题，通过培育物业管理项目创优提高物业管理水平和服务质量，扎实措施出成效，促进物业管理逐步走向规范。党建引领物业管理服务，推动物业服务与基层治理有效融合。

（区建设局）

【物业管理示范创建】 2022年，无锡经开区建设局培育和指导物业服务管理企业申报创建省优、市级平安小区范创建工作，取得成效。经过省厅专家组检查评审，无锡融创瑷颐湾名邸、苏宁悦园、国联金融大厦3个项目获得省级示范物业管理项目称号；经市局专家评审凤凰璟园A1区、太湖新城（和畅片区）睦邻中心、梁南苑、太湖湾信息技术产业园A1（办公楼）、吴都雅园二区、雪浪小镇6个项目获得无锡市物业管理示范项目（平安小区）。经中共无锡市委组织部门评比，无锡市瑞景城市服务有限公司党支部、中海物业管理有限公司无锡分公司党支部、雅生活智慧城市服务股份有限公司无锡分公司党支部、无锡太湖世家物业服务有限公司党支部获得"红色物业·微幸福"称号。凤起和苑和吴都雅园2个项目被评为市级"红榜"项目。

（区建设局）

太湖新城集团

【概况】 2022年，太湖新城集团全年累计承接市政工程78个，道路提升项目14个，管养市政道路90条，道路绿化63条，道路保洁73条，将观山路、贡湖大道等主要道路打造成具有鲜明特色的城市绿色景观长廊。全年累计管养雨水管道184千米、桥梁93座，实施河道综合治理工程5个，推进贡湖湾湿地退渔还湖生态修复工程。全年打造"席地而坐"城市客厅示范区5个，民生"微幸福"项目2处，街角口袋公园多个，助力争创文明典范城市。全年生态养护740万平方米，湿地公园养护600万平方米，地块复绿57.7公顷，花箱更新23.6千米。重点打造"瑞+"服务品牌和产品标准体系，开启城市大物业管理模式，累计物业服务1277万平方米，管理智慧泊位1841个。

（太湖新城集团）

【产业布局】 2022年，太湖新城集团围绕"15分钟便民生活圈"，拓展3家睦邻中心，完成14家农贸市场签约改造开业，2家农贸基地签约，10片灯光球场、数创中心体育馆等载体开放，累计举办世界物联网博览会等线下展会、赛事11场。整合运营6家酒店，成立餐饮文化研究院，开发高端预制菜产品，筹建"星集生活"零售店及联名文创产品开发。

2022年，太湖新城集团先后与15家头部企业达成战略合作，承接无锡项目13个，外埠项目覆盖淮安、苏州、湖州等地，导入储备项目超百个，累计完成光伏并网完工项目16个、综合能源站3个、能源管理项目5个、建设项目4个，完成能源管理托管面积30万平方米，能源管理建筑载体20万平方米，累计获得8项国家及省级技术专利。

2022年，太湖新城集团成立康养产业集团，有效运营养老项目1个，改造养老项目1个，拓展养老项目2个，对板块业务进行可持续性投资；与国寿健投设立总规模100亿元智慧医疗基金，围绕无锡健康养老产业规划，协同推动无锡康养产业的高质量发展。

2022年，太湖新城集团全年获取8幅涉宅地块，面积108万平方米，面积占比达全市20%，宗数和占地面积全市排名第一，累计投资开发住宅项目11个，总建筑面积约235万平方米，开工面积57.53万平方米，储备面积112.86万平方米。人才住房方面，成立公寓管理集团，建立公寓自营品牌，与雅诗阁、龙湖冠寓签署战略协议，盛捷太湖新城CBD服务公寓完成试营业，国际社区高端服务式公寓、无锡奥体中心运动员公寓等项目有序推进。老旧小区方面，全年实施6个新管理的老旧小区提升改造项目，通过党建引领，利用"红色大管家"靠前服务，从设施设备、公共卫

2022年5月10日，太湖新城集团与华润置地战略合作签约仪式举行，落户经开的无锡奥体中心、大剧院南侧地块两个合作项目同步签约

（太湖新城集团）

生、违章搭建、内部停车等方面,全面提升原28个在管老旧小区人居环境。

5月10日,太湖新城集团与华润置地战略合作签约仪式举行,落户经开的无锡奥体中心、大剧院南侧地块两个合作项目同步签约。华润置地是国务院国资委旗下的重点骨干央企,是中国领先的城市投资开发运营商,曾打造过深圳湾体育中心、西安奥体中心、杭州奥体中心、成都东安湖体育公园等多个区域地标,在城市综合体建设、城市更新、新区建设、TOD综合开发、城市代建代运营、产业地产、文旅地产等七大领域具有丰富经验。

战略合作签约后,双方将在多个领域开展务实合作、实现互利共赢,通过发挥央企带动作用和国企重要作用,积极探索城市开发建设和投融资模式创新,为打造现代化城市基础设施和服务体系提供助力,加快推动无锡城市功能品质出新出彩出活力。现场同步签约的无锡奥体中心、大剧院南侧地块项目,是双方合作的示范性项目,都选址经开区,将于今年四季度全面开工建设。

两个项目建成后,将进一步完善经开区城市公共服务配套,优化文体设施供给,拓展经开城市发展空间,增强区域经济活力,提升群众获得感幸福感,为加快打造令人会心一笑的精彩经开注入强劲动能。

(太湖新城集团)

【服务地方发展】 2022年,太湖新城集团与经开区成立天使基金,累计评估100余个园区推荐项目及200余个自主开发项目,筛选并落地项目18个,引入"专精特新"企业13家、高新技术企业24家、无锡市准独角兽入库企业5家,进一步优化完善区域科技创新产业体系。服务产业升级战略布局:紧盯无锡市465产业,实施集成电路、数字经济、新能源、健康养老等战略性新兴产业布局,加速扩大股权投资版图,积极推动产业链与创新链深度融合,45个直接股权投资项目有效培育了伟岸纵横、车联天下等一批高成长性的科创企业。全力配合疫情防控工作:做好健康驿站e项目、经开区一二期隔离酒店、121个核酸采样小屋的载体保障工作;积极落实62家在管资产租金减免优惠工作;开展5个区、11个街道、19万份农贸物资保供工作;组织1700余人次党员干部职工下沉社区、高速卡口,开展防疫查验志愿服务。

(太湖新城集团)

Wuxi Economic
Development District

锡经开
Wuxi Economic
Development District

生态建设

综述

【概况】 2022年，无锡经开区生态环境局认真贯彻习近平生态文明思想，全面落实市生态环境局各项决策部署，加强生态环境监管，以不变的初心、坚定的信心、必胜的决心奋力决战年度工作目标，推动全区生态环境质量持续改善，全力以赴上交新时代的"生态答卷"。2022年，经开区"蓝天保卫战"扎实开展，水污染防治工作稳步推进，净土整治聚焦纵深发力，全年PM2.5平均浓度为29.6微克每立方米，优良天比率78.4%；4个国省考断面水质达标率100%，其中国考小溪港断面水质平均Ⅱ类，为经开区成立以来最好。

（区生态环境局）

【环保审批】 2022年，无锡经开区生态环境局对全区范围新落地项目，严格实施环保审批，坚决控制高污染高能耗产业发展。共审批建设项目6件，完成地块土地出让30块。严格落实"三线一单"管控要求，健全排污许可证"一证式"管理制度，制定实施《无锡经开区环评与排污许可监管行动计划（2021—2023年）》，对250家排污许可登记管理企业、37家简化以上管理企业的排污许可证开展现场核查工作。建立健全环评评估专家库，组织运用专家技术力量和技术资源，通过现场调查，对环境影响评价结论进行科学判定，使环保审批工作更加科学、客观、公正。

（区生态环境局）

【环境监管】 2022年，无锡经开区生态环境局受理环境信访件229件，同比下降25%，办结229件，办结率100%。自市生态环境局派驻经开执法以来，共发现23个违法行为，拟处罚23家企业，拟处罚金额达到261.2万元，达到经开区成立以来的新高，同比增加141.63%（截至2021年12

2022年8月17日，党工委书记、管委会主任杨建平主持召开大气环境质量提升整治工作会议，听取近期工作情况汇报，研究部署下阶段重点工作

（区生态环境局）

月底为108.1万元）。全年完成6条重点河流和1家重点园区应急体系建设方案。完成7家重点排污单位的监督性监测。

（区生态环境局）

【环保宣传】　2022年，无锡经开区生态环境局以社区、无锡湿地生态科普馆为平台，积极开展环保宣传活动。2022年以来，经开生态环境局的工作人员轮流到无锡湿地生态科普馆担当生态宣讲志愿者，为公众传播环保理念。组织开展"缤纷的冬日——未成年人寒假系列活动""公众看环保""多彩夏日——走进湿地、保护生态、关爱自然"等专题科普服务活动。累计开展活动20余场，接待500余人次，传播面覆盖多个学校的师生家长。积极开展生态文明宣教活动，组织开展"情系生态，绿动青春""金山线　锡环太湖行"等主题活动，紧扣2022年"6·5"世界环境日的主题，在雪浪小镇与市生态环境局联合举办"追青逐绿　绿动无锡"2022年无锡市环境月启动仪式。大力宣传生态文明建设，2022年央媒共报道4篇，省媒报道12篇，市媒报道22篇，"经开生态环境"公众号累计发布文章243篇。申报成功2个生态文明教育实践基地，分别是无锡师范附属太湖新城小学和贡湖湾湿地。

（区生态环境局）

【河湖治理】　2022年，无锡经开区建设局按照规划导则排定3年共49个美丽河湖建设清单。全年完成20条样板河道建设。清水河通过河道清淤，周边景观提升，丰富了河岸景观，沿湖景色焕然一新，多次被省、市级媒体报道。投资4300万的"两河"整治提升工程，通过三道贯通、景观提升、驳岸加固，凸显运河景致。投资9200万的小溪港流域12条河道生态修复工程基本完工，治理面积达37万平方米，确保入湖河道水质持续在Ⅲ类以上。投资2600万元的梁塘河水质提升工程，对重点污染源进行拦截治理的基础上，利用微生态滤床持续对梁塘河水进行净化，采用水生及湿生景观植物和生态基质共同营造的生态系统，水质较整治前提升了2个档次。

（区建设局）

【大气治理】　2022年，无锡经开区生态环境局依托空气微站、走航监测等技术支撑，科学分析、精准溯源，保障站点数据大幅改善。截至12月底，经开生态环境局联合交警大队、建设局累计检查机动车路检1200辆、机动车入户检查360辆、非道路移动机械180辆，合计处罚18辆不合格车辆。制定实施《2022年经开区第四季度氮氧化物强化管控方案》《经开区微环境整治专项行动方案》《经开区大气环境提升整治方案》等方案。开展大气精准执法专项行动，2022年以来，共出动7793人次，检查3218个点位，发现问题168个、违法行为24个，拟处罚涉气企业23家。

（区生态环境局）

【林业资源管理】　2022年，无锡经开自然资源规划分局完成蠡河梁塘河湿地公园

150.2亩生态修复项目,完成《无锡经开区双碳示范区规划咨询》,深耕建筑、工业、交通三大领域的减碳路径。开展《经开区造林绿化空间规划》编制,全面推进三级"林长制"落实,完成新增造林面积3.86公顷,完成更新造林面积6.79公顷。

(自然资源规划分局)

【耕地保护】 2022年,无锡经开区自然资源规划分局高度重视耕地保护工作,在保障城市建设发展的同时,严格按照上级要求做好对耕地"非农化、非粮化"问题处置。根据最新的国土变更调查数据,截至2022年年底,经开区辖区内耕地保有量为6523.3亩,超过"三区三线"要求的4715亩耕地控制数。

(自然资源规划分局)

环境质量

【水环境质量】 2022年,无锡经开区地表水国考(望亭上游、小溪港桥、太湖北部湖区)、省考断面(望亭上游、小溪港桥、太湖北部湖区、大溪港)优Ⅲ比例均达到100%,全面消除国考省考断面劣Ⅴ类及单月劣Ⅴ类水体。国考、省考断面优Ⅱ比例分别达到33.3%和50%。黑臭水体达到长治久清。国考断面小溪港和省考断面大溪港达到Ⅱ类。小溪港总磷年均浓度0.063毫克/升,达到考核要求。

(区生态环境局)

【空气环境质量】 2022年,华庄国控站点PM2.5浓度为29.6微克/立方米,优良天数比率为78.4%。

2022年,经开区臭氧浓度为176微克/立方米,降尘年均值为2.3吨/平方公里·月。

(区生态环境局)

水资源保护

【水系规划】 完成经开区水系规划修编并正式印发,解决"十三五"期间水环境质量及防洪痛点,科学构建吴都路以南与城市发展相匹配的防洪排涝水系,填补"十三五"水系规划的区域空白。

(区建设局)

【河长制工作】 2022年,全区各级河长累计巡河3500余次,更新河长公示牌120余块,区河长办处理"12345"、污染防治公交平台等河道问题投诉20余条,各级河长、民间河长、志愿者紧密配合,河湖面貌焕然一新。

(区建设局)

【节水创建】 2022年,创建省级节水型社区1家、市级节水型学校1家。万元国内生产总值用水量较2020年下降5%以上,节水型社会建设成效显著。

(区建设局)

【美丽河湖行动】 美丽河湖办坚持每周发布一次美丽河湖红黑榜,开展常态化督查和阶段性考核,形成问题清单,全年清

2022年9月，华庄街道清水河荣登无锡市美丽河湖行动河湖测评（2022年第五批）红榜 （区建设局）

理水面垃圾杂物600余吨，排查整治河湖岸线违规行为18处，清理拆除非法围网管桩20根，完成河湖各类问题整改156处，河湖面貌焕然一新。

按照规划建设导则排定3年共49个美丽河湖建设清单。全年完成20条样板河道建设。清水河通过河道清淤，周边景观提升，丰富了河岸景观，沿湖景色焕然一新，多次被省、市级媒体报道。投资4300万的"两河"整治提升工程，通过三道贯通、景观提升、驳岸加固，凸显运河景致。投资9200万的小溪港流域12条河道生态修复工程基本完工，治理面积达37万平方米，确保入湖河道水质持续在Ⅲ类以上。投资2600万元的梁塘河水质提升工程，对重点污染源进行拦截治理的基础上，利用微生态滤床持续对梁塘河水进行净化，采用水生及湿生景观植物和生态基质共同营造的生态系统，水质较整治前提升了2个档次。

（区建设局）

【蓝藻打捞】 蓝藻湖泛防控成效明显：始终把蓝藻打捞处置与湖泛防控确保安全度夏摆在突出位置，完成了4万平方米芦苇荡清基，同步完成浅滩填筑2891平方米，完成了8500平方米生态清淤，为进一步削减太湖污染物总量，让更多的藻泥上岸，6月份张桥港原位控藻工程竣工并投入运营，藻泥量从每月约60吨增长到每月约3000吨，全年藻泥量近1万3千吨，蓝藻打捞期间没有发生水华、湖泛等水体异常情况，蓝藻打捞工作圆满完成，为全市实现"两个确保"贡献全力。

（区建设局）

【防汛有力有效】 坚持"人民至上，生命至上"，坚持底线思维、关口前移、未雨绸缪，区防汛办统筹协调作用，科学调度，河道水位始终控制在3.5—4.0米，完成对顺道等3条道路积水点改造，汛期间强化对太湖大堤、86个在建工地、老镇区低洼区巡查排险，强化应急值守，取得了台风"梅花"梅雨期强降雨防御各项工作的全面胜利,全区汛情总体平稳,保障了人民群众生命财产安全和经济社会稳定有序。

（区建设局）

污染防治

【水环境整治】 2022年,无锡经开区强化断面周边企业管控,完成98家涉磷企业整治。推进断面水质提升工程,开展支流支浜综合治理,完成13个水污染防治项目、6个治太重点工程项目年度建设目标。

（区生态环境局）

【河湖治理】 全区4个国、省考断面达标率100%;2个重点水功能区全年水质类别为Ⅲ类,达到目标;湖东浜、圩湾里浜2条黑臭河道水质稳定在Ⅵ类到Ⅲ类,河道实现了长治久清;新一轮综合整治的26条河道,优Ⅲ率100%,位列全市第一;全年总体水质企稳向好,河湖治理有力有效。

（区建设局）

【大气污染防治】 2022年,无锡经开区开展夏季VOCs强化管控和秋冬季大气污染防治聚焦行动,有效应对重污染天气,完成289个大气污染防治工程项目。按照《无锡市2022年臭氧污染防治攻坚强化方案》,完成9台天然气锅炉低氮燃烧改造;完成100个源头替代项目;完成1个餐饮绿岛建设并投入使用,有效降低餐饮油烟污染,大幅减少信访投诉。

（区生态环境局）

【土壤污染防治】 2022年,无锡经开区完成26个地块土壤污染状况调查。完成1个高风险遗留地块现场检查、2个污染地块(公园路以东、科研北路以北地块,金石路南侧地块B-2块)土壤污染风险评估报告并顺利通过省级审核。

（区生态环境局）

【排污许可证"一证式管理"】 2022年,无锡经开区严格执行《无锡经开区环评与排污许可监管三年行动计划(2021—2023)》,完成37家简化以上管理企业的排污许可证现场核查工作,其中重点管理5家,简化管理32家,重点管理和简化管理的核查都做到100%。推动排污许可联动管理,逐步建立以排污许可为核心的固定污染源监管体系,将排污许可证作为生态环境日常执法监管的主要依据,强化排污许可日常管理、环境监测、执法监管联动,构建发现问题、督促整改、问题销号的排污许可执法监管机制。

（区生态环境局）

环境监督

【督察整改】 2022年的第二轮中央生态环境保护督察,交办经开信访件仅2件,全市最低。当月全部办结,全市唯一。成立由区党工委书记、管委会主任杨建平担任组长的经开区迎接中央生态环境保护督察领导小组，同步设置七个专项工作小组，保障中央督察期间交办任务的衔接运转。提前化解矛盾，详细梳理经开区2019年以来重复环境信访投诉问题，107件长江经济带生态环境突出问题、第一轮中央环保督察交办及"回头看"信访、省级环保督察交办信访件等重点信访件，主动向前一步，对问题再排查、再化解、再处理，确保得到根治，严防"回潮"。

（区生态环境局）

【生态环境监管】　2022年，无锡经开区全年开展工地文明施工检查。经开生态环境局联合区建设局、综合执法局累计出动687人次，对华庄国控点3公里范围内的62个工地开展常态化检查。累计检查机动车路检车辆1200辆，机动车入户检查360辆，非道路移动机械180辆。

逐步建立经开区涉磷清单，分级分类开展整治，完成97家A类和1家C类企业问题整治及验收。16个太湖流域入河排污口、152个长江流域入河排污口全部完成整治。经开生态环境局与经开区建设局、两街道、新城集团等单位联动，加强13个重点排涝泵站、国省考断面沿岸9个企业等的排查和监管，切实保障水环境安全。2022年累计出动880余人次，巡查蓝藻280余个点位，未发生"湖泛"现象。

排查13家危废重点监管企业，发现隐患35个，督促企业全部完成整改。积极推广小微企业危废收集体系，督促120家企业签订小微合同。制定《无锡经开区新型

2022年6月，梁塘河水质提升项目顺利完工并通过竣工验收，通过运用"微生物滤床"技术，梁塘河水质得到明显改善，接下来将进入为期两年的养护期

（区生态环境局）

冠状病毒感染的肺炎疫情医疗废物应急处置方案》,组建经开区涉疫医废处置机动大队,对完成137家小型医疗机构医废收运,确保医废"日产日清"。大力推进"无废城市"建设,编写完成"无废城市"实施方案,系统谋划制定"无废城市"指标体系,增强建设实效。

（区生态环境局）

湿地保护

【概况】 无锡经开区境内,南有贡湖湾湿地,北有蠡湖和梁塘河湿地,东有蠡河湿地,西临长广溪湿地,中轴线上有尚贤河湿地,绿化率超过42%。全境总面积5660公顷,其中陆地面积5300公顷,水域面积360公顷(不含太湖面积)。

（自然资源规划分局）

【湿地资源保护】 2022年,无锡经开区自然资源规划分局贯彻落实《无锡市湿地保护条例》,以"蓝绿交织"为核心理念,构建"田"字形蓝绿空间,重塑城市、湖湾和人的关系,通过300多条现状河道与用地穿插布局,形成"三纵三横"生态框架,蓝绿空间占比达到45%。同时,加大对湿地保护基础设施的投入,全面加强湿地生态资源保护管理,协调解决生态保护重点难点问题,共同发力共同保护。

（自然资源规划分局）

锡经开
Wuxi Economic
Development District

教 育

综述

【概况】 2022年，无锡经开区坚持教育优先发展战略，紧紧围绕教育高质量发展要求，锚定"建全市最好的学校、办全市最好的教育、创全市最好的品牌"目标，聚焦内涵质量、凝聚发展合力，以务实的工作举措统筹做好疫情防控和教育教学工作，全面推进教育现代化强区建设。先后荣获全国首批"央馆人工智能课程规模化运用试点区"，江苏省"双拥模范单位"，无锡市"幼小衔接实验区""2022年度政务新媒体先进单位"，经开区"'四区'建设先进集体

优秀服务单位""五一劳动奖状""优秀改革调研成果二等奖"等荣誉，教育高质量发展走在全市前列。

（区教育局）

【教育经费】 2022年，无锡经开区教育系统财政投入11.06亿元，同比增长17.78%，全面提高幼儿园、小学、中学生均公用经费。教育环境持续优化，推进"美丽校园"工程，投入4000余万元提升校园环境，升级设施设备，提升整体办学条件。

（区教育局）

【师资建设】 2022年，无锡经开区出台《经开区教育系统推进领导干部能上能下实施办法》《关于无锡经开区教育系统事业单位岗位设置和聘用工作的实施意

2022年2月24日，经开区召开教育工作会议，党工委副书记、党群工作部部长俞政业参加会议并讲话，教育局党委班子成员参加会议

（区教育局）

见》。招录新教师122名,引进成熟型骨干教师15名。围绕"精神明亮的发展型教师"培养目标,初步形成分层分类的师资队伍培训体系。选任校级领导19名;新增"锡教名家"培养对象2名、市第三批名师工作室主持人4名、市区教育教学新秀129名,全区骨干教师占比提升4.13个百分点;新增区"四有"好教师团队9个。

（区教育局）

【学校建设】　2022年,无锡经开区集中开工新建学校10所。2022年3月30日,经开区10所学校集中开工仪式在瑞景道规划中学举行,这是经开区成立以来规模最大的学校建设项目,总投资规模达32亿元,设计总规模达409班,增加学位数1.8万个,涵盖中小幼各个学段,分布区域广,服务人口多,建成后不仅将全面优化教育资源布局,彻底解决资源紧张问题,更是向扩优质、提质量、强服务迈出坚实步伐,为教育事业长期发展奠定扎实根基。

（区教育局）

【校园创建】　2022年,无锡经开区人工智能教育基地正式启用。2022年9月,位于尚贤教育集团尚贤万科小学内的经开区人工智能教育基地投入使用。作为集教、学、研、展、赛为一体的多功能开放式"科技空间站",该基地建筑面积5000平方米,拥有超千平方米数字化展厅,包含智慧校园、智慧社区、智慧运动、智慧生活等参观体验项目。建有人工智能实验室8个,可同时容纳200名学生开展人工智能课程教学。此外,还设有创客工坊、报告厅、竞赛厅等,可承接中小学科创实践、数字化教学研讨和各类学术峰会。

（区教育局）

【教育科研】　2022年,无锡经开区出台《无锡经开区加强教育科研深化课程与教学改革工作指导意见》。获省基础教育教学成果特等奖1个、省市教科研工作先进集体3个、省重大课题实验学校4所、省文明校园3个,立项省市级前瞻性教学改革实验项目2个、省市级规划课题15个、市级中小学课程基地和学校文化建设项目1个。在2022年度基础教育精品课评选中,经开区2节课例入选教育部"部级精品课",7节课例入选江苏省"省级精品课",入选比例全市领先。截至2022年年底,全区立项省市规划课题25项、省市级内涵建设项目12个。中考质量继续保持全市领先。

（区教育局）

【教育督导】　2022年,无锡经开区完善督导体制机制,成立经开区管委会教育督导委员会以及经开区管委会教育督导委员会办公室,理顺教育督导组织架构和工作体系。高效完成区管委会履行教育职责市级考评工作,32个监测项目中达标28项,大幅提升义务教育优质均衡监测指标。组建专兼职责任督学队伍,秋学期新聘任6位责任督学及14位习见督学,有序开展责任督学挂牌督导工作;开展学校综

2022年，经开区大力推进人工智能教育，经开学子在国家、省级比赛中获一等奖22人次 （区教育局）

合督导7所，为学校发展把脉诊断、建言献策，助力区域教育高质量发展。

（区教育局）

【教育数字化改革】 2022年，无锡经开区成立数字改革专班，制定《教育数字化转型赋能高质量发展三年行动计划》。构建全域教育大数据中心，实现"一网通办"。以人工智能教育基地为中心，链接各校28间人工智能教室，搭建覆盖全区4—9年级人工智能教育体系。开展"双师课堂"教学研讨，建成幼儿园精品课程资源库。尚贤万科小学等8所学校获评全国首批"央馆人工智能课程"规模化应用试点区试点校；太湖格致中学获评"小平科技创新实验室"。自主研发"经核码"等数字防疫工具，被中国教育电视台等多家媒体报道。经开学子在省级以上人工智能赛事中获一等奖近50人次。

（区教育局）

学前教育

【概况】 2022年8月22日，无锡经开区教育局召开集团化办学推进会，正式成立华星幼儿教育集团。"华星"，取华庄之"华"字，组以璀璨明亮之"星"字，由华庄中心幼儿园、南湖幼儿园、锦程幼儿园组建形成,寓意让每一位教师幸福地书写教海华章,让每一位孩子成为自由而闪亮的星星。

经开和美幼儿园正式开园。2022年秋学期启用,位于吴都路与兴梁道交叉口西北侧,由区教育局和市妇联实验托幼中心合作办学,办园规模为18个班。园所建筑依托现代元素,构筑奇趣空间,注重自然环境与幼儿交互,以鲜亮活泼色彩,营造艺术氛围,构筑多元学习场景。

(区教育局)

义务教育

【概况】　融成观顺实验小学顺利开办。2022年秋学期上新,位于观顺道366号,办学规模为36个班。学校配备有300米跑道、篮球场、排球场、风雨操场、学生食堂等。建筑整体空间通透而富有变化,造型稳重又充满趣味,着力打造和谐育人的环境。

尚贤万科小学完成改扩建。2022年秋学期启用,位于万科魅力城二区163号,总用地面积约2.9万平方米,增改建筑面积约2.3万平方米,新建实验楼、行政楼、食堂、风雨操场等,满足施教区内学生入学需求。建筑融合"尚真立贤"办学理念,外立面以校标同款三色配纯白衬底,整体高端大气,活泼自然,彰显经开特色。东

埭第二实验学校完成改扩建。2022年秋学期启用,位于瑞星家园39号,建设规模为24个班,总用地面积近4.2万平方米,增改建筑总面积近3.1万平方米。新建综合教学楼、艺体楼、报告厅、食堂、风雨操场及地下车库等。建筑外观简洁大方,立面造型简约细腻,整体配色朴素高雅,富有地方特色和时代朝气。

(区教育局)

【集团化办学】　2022年,无锡经开区出台《无锡经开区基础教育阶段集团化办学实施办法(试行)》,探索紧密型集团化办学运行模式;尚贤教育集团、行知教育集团、行远教育集团等声誉日隆。品牌资源持续壮大,与市妇联实验托幼中心、金桥双语实验学校等合作办学。成功创建市幼小衔接实验区,开发衔接课程10余门。

(区教育局)

民办教育

【民办教育】　2022年,无锡经开区督促指导民办学校章程修订、校名变更等事项。对民办学校实施年度考核,发放奖补。促进民办学校坚持正确的办学方向,遵守法律、法规,贯彻国家的教育方针,保证教育质量。每两个月召开一次"双减"联席会议,各成员单位联合巡查60余次,累计检查机构1200余家次,约谈机构负责人30

2022年2月5日，经开区召开"双减"工作联席会议，党工委副书记、党群工作部部长俞政业参加会议并讲话

（区教育局）

多人次，学科类校外培训机构压减率97.8%，仅余一家转非营利性培训机构。通过范围定格、网格定人、人员定责，细化管理颗粒度，把疫情防控、"双减"巡查、安全巡检等工作有机融合，有力促进培训机构的规范运行，实现信息、动态的全面掌握，进一步织密监管网络。

（区教育局）

文化

公共文化

【概况】 2022年，无锡经开区围绕文化高质量指标"人均接受文化场馆服务次数"，加强文化阵地的建设，全力打造艺术大课堂、百姓大舞台、非遗国潮、舞动经开等精品文化惠民活动，进一步提升公共文化服务水平。

（区社事局）

【博物馆】 2022年，信利博物馆免费接待观众3.44万余人次，包括团体观众及在校学生等。博物馆开拓展览风格，在"佩玉将将""吉金遗珍""中朝友谊""佛韵万千""野瓷雅韵"常设陈列基础上，独具特色地推出"百瑞呈祥——古代动物玉雕展""汉风集韵——汉代文化艺术特展""润泽以温——春秋玉器精品展"等多个展览。5月18日，举办"汉风集韵——汉代文化艺术特展"，改变原有展览思路，让展品"活"起来。积极打造"博物馆+"公共文化服务体系，结合"最美公共文化空间"建设工作，在博物馆原有设计建设基础上，将博物馆升级打造成为集收藏、展览、社会教育、阅读、品茗、会议服务、艺术沙龙、光影体验等为一体的公共文化空间。

（区社事局）

【街道、社区文化设施】 2022年，无锡经开区推进"艺术拾珍·美好空间珍珠链"建设，在综合体和社区街坊级分别设置艺术美好空间、休旅美好空间、商业美好空间、街区美好空间、阅读美好空间、文博美好空间等8个"美好空间"，更好地满足人民群众对高品质文化生活的需要，打造百姓喜爱、游客打卡的好去处。加强街道、社区文化阵地建设，华庄街道在景贤社区设置"公益小剧场"，做好完善利用；加强社区综合文化服务中心建设，新增景贤社区综合文化服务中心和玖玖城社区综合文化服务中心，完善相关制度，引进志愿者和社团组织，发挥文化服务功能，增加文化服务供给。

（区社事局）

【全民阅读】 2022年，无锡经开区党群工作部坚持以习近平新时代中国特色社会主义思想为指导，深入贯彻落实习近平总书记关于推动全民阅读、建设书香社会的重要论述，推进"书香经开"建设。2022年12月，成立无锡经开区全民阅读活动领导小组。

举办书香经开第三届"身临其'经'·开卷有益"读书节，精选25个优质阅读空间绘制"悦读地图"，开展悦读打卡活动。全年依托新时代文明实践所（站）、社区（农家）书屋等阅读阵地，开展亲子阅读、辅导讲座、安全宣传等各类阅读活动500余场。制作《书香经开　邀您代言》宣传短片1个。结合党员冬训，推出学习教育云课堂、"指尖党课"，累计发布150余期，阅读学习受众2万余人次。

（区党群部）

【公共文化活动】 2022年,无锡经开区加大惠民活动资金投入力度,推动先进文化融入基层一线,进一步丰富辖区居民群众精神文化生活,凝聚干事创业的奋斗伟力。大力开展"喜迎二十大 情韵江南"、"喜迎二十大 文化乐万民"、2022"乐游无锡"系列活动特装展、"喜迎二十大 蠡岛夜市"活动、"喜迎二十大 文化进广场"等进广场、进校园、进综合体、进公园景区活动,掀起传统文化体验热潮,累计开展活动400余场次,惠及130万余人次。

"喜迎二十大 弘扬传统文化"主题巡展进校园活动于2022年3月—6月开展。活动设置在江南实验小学、无锡外国语、东埲实验中学等13所学校,活动为全公益、面向全区中小学的传统文化普及和体验的项目,参展的作品共50多件,内涵深刻,题材丰富,形式多样,作者既有在校的学生、专业艺术机构的名家,也有社区普通的文艺爱好者。活动包括3个展览,分别为"非遗进校园 文化润童心"主题、"喜迎二十大 弘扬传统文化"主题、"留驻乡愁"主题巡展,全部39场展览活动服务人次逾6万人次。

开展"一起向未来,喜迎二十大"六一系列活动进校园活动。喜迎二十大,深情回顾党的奋斗历史,在经开区13所中小学开展"六一进校园"系列活动,进一步激励在校学生坚定理想信念,牢记党的恩情,努力成为新时代好少年,留下最美好的童年记忆,结合中小学必读读物,传统文化进校园不是停留在"背背诗词""走走形式",有效培养和提高学生的创新意识、培养孩子积极乐观的心态,给学生提供展示

2022年6月28日晚,"喜迎二十大 奋进新征程""情韵江南 幸福经开"——2022经开区群众文艺展演启动仪式在万科·方糖广场举行,拉开了全区2022年群众文艺展演及全民艺术普及项目系列活动序幕 （区社事局）

自我、获得知识和体验快乐的舞台。

"情韵江南　幸福经开"群众文艺展演活动于2022年6月—11月开展。活动为2022年紫金文化艺术节的重要系列活动，以群众喜闻乐见、参与性强的方式，为全区的舞蹈、声乐爱好者提供一个能够展示自我、学习交流的平台，充分体现了"我为群众办实事"主题实践活动的意义，集中展示经开区群众文化风采，多维度提升经开文化软实力，繁荣和丰富了群众文化生活。

"艺术惠百姓　文化乐万民"全民艺术普及公益培训于2022年6月—12月开展。依托街道、社区综合性文化服务中心等公共文化场馆开展2022"艺术惠百姓　文化乐万民"全民艺术普及公益培训活动。活动聘请专业讲师前往各社区综合文化服务中心开展各类高雅艺术普及培训，内容包括广场舞、民族舞、声乐演唱、器乐演奏、朗诵艺术、话剧表演、书法绘画等，培训内容根据群众学员基础制定。"艺韵经开"活动促进经开文化发展繁荣，推进经开公共文化服务创新发展，满足人民群众对美好生活的精神需求。

"乐游无锡"系列之"活力经开　畅享一夏"经开区文体综合创意展览活动于2022年7月18日—7月24日开展。活动以"活力经开　畅享一夏"为主题，围绕文创、旅游、体育的融合发展之路，讲好经开故事，为群众打造了融合文化创意、体育赛事、休闲旅游等多元素的展示区，主要包括文旅展示、体育交互两个模块，融入百家百

训、博物馆馆藏、手绘团扇、露营营地、运动交互等元素，充分展示经开区"文创+体育+旅游"融合发展、充满活力、宜游宜业的新态势。

"情韵江南　夜映经开"蠡岛夜市于2022年8月—9月开市。万象蠡岛推动无锡夜生活经济圈，通过夜市+文化活动的形式，推动文旅促消费工作。活动期间，商场客流同比增长迅猛，有效推动夜间文旅消费人气持续"旺"起来，着力打造沿湖特色餐饮夜文化，延长沿湖租户营业时间，吸引较多知名度高的文旅商户入驻，带动创业、就业，提升夜间文旅消费对当地文旅产业发展和经济社会发展贡献度。

"活力经开　文化传承"广场文化活动于2022年8月—12月开展。这是面向普通市民的全公益性的非遗文化普及和体验活动，全部活动共39场，总参加人次达到15万余人次。活动设置在大型社区的中心广场，每场活动包括一个展览与四个非遗体验活动，分别为中华优秀家风家训展、传统雕版印刷活动体验、古籍古线装帧笔记本活动体验、传统布艺香包制作体验、造纸术活动体验五大板块，在教师节当天还举办了尊师重教礼包发放活动、中秋节举办了玉兔灯笼制作体验活动、国庆节举办了"喜迎二十大　奋进新征程"百年党史展活动、重阳节举办了崇德尊老健康体检与防滑垫赠送活动。为激发市民的参与热情，将原本枯燥的非遗项目进行活化，制作上更简单、外观上更漂亮，并且

所有参与活动的市民都可将亲手制作的非遗作品带走留作纪念。通过活动的顺利开展,公共文化服务不再是简单的单向展览与展示,而是双向的互动,体验感更强;同时突破了公共文化服务的场地限制,做到了公共文化服务与社区居民的零距离,让公共文化服务走出社区文化场馆,真正走到市民身边,逐步成为一个群众参与度高、非遗文化普及性强的公共文化服务品牌。

"喜迎二十大　建功新时代""'艺'心向党"紫金文化艺术节快闪系列活动于2022年10月1日—10月7日开展。快闪系列活动是全公益、面向经开区市民的传统文化艺术普及项目,活动覆盖无锡海岸城、万象城两个大型综合体,包括28场器乐展演及14场舞蹈展演,有效激发了经开民众对传统文化的热情,开创了优秀传统文化普及的新形式,突破了公共文化服务的场地限制,让公共文化服务走出社区文化场馆,真正走到经开群众的生活中去。

"初心"系列展览进校园活动于2022年10月—12月开展。"初心"系列展览活动包括历史的厚度、传承非遗文化、礼玉文化、经开八景、红心闪闪、筑梦未来、家书家训、粉墨中国、文物映耀百年征程、书香伴我成长十个主题展览、讲座培训,在全区中小学顺利开展130场展览活动,有效推动经开区公共文化服务高质量发展,切实提升公共文化场馆服务效能,充分利

2022年7月18日—7月24日,以"活力经开　畅享一夏"为主题,围绕文创、旅游、体育的融合发展之路,讲好经开故事,为群众打造了融合文化创意、体育赛事、休闲旅游等多元素的展示区

（区社事局）

用我区丰富的教育资源,在促进学生自主发展、扩展学生生活和学习空间的同时让非遗文化历久弥新。

"童心共成长"少年宫系列活动于2022年10月—12月开展。本次活动包括主题展览、主题讲座、百场培训三个主要内容,进一步推动经开区公共文化服务高质量发展,实现校内外资源的有效结合,让更多的未成年人共享校内外优秀教育资源和成果,以此来培养孩子们的学习爱好、开阔视野、增长见识,在潜移默化中提高文化艺术素养,促进未成年人的全面发展和健康成长。

(区社事局)

文化产业

【概况】 2022年,无锡经开区坚持以习近平新时代中国特色社会主义思想为指导,以文化产业高质量发展为目标,凝聚工作合力,大力促进文化产业繁荣发展。围绕优化存量、做大增量"两个方向",紧抓招商引资、统计入库、政策保障"三个重点",推动文化产业各项工作取得了新进展。21家规上文化企业,坚持稳定发展,全力保持正增长,共实现营收24.66亿元、利润2.6亿元。新增入库企业7家,另有1家文化企业获评雏鹰入库,2家获评瞪羚入库,1家获评准独角兽入库,文化企业集群不断壮大,为经开区文化产业高质量发展注入澎湃动力。

(区党群部)

【特色亮点】 2022年,无锡经开区着力发挥园区在促进产业集聚、实现集约发展、提升竞争优势方面的载体作用,启动文化创意产业园建设,借力城市更新,打造黄金湾数字文化产业园。举办"智创共融·慧见未来"数字文化产业创新大会,"无锡×澳门设计周"正式发布。深度融入粤港澳大湾区,实现锡澳合作落地,横琴粤澳协同创新中心在珠海正式揭牌。在横琴成功举行锡澳文化产业交流会。无锡深港协同创新中心正式启幕,与深圳园区达成友好园区战略合作。

2022年,无锡经开区建立区级重大文化项目库,进行重大项目动态管理,实行每月更新机制。依托ANIMAX亚太区总部、拍信科技、哈工智新等项目,加速打造具有经开特色的"科技+文化"的数字创意新兴产业样板。以横琴粤澳协同创新中心为落脚点,对接德必国际数智文化产业基地、南海意库项目落地。国际会议中心、奥体中心、文化艺术中心等重大项目持续推进建设,加强调度和服务,做好分类指导、服务和协调,拓展文化产业发展空间。

(区党群部)

文化遗产保护

【概况】 2022年,无锡经开区以推动文物

数字文化产业创新大会 （区党群部）

事业高质量发展为主题，加强文物保护、修缮工作，结合实际情况，全面推进沈瑞洲故居、钱武肃王祠、张卓仁旧居、巡塘救熄会等文物的活化利用。

活化利用新安钱武肃王祠。新安钱王祠位于华庄镇原震湖村的张桥头，于2016年被公布为无锡市文物保护单位，现位于贡湖湾湿地公园内，此处旧属新安乡，故史称"新安乡钱武肃王祠"，也因该祠与相邻的裕庆庵、张巡大老爷殿等同处南草庵旧址，所以也称"草庵钱王祠"。围绕传统文化与现代文化相结合、祠堂文化与文旅文化相互促进，打造无锡祠堂文化中的新地标、贡湖湾湿地中的新亮点。规划第一进东厢作为办公室，西厢为活动室，其余六室分别为"钱氏名人"、"钱氏家训家规"、"钱氏英烈展"（为国牺牲的无锡籍钱氏）、"钱氏公益善行榜"（修桥铺路等）、"钱氏文化藏品展"开展。

加固、保养、活化利用张卓仁故居。张卓仁故居坐落在周新桥东垠，建于1903年，墙塑门头保存得相当完整，两侧独具民国风味的小洋楼，外壁图案具有浓郁的西洋风格，故居内设三进空间，上下两层共约800平方米，屋面用本瓦铺设，楼面是广漆地板，历经百年仍平整光滑，典型的中西合璧建筑。张卓仁故居经历多年风雨侵袭，检查发现建筑屋面漏水严重、房屋抗压能力差、墙面开裂等问题，已经影响房屋正常使用，为了进一步加强文物保护和使用好该文保单位，2022年10月启动维护保养、加固、活化利用。

修缮沈瑞洲故居。沈瑞洲是近代民族工商业家，被誉为"桐油大王"。沈瑞洲故居位于太湖街道方桥村，2003年被无锡市人民政府公布为无锡市文物保护单位，保护范围为四至院落围墙,该故居是无锡近代民族工商业发展的见证之一。为了更好地保护历史建筑,2022年12月启动修缮工程,主要实施地面铺装修缮、木结构修缮、屋面及墙面修缮、水电改造、绿化提升等工程。

(区社事局)

大运河文化带建设

【大运河文化带文化遗产保护】 2022年,无锡经开区将"艺术拾珍·美好空间珍珠链"计划和"百宅百院"活化利用工程相结合,按照"保护为主、抢救第一、合理利用、加强管理"的工作方针,2022年考古调查勘探5个地块,勘探面积总计86.8公顷,投入资金总计1200万。实行全区文物"周周查",启动沈瑞洲故居、周仲卿、周锡庆旧宅修缮,总投资2000万元。以推动文物事业高质量发展为主题,召开文保单位专项使用会议,全面推进沈瑞洲故居、钱武肃王祠、张卓仁故居的修缮、活化利用方案落地落实。

京杭大运河经开区段总长度约2.4千米,为保护好、传承好、利用好大运河文化遗产,对无锡经开区大运河景观建设进行审批,以推动大运河文化带建设中的文物保护与传承利用。

(区党群部 区社事局)

【文化价值弘扬】 2022年,无锡经开区通过"有机更新"和"新旧结合"的策略,将百年老街规划打造为以情景式商业场景为特色的活力文保街区。提取周新工商文化,将历史故居改造为丝绸主题展示体验馆,把传统丝绸抽象为现代艺术装置,营造绸缎式的迷宫体验,在记忆中追溯彼时工商业盛况;提取雷雨文化,设计改造沉浸式雷雨剧本体验馆;延续周新手工艺、书画文化,打造文创类体验馆,展现周新文化新演绎;引入星巴克"非遗文化体验店",携手非遗传承人推出以传统文化艺术为主题的咖啡吧台,用咖啡连接非遗艺术,盘活历史资源,让传统文化搭上创新列车活力迸发。

按照"拾遗文化艺术,连接美好生活"理念,加快启动建设无锡国际会议中心、奥体中心、文化艺术交流中心、无锡中心等一批城市地标建筑,结合良好的产业基础、便利的地缘优势、丰富的旅游资源,完善周边基础设施建设,围绕物联网博览会、无锡太湖博览会等打造一批会展品牌,将"会展"打造成经开特色"文化符号";围绕奥体中心建设,打造"体育+娱乐+科技+成长"多元互动体育空间,逐步培育成为长三角重要文体活动的举办场地,引领崇文尚体的良好文化氛围。

2022年,无锡经开区培育16支市级特色文化团队和65支区级特色文体团队。华庄街道充分调动特色文体团队力量开展种类丰富的文体活动,涉及弘扬中医和传统文化、"普家风家训 塑华夏廉风"、

2022年12月20日，一场别开生面的"运河遇见湖湾——无锡经开区党外人士交流活动"在我区博世中国创新与软件开发中心举行　　　　　　　　　　　　　　　　　　　　　　　　（区党群部　区社事局）

青少年读书分享会、民族民间艺术活动、经典诵读等。太湖街道充分利用综合文化服务中心阵地为居民提供更高质量、更贴合居民需求的文化服务活动，涉及全民阅读、"筑梦经开　追寻美好"艺术会演、"乐动青春　绽放信韵"少儿西洋演奏音乐会、锡剧表演等活动。

（区党群部　区社事局）

【生态环境改善】　2022年，无锡经开区积极落实"两河"整治提升、"显山透绿"生态环境整治等重点项目部署，围绕"美丽河湖""景观绿地"两大主题，聚焦生态、面貌、道路、社区、管理五个方面，全面实施"美丽经开"建设"三年五提升"行动，构建优美生态与精致建筑相结合的颜值。截至2022年年底，地表水国省考断面水质达标率持续保持100%；清退"散乱污"企业632家，296万平方米地块实现复绿。完成和风路、清舒道等9条重要道路改造提升；完成17个老旧小区改造和落霞苑立标区建设，全市首创的市容面貌、街面秩序、园林绿化一体化城市物业管理模式正式落地。建成见义勇为公园、贡湖湾彩虹步道、尚贤河夜光跑道等一批"休闲好去处"。带动筹集各类金融资本300亿元，全面启动"一带两镇三园"城市更新。

（区生态环境局　区综合执法局）

【沿线产业发展】　2022年，无锡经开区建立"十四五"时期大运河长江区级重点项目库，推进建设国会中心、巡塘古镇、华庄粮仓改造提升等项目。基于产业实际，结合区域发展，紧紧围绕大数据、物联网、云计算、人工智能、集成电路设计、智能制造等重点产业，引进博世中国、英伟达人工智能等各类科创、平台企业超900家,累计培育入库雏鹰企业93家、瞪羚企业33家、准独角兽企业7家,新兴产业规模不断壮大,呈现强劲发展态势。

面对疫情对文旅行业的冲击影响,全力为文旅行业纾困解难,保障全区各旅行社全额暂退旅游质保金,缓解资金压力,对经营规范、信誉良好的旅行社给予2000元/家停业补助,促进全区文旅行业平稳健康发展;推荐经开区信利博物馆获评2022年度江苏省"最美公共文化空间"打造对象、2022无锡市社科普及示范基地荣誉称号。

(区经发局 区社事局)

文化市场管理

【行政审批】 2022年,无锡经开区共受理办结行政服务事项173件,其中,营业性演出准予许可决定168件,娱乐场所经营许可延续3件,营业性演出许可证延续2件。

(区社事局)

【文化市场管理】 2022年,无锡经开区将安全生产工作纳入全年重点工作,根据"三管三必须"的总体要求,通过企业自查、部门抽查、第三方巡查和多部门联合督查等形式,累计共检查778家次,排查安全隐患24处,整改到位24处,整改率达100%,全年未发生一起责任安全事件。

2022年,无锡经开区把安全生产和疫情防控工作相结合,做好文体条线安全工作。一是把安全防范工作放在重要位置,切实履行"党政同责、一岗双责"的领导责任和属地监管责任,拧紧责任链条,严格督促企业认真落实安全生产主体责任。二是建立区、街道、文体单位"三级联动"机制,根据安全生产分级分类监管办法,切实压紧压实安全生产责任,及时发现和解决突出问题,消除事故隐患,坚决防范安全生产事故。全年完成"百团进百万企业千万员工"宣讲3次,全年围绕"安全生产月""119消防宣传月"等活动开展安全生产专项培训会4场、消防应急演练2场,进一步提高了各级部门和市场主体单位对安全生产和疫情防控的认知,有效树牢安全发展理念。三是严格按照省市疫情防控指挥部的最新要求部署工作,在允许场所开放的前提下,严格要求各点位落实疫情防控相关措施,按照规定做好应检尽检、测温、扫码、消毒、通风等工作。

(区社事局)

体 育

体育设施

【概况】 2022年，无锡经开区围绕体育高质量考核指标"人均体育场地面积"和市区级"为民办实事"项目，加快推进体育设施布局，做好可利用闲置用地体育健身设施建设，完成2022年新建、更新室外健身设施等工作。

（区社事局）

【新建全民健身场地】 2022年，无锡经开区完成建设、验收2022年"为民办实事"项目，新建天鹅湖体育公园一处。以提升改造主干道步道、公园内建设器材为重点，新建健身步道等健身设施，全面提升全民健身设施品质。

（区社事局）

【体育设施的新建和更新】 2022年，无锡经开区推进室外体育健身设施排查清理工作，对破损健身设施及时维修，对无法使用的及时更新或拆除，按照江苏省全民健身场地调查及专项清理工作要求，全年更新室外健身设施311件，覆盖范围扩大至商住小区。用好"跃动经开"小程序，按照省体育局工作部署，做好辖区室外健身器材二维码张贴和信息统计，启动省管理平台数据录入工作，实时掌握全区室外健身场地设施布点、运行、巡检、维护情况。

（区社事局）

【足篮球场的更新改造】 2022年，无锡经开区对金匮公园、尚贤河湿地公园、和畅

2022年8月9日，由无锡市体育局、无锡经开区管委会和无锡市体育总会联合主办的"跃动锡城·活力经开"全民健身社区运动会火热开赛，2个街道38个社区百余名群众欢聚一堂、乐享运动 （区社事局）

睦邻中心的笼式灯光足、篮球场进行焕新提升,完成场地改建10片。

（区社事局）

群众体育

【概况】 2022年,无锡经开区通过成立特色体育协会、加强社会体育指导员队伍建设,组织参加市级比赛活动、组织体育健身先进评选等方式调动社会体育组织积极性,为辖区体育事业发展奠定扎实的群众基础和浓厚的运动氛围。

（区社事局）

【社会体育组织】 2022年,无锡经开区举办了2022年全民健身业务培训会,提升体育队伍的专业化水平。增强社会体育组织力量,成立第5个区级体育运动协会——经开区网球协会。组织参加市体育局举办的2022年无锡市迎新线上健跑活动,获优胜奖;组织参加市卫健委和市体育局联合举办的"健康江苏·给你骨力"健骨操比赛,获自选动作二等奖、规定动作三等奖和最佳组织奖;组织参加2022年无锡市"文体养老、健康平安"系列活动之门球比赛、柔力球比赛,获优胜奖。太湖街道办事处获得2018—2021年度江苏省群众体育先进单位;经开区足球协会会长获得省群众体育先进个人;华庄街道尚锦城圆梦舞蹈队获得"2022年优秀民间健身团

队风采展示活动"优秀奖。

（区社事局）

【社会体育指导员队伍】 2022年,无锡经开区加强社会体育指导员队伍建设。开展社会体育指导员培训、社会体育知识讲座等系列活动,完成社会体育指导员培训200人。太湖街道朱炜晴被评为"江苏省最美青年社会体育指导员"。

（区社事局）

竞技体育

【概况】 2022年,无锡经开区先后举办了2022全国青少年跆拳道锦标系列赛、2022全国少年跆拳道锦标赛等大型体育赛事,进一步提升无锡在跆拳道领域的品牌影响力。

（区社事局）

重大赛事和活动

【概况】 2022年,无锡经开区积极参加"无锡杯"足球联赛,做好经开赛区相关比赛工作;举办"努力奔跑吧,经开"2022年无锡经开区全民健身系列活动;举办区级比赛,徒步、足球、篮球、羽毛球等项目;举办"3V3"青年篮球赛、社区足球联赛、社区篮球联赛等群众性体育赛事活动;举办

2022"无锡杯"足球联赛经开赛区开赛仪式暨首场比赛在市体育中心举行。经开区党工委书记、管委会主任杨建平参加仪式并为比赛开球,党工委副书记、党群工作部部长俞政业参加仪式 (区社事局)

"国庆七天乐 双节嗨翻天"系列文体活动,打造了经开文体名片,发布了"经开八景",丰富了百姓文体生活;举办无锡市首届"跃动锡城•活力经开"全民健身社区运动会;组织参加全国健身气功展示交流展示评比活动,并获得省级二等奖。

(区社事局)

卫生健康

新冠肺炎疫情防控

【概况】 2022年，无锡经开区组建追阳小分队，快速、及时、有效阻断疫情传播；完成建设PCR核酸检测方舱实验室，日检测能力达5万管；建成快检中心，完成43名PCR检测人员和827名采样人员培训持证上岗。全力发动新冠疫苗接种，持续完善医疗救治体系。

（区社事局）

【医疗救治】 2022年，无锡经开区推进华庄街道社区卫生服务中心异地新建工作。发挥三级救治体系作用，持续优化分级诊疗体系，推进医联体建设，对接医联体牵头医院的专家开展巡诊会诊工作。全力做到"早干预"，做好药械储备及预警工作。辖区内发热门诊（诊室）按照"应开尽开，应设尽设"的要求开设，共计5家。积极推进院前急救工作，华清医院急救分站严格按照市急救中心要求配置人员及车辆，同时设立非急救转运专班，开通24小时就医求助热线。充分发挥中医药的独特优势，免费发放中药汤剂，预防新冠感染。开展线上线下、集中自学等多种形式的业务培训，提升辖区内医务人员医疗救治能力。组织各类督导检查，发现问题要求及时整改。做好39143人重点人群服务；核酸小屋就地转换，开设43个便民医疗服务点，累计服务5万余人次，发放退热药物26万余片。做好养老机构医疗保障工作，通过属地化管理，指定医疗机构对辖区内7家养老机构进行用药指导、健康监测、健康咨询等服务。

（区社事局）

【新冠疫苗接种】 2022年，无锡经开区加强新冠病毒疫苗接种点管理，强化人员培

2022年1月22日，无锡经开区召开新冠肺炎疫情应急处置能力提升培训班暨春节前后疫情防控工作部署会，区党工委书记、管委会主任杨建平参加会议并讲话 （区党政办）

训,保障接种安全,积极开展宣传发动。截至 2023 年 1 月 31 日,60—79 周岁人群全程接种率达 96.9%,加强针接种率达 95.6%;80 周岁以上首针接种率为 95.3%,80 周岁以上全程接种率 75.6%,80 周岁以上加强针接种率为 58.9%。

（区社事局）

疾病预防控制

【概况】 2022 年,无锡经开区完善疾病预防控制体系建设,做好新冠疫情防控、免疫规划、急性传染病防控、艾滋病性病丙肝防治,推进慢性病防控,巩固血吸虫病地方病防治,做好精神卫生和心理健康,加大卫生监测工作力度。

（区社事局）

【急性传染病】 2022 年,无锡经开区共报告甲乙类传染病 458 例(新型冠状病毒感染 138 例),死亡 0 例;报告丙类传染病 1917 例,全年共调查处置各类散发疫情 7 起,聚集性疫情 14 起,网络报告突发公共卫生事件 1 起。传染病突发公共卫生事件调查率、及时处置率 100%,原因查明率 100%。组织开展水痘应急接种 9 起。

（区社事局）

【结核病防治】 2022 年,无锡经开区共登记肺结核病患者 49 例,其中病原学阳性 35 例、病原学阴性 12 例、单纯结核性胸膜炎 2 例,病原学阳性率 74.47%。结核病患者管理率 100%。全年未报告学校结核病疫情。

（区社事局）

【艾滋病防治】 2022 年,无锡经开区全年新发现 HIV 感染者 8 例,艾滋病人 3 例;辖区现有艾滋病病人 42 例、感染者 58 例,合计 100 例。开展业务培训,对辖区内艾滋病筛查实验室和检测点进行业务督导;举办艾滋病知识进校园暨艾滋病宣传日活动。

（区社事局）

【慢性病管理】 2022 年,无锡经开区重大慢性病过早死亡率 7.31%,高血压管理 19186 人,糖尿病管理 6284 人,高血压患者规范管理率 73.65%,糖尿病患者规范管理率 73.97%,首诊测血压率 100%。

（区社事局）

基层卫生

【概况】 2022 年,无锡经开区全面贯彻以基层为重点的卫生健康工作,持续推进基层医疗卫生队伍建设和提高基层防病治病的健康管理能力,持续提升老百姓对基层卫生健康工作满意度。开展原 12 大类及 19 项新划入基本公共卫生服务项目,2022 年度拨付人均基本公共卫生经费达 114.3 元,进一步完善基本公共卫生服务项目组织管理,开展项目培训及绩效考核工作。

（区社事局）

【基本公共卫生服务】 2022 年,无锡经开区全面实施基本公共卫生服务项目,制定基本公共卫生服务项目实施方案,进一步完善组织管理。完成太湖街道锡铁巷社区卫生服务站搬迁及华庄街道凯发苑社区卫生服务站和依联社区卫生服务站设备更新。遴选省优秀基层卫生骨干人才2名、市基层卫生骨干人才6名。

（区社事局）

【基层医疗卫生能力建设】 2022年,无锡经开区积极参加人才能力提升培训,国培2名、省培1名。"优质服务基层行"两家社区卫生服务中心均达到国家基本标准。

（区社事局）

【家庭医生签约服务】 2022年,无锡经开区持续推进新型家庭医生签约服务,开展家庭医生个性化签约工作,截至12月底,家庭医生签约16806人,签约率5.2%。

（区社事局）

职业健康

【概况】 2022年,无锡经开区完善职业病防治体系建设,开展重点职业病监测、专项调查、职业健康风险评估和职业人群健康管理工作,承担职业病防治工作。

（区社事局）

【职业健康】 2022年,无锡经开区开展职业病危害专项治理行动,结合职业病危害普查,将辖区15家存在粉尘、化学毒物、噪声危害因素浓度超标岗位且从业人员10人及以上的工业企业纳入专项治理,加强职业健康监督管理,督促做好职业危害因素检测和职业健康体检,保障劳动者职业健康。申报江苏健康企业2家。推进无锡市职业病综合监管平台试点工作,试点经验在全市推广。

（区社事局）

妇幼健康

【概况】 2022年,无锡经开区推进妇幼健康服务体系建设,指导妇幼卫生、母婴健康安全保障,推进出生缺陷防治、出生医学证明管理、计划生育技术服务工作和避孕药具管理,组织实施重大妇幼公共卫生服务等项目。

（区社事局）

【儿童健康管理】 2022年,无锡经开区保障母婴安全,新生儿死亡率2.32‰,婴儿死亡率2.32‰。开展托幼机构在园儿童眼保健及视力筛查项目,完成筛查12045人,完成率100%。加强出生医学证明日常监管,首次签发558张,换发2张,废证2张。完成产前筛查报销1955人,新生儿疾病筛查5872人次;对乙肝表抗阳性的孕产妇所生的新生儿开展免费筛查乙肝两对半服务36人。开展全区托幼机构卫生保健合格证换证及评估工作,经教育注册的托幼机构卫生保健合格率达100%。

（区社事局）

【孕产妇健康管理】　2022年,无锡经开区保障孕产妇安全,孕产妇死亡率0。早孕建册率97.3%,孕产妇系统管理率94.4%,产后访视率98.1%。提升母婴保健技术人员服务能力,认真落实母婴保健专项技术人员考核发证。开展两癌筛查工作,完成宫颈癌、乳腺癌筛查6297人。孕前优生项目完成584对。

（区社事局）

卫生执法与监督

【概况】　2022年,无锡经开区开展疫情防控督查检查,开展医疗机构、职业卫生、学校卫生、公共场所、二次供水、非法行医等条线的监督执法工作。

（区社事局）

【卫生监督执法】　2022年,无锡经开区全年累计监督指导各级各类机构1071户次,出动卫生监督员711人次,立案21起,罚没款23.21万元,处理举报投诉23起,对7家次医疗机构进行了不良执业行为记分,开展相对人约谈8次,开展相对人培训班3场。

（区社事局）

健康促进

【概况】　2022年,无锡经开区深入推进健康经开建设,大力开展新时代爱国卫生运动,持续做好健康促进各项工作,确保全面完成年度目标任务,为促进经开区卫生健康事业高质量发展做出新贡献。

（区社事局）

【健康城市建设】　2022年,无锡经开区落实"健康无锡"建设总体要求,深化实施"健康细胞"工程建设工作,建成省级健康社区2个,不断扩大覆盖面,提高建设质量。做好病媒生物防制工作,打造2个病媒生物防制规范化小区。

（区社事局）

【全民健康教育】　2022年,无锡经开区积极参加"健康江苏－给你骨力"健骨操比赛,有效传播骨质疏松防治核心信息,提高居民对骨质疏松症的知晓率。充分利用传统媒体和新媒体,以各类卫生宣传日为契机,大力宣传卫生健康知识,强化广大群众的卫生健康意识。2022年,全区居民健康素养水平达到40.9%。

（区社事局）

【"无烟单位"创建】　2022年,无锡经开区扎实开展"5·31"世界无烟日活动,以"烟草威胁环境"为主题,以保障广大群众身体健康为目的,开展形式多样、内容丰富的控烟宣传活动,加强控烟宣传教育,实现无烟党政机关全覆盖。

（区社事局）

【全国爱国卫生月活动】　2022年,无锡经开区广泛宣传爱国卫生月活动,利用短信、广播、宣传栏、宣传板报等方式广泛宣传,引导群众牢固树立"每个人是自己健康第一责任人"理念。倡导文明健康绿色环保生活方式行动,引导广大群众主动学习健康知识,养成良好的卫生习惯。

（区社事局）

中医药管理

【概况】 2022年,无锡经开区依托华庄、太湖街道社区卫生服务中心三级中医馆,不断提升辖区基层中医药服务能力,加强中医药内涵建设。参与江苏省中医馆骨干人才培训1人,无锡市经方骨干人才培训1人。在抗疫工作中积极贡献中医力量,累计向隔离人员及一线工作人员免费发放中药预防汤剂4203人次份,辟疫香囊8138人份。

（区社事局）

【中医药宣传】 2022年,无锡经开区举办"岐黄校园行"活动1场,中医药健康科普讲座2场,中医药健康咨询义诊1场,《江苏省中医药条例》专题科普宣传1场,受益

223人。着力推进中医药文化建设,打造中医药的健康宣传阵地,进一步提升中医药在广大人民群众中的影响力,增强中医药文化的社会传播辐射力。

（区社事局）

老龄健康

【老龄健康】 2022年,无锡经开区扎实推进"安康关爱行动",为辖区32025名老年人购买安康关爱意外险;建设老年关爱中心1个,打造为老服务品牌1个,积极创建老年友好型社区1个;做好老年人运用智能技术专项普及培训工作,2022年累计培训2096人次;持续推进老年友善医疗机构创建,全面开展医养结合机构服务质量提升行动;完成全市65周岁以上老年居民和65周岁以下纳入社会管理的企业退休人员肿瘤标志物免费检测19779人、65周岁及以上老年人健康体检17460人。

（区社事局）

锡经开
Wuxi Economic
Development District

人民生活

创业就业

【概况】 2022年,无锡经开区(以下简称"经开区")全年城镇新增就业人数6000人,城镇调查失业率控制在5%以内。经开区经济实现高质量发展,创造就业能力增强,适应新经济、新业态条件下劳动用工特点,拓展就业新领域。

(区社事局)

【精准就业服务】 2022年,无锡经开区构建区、街道两级工作专班机制,实施"百企专员"行动,共为60多家企业解决80余个具体困难。兑现稳岗专项资金2909.85万元、"两项补贴"1331万元、创业补贴168.9万。依托江苏省智慧就业云平台,搭建现场、网络、直播招聘"三位一体"供需平台,

组织开展了行业联动、企业轮换的动态专场求职招聘活动,2022年共举办招聘会22场,参会单位800家次,提供岗位7000余个,直播带岗累计吸引11万人次观看,初步达成就业意向1000余人次,得到中国网、中国日报网、交汇点、学习强国等中央省市级媒体争相报道。

(区社事局)

【精准帮困】 2022年,无锡经开区建立高校毕业生和就业困难人员实名制管理服务系统,加大各类就业岗位信息采集和挖掘力度,定期登记走访,实施"一人一策"专项帮扶。2022年,对辖区内231名高校毕业生通过电话、上门等方式提供300余次就业创业服务,开发青年就业见习岗位414个,确保高校毕业生年末总体就业率95%以上。认定就业困难人员951人并签订各类帮扶协议,就业援助率100%,新增

2022年6月7日,经开区举办2022年"纾困援企"专场线下招聘会

(区社事局)

公益性岗位安置就业困难人员44人,实现全区有就业意愿的困难人员总数明显压降,城镇零就业家庭动态归零。

（区社事局）

【创业带动就业】　2022年,无锡经开区根据省、市文件精神,优化富民创业担保贷款政策,完善利率优惠和利息分担机制,扩大贷款对象范围,进一步加大小微创业企业吸纳就业支持力度。以无锡市第四届全民创业大赛为抓手,举办"创响无锡"经开区全民创业大赛,挖掘、动员了50余个项目报名,共16个项目入围无锡市赛。街道(镇)公共就业服务中心试点建设1个,社区(村)就业服务站试点建设2个。2022年支持成功自主创业788人,自主申报创业补贴54人32.4万元,申报租金补贴97人96.34万元,创业带动就业补贴40.2万,创业担保贷款发放295万元。

（区社事局）

【职业技能培训和人才培养】　2022年,无锡经开区依据首席技师和技能大师工作室评选规定,以"自愿申报、公开选拔、公平竞争、择优评聘"为原则,采取推荐方式,动员规模型企业积极参加评选活动。举办2022年经开区职业技能大赛暨茶艺师技能邀请赛,采用理论考试和实际操作结合的方式,对大赛中涌现出的优秀人才,除丰厚的物质奖励外,另按规定破格晋升高级工(三级)职业资格,为高技能人才成长发展提供新的路径,此次大赛通过茶艺师考试50人。2022年,开展城乡劳动者就业技能培训1797人,创业培训571人,新生代农民工职业技能培训1036人,新增取得职业资格证书或职业技能等级证书2329人,新增取得高级工以上职业资格证书或职业技能等级证书1444人,新增数字技能人才558人,新增技能等级备案机构数9个,引进大学生4020人,推荐申报国家级人才工程2人。

（区社事局）

社会保险

【概况】　2022年,无锡经开区社会事业局紧紧围绕发展改革稳定大局的总方针,以"创先争优"和"优化发展环境"为目标,全面贯彻落实《社会保险法》各项条例,以为群众提供优质高效的服务为宗旨,以规范业务经办流程和完善内控制度为重点,围绕"保增长、保民生、保稳定",抓好社会保险扩面征缴工作,进一步扩大医疗保险直接结算工作和基金监管等工作,不断提高本区社会保险保障水平,推动社会保险全覆盖,为实现全面小康贡献社事力量。

（区社事局）

【政策宣传】　为进一步推动人社政策落地落实,2022年,无锡经开区深入宣传各项社保惠民政策,提高广大群众"学社保、懂社保、用社保"的意识,持续扩大社会保险覆盖面。

（区社事局）

【档案管理】 2022年,无锡经开区为全面提升社会保险经办管理能力和服务水平,实现社保档案管理制度化、标准化、规范化,社会事业局建立健全各项规章制度,形成一级抓一级、层层抓落实的工作格局,使社保档案管理工作有章可循。

（区社事局）

【全面参保】 2022年,无锡经开区全面实施"全民参保计划",推动社保精准扩面,全民参保登记率达100%,基本实现法定参保对象全覆盖。2022年企业职工基本养老保险在职参保7.92万人,城乡居民基本养老保险参保0.07万人,工伤保险参保7.62万人。着力做好国企(央企、省企)退休人员社会化管理工作和肿瘤早期筛查项目的退休人员健康体检工作,65周岁以下社会化管理企业退休人员健康体检(肿瘤标志物检测)5833人。

（区社事局）

社会救助

【帮扶救助】 2022年,无锡经开区进一步做好社会救助兜底保障,全年发放最低生活保障金649.1577万元,特困人员供养金64.38万元,疫情临时生活补贴117.12万元。向因突发性、紧迫性、临时性生活困难群众发放各级临时救助金16.0365万元,共计94人次。

（区社事局）

【建立救助机制】 2022年,无锡经开区依据《关于因病致困家庭深度救助实施意见》,对低保、低收入和支出型困难对象,根据个人医疗费不同支付额度分别给予60%至90%的救助,减轻困难对象疾病救治负担,2022年共发放医疗救助金21.4584万元。据困难原因、困难类型、困难程度等因素,分类分层实行救助。对12种慢性病(重症)患者(简称"门慢")、门诊特殊病种患者(简称"门特")分别按低保标准35%、45%发放生活救助金。2022年大病生活救助金:门慢371元/人,门特477元/人,共发放生活救助金126万元。

（区社事局）

【精准救助】 2022年,无锡经开区扩大医疗补助"直通车"制度救助范围,依托市第二中医医院,对低保对象、特困人员、困境儿童、低保边缘人员等困难对象医疗费个人支出,实行无起付、无押金,分病种给予80%、100%的直通救助,有效实现了救助关口前移。2022年共结算医疗补助金18.22万元。

2022年,无锡经开区开展春节期间"送温暖"活动,领导走访慰问低保家庭、"夹心层"家庭,为各类困难家庭送去党和政府的关怀。对"阳光惠民"结对建档立卡户发放慰问金23.35万元,对困难家庭发放一次性慰问补助金116.65万元和元旦、春节节日补助金11.44万元。

2022年,无锡经开区制订《关于进一步加大救助力度高质量保障困难群众的实施意见》，对低保、低保边缘家庭中在读大学（大专）、高中（中专）的学生，分别给予2000元—3000元的助学金，并分三年每年递增6%，实现了教育救助与慈善助学的有效衔接。2022年困难学生助学金于8月底发放，大学（大专）2360元/人，高中（中专）3540元/人，2022年共发放助学金9.4万元。

（区社事局）

社会福利

【老年人福利】　居家养老方面，2022年，无锡经开区持续强化养老服务网络，华庄街道禾塘社区居家养老服务中心完成升级改造，太湖街道大桥社区居家养老服务中心服务提升。同时，进一步优化为老服务能力：为75周岁及以上户籍老年人提供居家援助服务，全年服务45000余人次；为50户老年人家庭完成个性化适老化改造；为4000余名高龄老年进行能力评估，为精准定制居家养老服务提供参考依据；打造"区域性助餐中心＋社区助餐点＋配送入户"服务模式，2022年禾塘社区居家养老服务中心（华庄街道助餐中心）完成升级改造；激发公益创投活力，全年开展文化乐老、心理增能、社区融入、智慧养老等为老公益创投项目34个。

（区社事局）

【残疾人福利】　残疾人方面，依据《关于做好困难残疾人生活补贴和重度残疾人

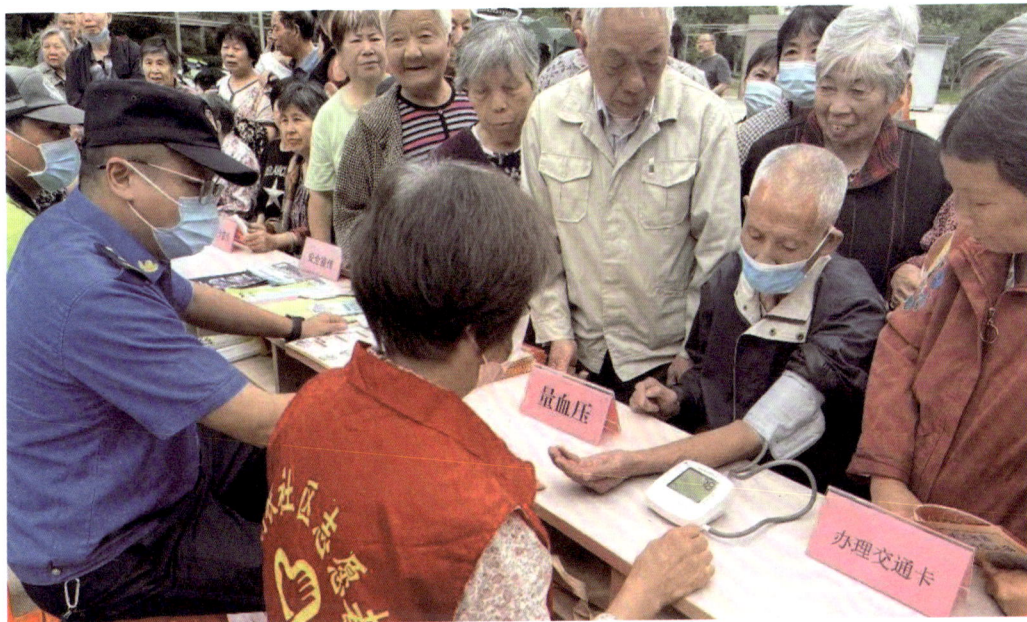

2022年10月4日，利农社区开展重阳节助老义诊活动

（利农社区）

华盛苑二期建设为全市首个以商品房标准来建设的安置房,在立项建设施工过程中落实民意并全过程信息公示,成为全省首个全过程信息公示的安置房小区　　　　　　　　　（区社事局）

护理补贴发放管理工作的通知》,2022年,无锡经开区残疾人生活补贴累计发放4752人次,金额280.949万元,护理补贴累计发放9019人次,金额129.138万元,区级扩面生活补贴6428人次,金额68.1398万元,切实保障和改善了辖区内残疾人基本生活。

（区社事局）

【困境儿童救助】　2022年,无锡经开区累计保障102名困境儿童,全年发放生活补贴135.4968万元,营养补贴30.94万元。规范开展未保站（关爱之家）建设工作,创建未成年人健康成长的温馨家园。其中,太湖街道关爱之家2022年升级为未成年人保护站,开展未成年人保护主题活动近30场,参与人数近370人次。华庄街道未保站于2022年9月建成并投入使用,启动为期一年的"守护花季,相伴成长"项目,强化未保服务阵地建设。

（区社事局）

住房保障

【概况】　2022年,无锡经开区建设局坚持住有所居的保障要求,认真履行住房保障职能,扎实抓好公有住房的配售和维修管理工作,准确落实政府廉租房的配租政策,建立完善享受各种保障住房政策对象审核标准和机制,加强保障住房政策的解读宣传力度,指导协助相关单位做好职工住房补贴发放工作,全区住房保障工作有序有力开展。结合"十四五"目标任务，将完善多主体供应、多渠道保障、租购并举的住房制度体系。

（区建设局）

【房屋维修管理】　2022年，无锡经开区督促各街道房管所加强日常巡检工作，在重大节假日和汛期前后开展房屋安全大检查，及时发现并排除房屋结构安全隐患。房管122社会求助热线坚持24小时受理报修求助，全年接报22起，按时完成抢修任务，抢修及时率和群众满意率均达100%。

（区建设局）

【住房货币补贴发放】　2022年，无锡经开区根据市级相关文件精神，对辖区内符合条件的对象发放购房补助，全年共计受理审核3户，发放经济适用住房货币补贴121万元。发放困难家庭廉租房租赁补贴219400元，保障201人次。审核公租房10户，廉租房实物配租审核218份，新增例外库审核19户。

（区建设局）

【安置房建设管理】　2022年，无锡经开区为满足被拆迁户要求尽快领取房产证的需求，做到应审尽审，并及时上报市房屋服务中心审核备案。2022年，共审核安置房材料1209套，建筑面积12万平方米。完成省政府保障性安居工程新开工目标棚户区改造任务1452套（凯发苑六期安置房建设），同步纳入省住房保障监管系统。全年对上争取共获得中央财政城镇保障性安居工程专项补助资金2491万元，其中，棚户区改造869万元、老旧小区改造486万元、保障性租赁住房1136万元。

（区建设局）

Wuxi Economic
Development District

社会事务

退役军人事务（双拥共建）

【机构建设】　2022年，无锡经开区遴选培育18家社区级退役军人服务站，一批硬件一流、管理一流、服务一流的标杆服务站"雁阵"逐渐形成。

（区社事局）

【优抚安置】　2022年，无锡经开区各项优抚政策全面落实到位。2022年经开区为各类退役士兵办理建档立卡及优待证共计3700余人次；2020—2021年军队无军籍退休退职职工经费结算29.82万元；2022年度二等乙级伤残军人医疗统筹征缴8人，共6.4万元；驻锡部队随军配偶发放2021年下半年及2022年上半年最低生活保障金7人，总金额4.24万元；2022年共发放死亡抚恤与"三属"定期抚恤金66.3万元，各类优抚对象生活补贴发放285.57万元，义务兵家属优待金发放167.88万元，军转干部地方补贴及养老金补差发放293.38万元。全年共接收转业军官1人、复员干部1人、转业士官7人、逐月领取退役金退役军人1人、自主就业退役士兵24人。其中，转业士官2人安置为事业编制，其余5人企业编制，转业士官待安置期间共发放生活补贴3.192万元，养老、医疗保险接续3.24万元；自主就业退役士兵24人，参加适应性培训17人，复学8人。退役后一次性经济补助金共发放人数24人，总金额246.72万元；截至10月，

2022年度创建培育18个社区退役军人服务站，开展退役军人"红色聚力·军魂传承"系列活动3场

（区社事局）

经开区共收到喜报 8 人次，其中三等功 7 次、优秀军官 1 次、优秀士兵 2 次。

（区社事局）

【双拥共建】 2022 年春节、"八一"前夕，区领导带队分别走访慰问驻区 2 个部队，送上慰问金（品）29 万元；同时详细了解部队建设、官兵生活训练等相关情况，并表示，长期以来，驻锡广大官兵忠诚履行职责使命，积极助力地方建设发展，在抢险救援、维护社会稳定、推动双拥共建、参与常态化疫情防控等方面发挥了重要作用，为地方经济社会稳定发展提供了有力支撑，广大部队官兵艰苦奋斗、奋发有为的精气神更值得经开全区上下深入学习。经开区将一如既往地支持部队建设，进一步做好拥军优属工作，帮助解除官兵后顾之忧，持续构建和谐军地关系，为部队建设发展创造更好环境。同时也希望驻锡部队一如既往地支持经开区经济社会发展，共同谱写军民团结一心、携手共话发展新篇章。

（区社事局）

【权益维护工作】 2022 年，无锡经开区派员赴省进京值守，实现了全区退役军人赴省进京"零登记"目标；针对重点群体，组织开展转业志愿兵（士官）就业帮扶工作调研，结合重点时节做好重点优抚对象和困难退役军人帮扶慰问工作。

（区社事局）

【志愿服务工作】 2022 年，无锡经开区区、街道、社区三级共注册成立 41 支退役军人志愿者服务队，2022 年共计开展疫情防控、应急救援、帮扶解困、乡村振兴、基层治理、环境保护等 10378 次，全年服务 51914 人次。

（区社事局）

社区建设

【概况】 2022 年，无锡经开区持续推进社区居委会出缺补选工作，指导街道严格落实相关法律规定，年内完成补选 9 人，确保社区居委会工作正常开展。

2022 年，无锡经开区推进社区配套用房改造。完成太湖街道玖玖城社区、华庄街道和韵社区综合服务设施改造提升项目。

2022 年，无锡经开区稳步推进志愿者工作。依法开展志愿服务组织登记管理，维护志愿者服务系统更新与迁移。积极开展"江苏志愿者日"宣传活动，吸引有志之士加入志愿者队伍。注册志愿服务团队 57 家志愿者 1310 人。

2022 年，无锡经开区推进超大型社区拆分调整。积极与滨湖区民政局对接，推进华庄街道尚锦社区、太湖街道万科社区拆分，新成立太湖街道和信社区、立信社区。

2022 年，无锡经开区开展 2022 年经开区社区工作者"星级"评定工作，共计评出一星社区 136 名、二星社区 12 名。

（区社事局）

2022年9月2日,在全市率先完成15名新时代文明实践指导员招聘工作,与新时代文明实践所(站)工作人员、志愿者形成"15+N"文明实践模式,指导、组织、开展新时代文明实践活动,提高新时代文明实践队伍专业化水平

（区社事局）

【社区公益创投项目全覆盖】 2022年,无锡经开区开展公益创投和社区治理创新项目。制定出台《2022年江苏无锡经开区公益服务项目创投活动实施方案》《2022年经开区社区治理创新项目实施方案》,公益创投共征集项目59个,服务次数达1.4万人次;社区治理创新共征集项目39个,太湖街道南桥社区及瑞星家园社区分别获评无锡市社区治理创新项目二等奖和优秀奖。

（区社事局）

社会组织管理

【概况】 2022年,无锡经开区共有在册登记的社会团体15家、民办非企业106家,社会组织共有121个。

（区社事局）

【社会组织日常监管】 2022年,中国共产党江苏无锡经开区社会组织联合支部委员会成立,性质为功能型党组织,由无锡经开区社会事业局党支部负责管理,主要职责为宣传党的路线、方针、政策,促进中央和省、市委各项决策部署在区社会组织中贯彻落实,督促社会组织加强党建引领,推进社会组织孵化、登记、年检、换届、监管、评估和党建工作同步实施。

2022年,无锡经开区累计办理事项百余件,其中成立、变更、注销等行政许可事项60件,到期换证等事项43件。组织125家社会组织参加年度检查,参检率达93%。执法监管逐步形成合力。会同相关业务主管单位,对4家社会组织进行抽查和整改复查工作,并对被抽查社会组织开展财务专项审计,及时对发现和需要整改的内容进行告知。同时,积极开展"僵尸型"社会组织专项整治活动。

（区社事局）

【社会组织培育】 2022年,无锡经开区对50余家社会组织申报等级评估,等级评估率达到50%,同时,各街道发挥社会组织孵化基地平台作用,对备案社区社会组织进行了有效管理,全区城市、社区拥有社会组织480个。

（区社事局）

民族宗教事务

【概况】 2022年,无锡经开区认真贯彻落实习近平总书记关于民族宗教工作重要论述,以铸牢中华民族共同体意识为主线,坚持我国宗教中国化方向,不断巩固民族团结、促进宗教和谐,夯实民族宗教领域工作基础。

（区党群部）

【民族团结进步工作】 2022年,无锡经开区民族团结进步事业不断发展,举办"喜迎党的二十大　民族团结向未来"全区民族团结进步宣传月启动仪式,组建民族团结进步宣讲团、创新打造"数字公民"讲民族团结故事线上课堂、开展红石榴直播间直播带货系列活动等。持续丰富民族团结进步创建"七进"活动,举办锡贵两地六一联谊、民族特色田径运动会、我在国旗下成长等活动41场次。无锡市东绛第二实验学校成功创建全省第三批"红石榴家园","好信妈妈"少数民族志愿团队成员崔善姬被推评为2022年一季度"江苏好人"。

（区党群部）

【宗教场所安全工作】 2022年,无锡经开区持续开展宗教领域安全专项三年行动,与4个场所签订2022年度安全责任书,全年安全巡查48场次。做好C、D类宗教建筑"回头看",投入200万元完成太湖天主堂安全隐患深度整改。组织召开疫情防控部署会3次,制订《宗教活动场所疫情防控常态化指引》《宗教活动场所疫情防控应知应会》《无锡经开区党群工作部关于宗教领域疫情防控"百日攻坚"专项行动方案》,及时研究部署具体任务。

（区党群部）

2022年2月9日，市委常委、统战部部长周常青调研经开区统战工作　　　　　　　　　（区党群部）

【依法管理宗教事务】　2022年，无锡经开区坚持宗教中国化方向，因地制宜打造宗教场所学习廊2条、研讨室1处。引导宗教界积极学习《互联网宗教信息服务管理办法》，显云寺获互联网宗教信息服务许可。

（区党群部）

【公益慈善捐助】　2022年，无锡经开区积极引导宗教界人士弘扬中华优秀传统慈善文化，不断探索服务社会新路径、新模式，显云寺和伽蓝寺累计捐资捐物约50万元。

（区党群部）

公共安全

应急管理

【概况】 2022年,在经开区党工委、管委会的坚强领导和市应急局的关心指导下,区政法和应急局着眼提升应急指挥和救援能力,有序有力开展值班值守、队伍建设、预案管理等工作。

（区政法和应急局）

【应急演练】 2022年,无锡经开区着眼应急救援处置的实际需求,从实战出发,检验预案方案编制的合理性,磨合应急机制,促进预案的调整优化。2022年,区级部门单位、太湖新城集团、街道社区及企业,组织开展防雨雪冰冻、防汛防台、校园防震防火疏散、住宅小区消防救援、企业安全生产处置等各类应急演练200多场次。

（区政法和应急局）

【应急预案体系建设】 2022年,无锡经开区梳理框定应急部门牵头编制的区级专项预案清单,推动粮食、燃气等区级专项预案的编制印发,督促指导推进街道建立"1+13+X+Y"基层应急预案体系,编制修订街道总体预案2个、街道专项预案29个、社区应急预案与现场处置方案43个。

（区政法和应急局）

【应急值守】 2022年,无锡经开区切实抓好党的二十大、夏季防汛防台、冬季防雨雪冰冻等重要时段的应急值班值守工作,及时跟踪调度处置自然灾害、生产安全事故等突发事件信息和紧急情况。结合部门实际,制定落实24小时应急值班值守工

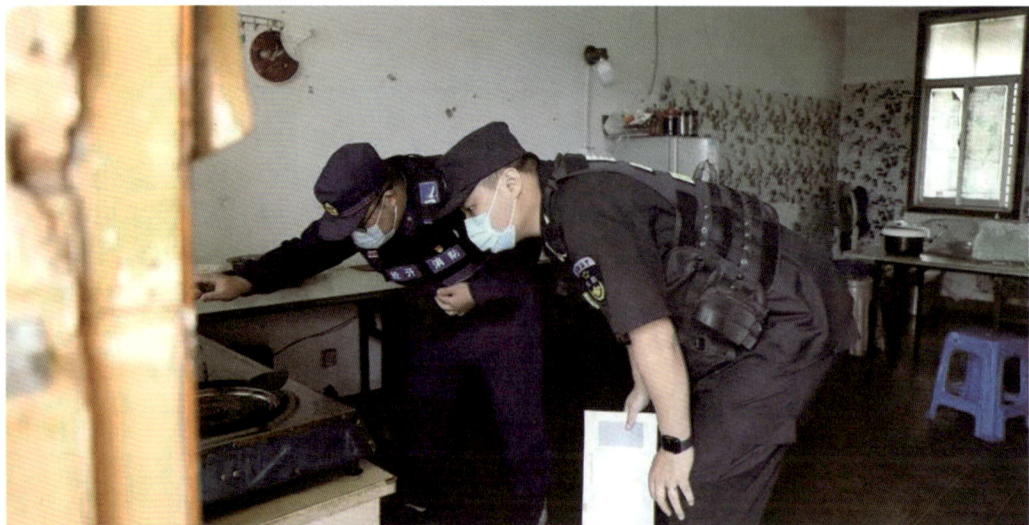

2022年5月9日起,经开区部署开展重点区域部位疫情防控、公共安全"双安"集中整治专项行动

（政法和应急局）

作制度,确保及时高效处置安全生产与自然灾害等突发事件。

（区政法和应急局）

【应急救援力量】　2022年,无锡经开区围绕防汛防台、防雨雪冰冻、消防灭火等突发事件处置需求,全区组建成立综合执法、消防救援、瑞景城市、街道、企业和其他社会力量等各类应急队伍十多支共300多人,配备铲雪、雾炮、清淤、抽排、抢险通讯、运输等各类车辆60多台(辆),挖机、水泵、发电机等设备100多台。

（区政法和应急局）

防灾减灾

【概况】　2022年,在区党工委、管委会的坚强领导和市应急管理局的关心指导下,区政法和应急局强化统筹协调,着力加强宣传教育和基础保障,扎实开展自然灾害综合风险普查,不断推进防灾减灾救灾各项工作。

（区政法和应急局）

【防灾减灾机制建设】　发挥好区减灾办统筹协调职能,在夏季汛期、台风强降雨、冬季寒潮等灾害易发时段,第一时间把天气预警和防范提示转发到相关部门单位和街道社区,落实到位自然灾害事前预防预警和提前部署指导。围绕台风、雨雪冰冻、寒潮、强降雨等主要灾种以及地质灾害,在夏季防汛、防范台风"梅花"、冬季防

寒潮和雨雪冰冻等灾害天气时段,积极加强与建设、综合执法和瑞景城市、街道等部门单位的信息互通、协调联动,实现早预警、早防范、早行动。

（区政法和应急局）

【防灾减灾宣传培训】　2022年,无锡经开区以防灾减灾宣传周、国际减灾日等为契机,开展形式多样、线上线下相结合的宣传活动。在社区、学校、综合体、商业广场等人员密集场所,通过设置咨询台、摆放展示板、发放宣传册、LED屏播放等方式,向社会公众普及暴雨、台风、强对流、寒潮、雨雪、火灾、地震等灾害知识和防范应对基本技能,发放3000多份资料,解答问题咨询200多人次。

（区政法和应急局）

【防汛防台减灾】　2022年,无锡经开区印发学习《河南郑州"7·20"特大暴雨灾害调查报告》,切实增强各级各部门的责任感和紧迫感,牢固树立底线思维。对汛期风险点——宝能城积水处,与市安委办、地铁集团等加强沟通,会同建设局、瑞景城市等部门单位切实把风险防范处置工作落实落细。督促指导街道社区实现防汛避难场所全覆盖,细化受灾群众转移工作方案,为防汛防台转移安置工作打下坚实基础。

（区政法和应急局）

【自然灾害综合风险普查】　截至2022年年底,应急管理领域完成110条承灾体调查、498条减灾能力等共计608个调查对象的数据填报、审核、质检工作;房屋建筑

2022年5月23日，经开区综合执法局在丰润道红周路口组织开展防汛抢险应急演练，以演为战、以练促防

（政法和应急局）

调查完成本区房屋图斑数量20389个，共3115余万平方米；市政领域完成道路139条，桥梁149座；森林火灾调查领域，森林火灾自然灾害减灾能力、野外火源及历史灾害的调查工作均已完成。

（区政法和应急局）

安全生产监督管理

【概况】 2022年，无锡经开区坚持以习近平新时代中国特色社会主义思想为指导，深入贯彻落实习近平总书记关于安全生产重要论述和重要指示批示精神，时刻紧绷安全生产这根弦，按照国家、省、市关于安全生产统一部署要求，紧密结合本地区实际，一体化推进专项整治三年行动、安全生产"十五条"硬措施、安全生产大检查、安全生产百日攻坚行动和冬季安全生产专项治理行动，聚焦排风险、除隐患、健机制、提能力、遏事故，强力推动上级安全生产督导督查巡察反馈问题立行立改，进一步推进安全生产责任措施落实，确保辖区安全生产形势持续稳定向好。2022年，辖区安全生产责任事故、亡人数在前两年基础上继续大幅下降，没有发生有影响的安全生产事故。

（区政法和应急局）

【专项治理】 聚焦重点行业、重点环节、重点部位，纵深推进安全生产专项整治"三年大灶"深化提升的63项重点任务、安全生产大检查的53个检查要点、"百日攻坚"行动的10个重点领域77个整治事项、冬季安全专项治理的18个领域94个治理内容,深入排查整治危化品、自建房、城镇燃气、交通运输、建筑施工、冶金工贸和消防等领域安全风险、问题隐患,统筹推进、一体实施,实现问题隐患动态清零,确保隐患排查见底、问题整改闭环,全年共计排查整改隐患7390条。坚持分级分类执法和重点执法,计划执法与执法预告相结合,执法与服务相结合,采取联合执法、飞行检查、明察暗访等方式,督促企业落实安全生产风险报告,查准查实问题隐患,着力从严打击"黑气"、醇基燃料使用等涉及安全生产的各类非法违法行为。全年执法检查企业及生产经营单位77家,立案29件,对2个重大火灾隐患进行了挂牌督办。检查"厂中厂"企业403家次,排查整改隐患535条,关停搬离219家。

（区政法和应急局）

【隐患整治】 结合无锡经开区实际,推动开展市、区联动督导,切实减轻基层负担,提升督导实效。区督导组会同市督导组对各街道开展下沉督导,对企业、工地开展实地检查。积极与上级督导组进行工作对接,组织召开市安全生产督导经开区座谈会,听取市督导组督导情况反馈,及时了解存在的问题短板;组织召开全区安全生产专项整治行动推进会,研究部署上级督导交办问题整改工作,深化推进安全生产专项整治行动;区党工委管委会领导带队开展"四不两直"安全检查,实地查看交办问题整改情况,确保交办问题立行立

改、整改到位。2022年,省、市安全生产督导组移交问题隐患160项,均已整改办结。

（区政法和应急局）

【制度建设】 按照"三管三必须"原则,明确街道属地责任和部门监管责任,厘清监管边界,落实安全责任。同时,根据上级工作要求,进一步完善工作体系,优化工作制度,打造安委会牵头抓总、专委会分工协调、各成员单位各负其责、互相配合、条块联动的工作格局。以突出隐患为重点,结合区域、行业领域实际,开展重点地区、重点方面、重点问题联合整治;积极探索"互联网+网格化+安全"实施路径,推动"安全入网",逐步建立符合经开实际的安全监管长效机制。按要求使用省安全生产行政执法管理系统,并及时完整录入信息。按要求健全完善无锡市安全生产监管平台账号管理体系,问题、隐患、履职情况实现应录尽录、跟踪督办。

（区政法和应急局）

【宣传教育】 深入开展"百团进百万企业千万员工"主题宣讲、党政主要负责人"四个一"说安全、"学重要论述,促安全发展"网络宣讲平台线上学习活动、"企业主要负责人说安全"和安全生产宣传月、安全宣传"五进"活动,区、街两级安委会主任、副主任均开展专题宣讲1次,全区开展各类学习宣讲培训演练50余场次。开展防灾减灾宣传周、安全生产宣传月、"5·12防灾减灾宣传日"、"10·13国际减灾日"、

"11·9消防日"等活动,通过微信公众号、政府门户网站发布微视频和图片,集中开展线下宣传咨询活动,开展防灾减灾知识咨询,设置宣传展板,播放宣传片,组织开展消防应急演练活动,演示灭火器的使用方法和注意事项,提升居民的自救互救基本常识和技能。发放新《安全生产法》《安全生产法释义》等各类安全生产知识手册、资料6万余册,进一步强化安全生产意识和主体责任落实。

（区政法和应急局）

【基础建设】　区应急指挥中心是经开区区域治理联动指挥中心建设的一部分,由经开区发展中心统一设计建设施工,区政法和应急局高度重视应急指挥中心建设,与建设施工方反复研究沟通,严格按照《全省应急指挥中心规范化标准化建设基本要求（试行）》要求,以及学习借鉴兄弟单位好的做法,合理规划设计,加快推进,截至年底,经开区区域治理联动指挥中心已进入装修施工阶段。

（区政法和应急局）

【安全生产长效监管】　2022年,无锡经开区落实"党政同责,一岗双责"要求,研究制订《无锡经开区党工委管委会领导班子成员2022年安全生产重点工作清单》,明确了党工委管委会领导班子成员的安全生产职责,带动各级落实安全生产责任制;将安全生产工作开展情况纳入高质量发展综合考核评价体系,制订下发《经开区2022年安全生产目标管理责任书》《无锡经开区安全生产专业委员会2022年度攻坚项目任务书》,对部门和街道领导班子及领导干部安全生产履职情况进行督查考评;坚持分级分类监管机制,实现全区各企业（场所）监管责任全覆盖;发挥区级消委会和9个专委会作用,建立"日常巡查""飞行检查"制度,强化行业领域安全监管。

（区政法和应急局）

【燃气安全生产】　2022年,综合执法局切实发挥区城市管理安全专委会高位统筹作用,深化燃气安全专项行动,瞄定更高标准、系统谋划、科学施策,持续提升城镇燃气本质安全水平。推进7.4万户管道气居民用户、3060户瓶装气居民用户管阀"两件套"更新安装,确保居民用户用气安全。推动瓶装气用户减量。更换管道气居民用户管阀80098户,瓶装气居民用户管阀安装3673户,瓶改管居民242户、餐饮62户,落实燃气管线破坏防控措施。印发《关于切实做好城市地下燃气管线第三方破坏防控工作的通知》,严格管控动土施工行为。明确管线查询交底、专人巡查监护、施工结束踏勘闭环工作流程。规范办理涉及燃气管线动土施工83件,有效阻止第三方破坏风险。加强智慧燃气监管。全区管道气和瓶装气餐饮场所工业级燃气泄漏报警器已全部安装到位,信号接入市级智慧化监管平台,实现24小时全天候监管。

（综合执法局）

【建筑工地安全监管】 2022年，无锡经开区完善建筑施工领域安全生产专项整治工作体制机制，开展房屋市政建设工程安全生产大检查、安全生产"百日行动"、冬季安全专项检查，紧盯危大工程、起重机械、消防安全以及燃气和醇基燃料隐患治理，紧紧围绕全区86个施工在建项目，检查工程项目521次，排查隐患137项，发出隐患整改通知书29份，联合市局执法部门对企业项目的违法违规行为立案处罚1起，罚款金额10万元。制定《无锡经开区自建房安全专项整治实施方案》，深入开展自建房"百日攻坚"行动，排查各类既有建筑7526栋，排查上报自建房2830栋，其中经营性自建房589栋，整治处理疑似隐患建筑22栋。

（区建设局）

消防安全

【概况】 2022年，无锡经开区消防救援大队在经开区正处大建设大发展的特殊时期，以及针对经开区的特殊地理位置，主动融入经济社会发展大局，切实扛起防范化解重大安全风险的政治责任，坚持高水平消防安全服务高质量全面发展，高标准、高质量承担全区56.6平方千米的防火、灭火救援任务。2022年，全区火灾事故起数同比上年下降31.6%，未发生人员伤亡和有影响火灾事故，消防安全形势稳中向好，社会消防安全环境明显改善。

（区消防救援大队）

【消防安全委员会建设】 2022年，无锡经

2022无锡经开区"119消防宣传月"启动　　　　　　　　　　（区消防救援大队）

开区消防救援大队进一步发挥区消委办在全区消防工作中的统筹、协调和引领作用,部署开展突出问题攻坚整治和各类社会面火灾防控工作,指导华庄、太湖街道消防安全委员会办公室实体化运行,协调相关部门增配专职工作人员,督促进一步落实"双备案"制度,实施区、街两级消委办联动联勤联防工作机制,进一步延伸了消防隐患排查整治、消防宣传教育培训的工作触角,有效改善了"九小场所"、沿街店铺和居民小区消防安全环境。

(区消防救援大队)

【应急救援体系建设】 2022年,无锡经开区消防救援大队加快推进全区消防救援体系建设,2车13人的金融街消防站于11月份正式投入执勤,开展灭火救援和社会救助任务17起,疏散群众5人,挽回财产损失10万余元,组织重点单位微型消防站200余名队员开展实操轮训,开展消防安全保卫活动15次。通过多次纵向、横向汇报沟通,推动占地面积22.5亩,总投资预算2.04亿元的特勤消防站项目高规格立项,并举行奠基仪式。

(区消防救援大队)

【服务经济发展】 2022年,无锡经开区消防救援大队主动融入经济社会发展大局,先后多次为山姆超市、周新里、江南大悦城等重点项目提供消防技术服务,在消防

金融街消防站队员集训结束,于11月投入执勤,并组织辖区消防安全重点单位200余名微型消防站队员分批开展轮训

(区政法和应急局)

手续审批和重大活动安保上做到服务企业"零距离"、办事效率"零障碍";对方成彩印、尚贤湖基金PARK等规上企业和园区通过指导提升本质消防安全水平不断提升企业综合实力,做到生产经营"无干扰",隐患整改"全服务";以开展专项整治为抓手,推动房冠工业园等园区升级改造,为政府征收拆迁和产业调整升级打好"头阵"。2022年,大队自组建以来连续第二年荣获无锡经开区年度"四区"建设先进集体(优秀服务单位)荣誉称号。

（区消防救援大队）

【消防安全专项整治】　2022年,无锡经开区消防救援大队针对全区消防工作存在的薄弱环节和"老大难"问题,开展深化提升消防安全专项整治三年行动、高层建筑、商场市场和大型商业综合体、"五个一百"等专项整治,督改火灾隐患2500余处;完成水清木华、融创熙园一期、新东国际广场、锦都大厦等一批重大、区域性隐患整改,高标准、高强度推进金泰装饰城、苏南水产市场、嘉业财富中心、万科城市花园小区等历史遗留隐患问题攻坚整治,解决了久拖未改的"老大难"隐患等200余处,为2023年全面打赢攻坚战奠定了坚实基础。

（区消防救援大队）

【消防宣传教育】　2022年,无锡经开区消防救援大队不断增强消防宣传工作质效,除组织开展"安全生产月"、"119"消防宣传月等大型宣传活动9次,发送消防公益短信78万余条,开展"消防安全知识进课堂"活动50余次,张贴海报8万余份等常态性消防宣传工作外,聚焦居民火灾、电动车火灾、垃圾火灾多发问题,有针对性开展消防直播活动2场,对38个小区开展了入户宣传活动;聚焦"九小场所"从业人员消防素质不高问题,推动1万余人开展消防安全学习平台扫码学习;聚焦社会单位消防管理工作需求,走进重点单位和规上企业开展宣传和培训活动80余次。

（区消防救援大队）

【建设工程消防审验】　积极响应政策,做好服务宣传,2022年完成项目消防设计审查1个、消防验收1个、消防备案验收57个,办结率达到100%。

（区建设局）

【能力水平提升】　2022年,无锡经开区消防救援大队不断提升火灾防控水平,开展消防安全形势分析研判5次,深挖短板弱项,分类施策布防,精准防控治理;大力提升消防工作质效,紧盯不稳定因素、矛盾点和社会群众关心问题,快速高效处置信访案件193起,推广安装独立式火灾探测报警器610套、简易喷淋装置60套、电气火灾监控系统20套、电动自行车智能充电桩100套,协调推动新建智能消火栓100只,维护保养市政消火栓130只;大力推进民生实事项目落实,督改消防管网无水居民小区4个,推动安置房小区实施消防技

2022年8月25日,无锡经开区、无锡高新区(新吴区)联合举办2022年网络安全工作培训会暨网络安全事件应急演练

(区党群部)

服务机构全覆盖维护保养,开展消防车进小区道路测试,打通"生命通道"25处。

(区消防救援大队)

网络与数据安全

【公共网络安全监管】 安全监管清单化,开展拉网式检查2轮,摸排辖区内288个户外大屏和各街道、部门(单位)48个"三微一端一抖"等平台运营情况,并与经开区网络安全应急中心签订网络安全责任书登记在册。

(区党群部)

卫生应急

【突发公共卫生事件处置】 做好新冠疫情应急处置工作,开展流调溯源,组建追阳小分队,开展核酸检测阳性人员及环境核酸采样工作,快速、及时、有效阻断疫情传播,严格落实终末消毒、预防性消杀工作。

(区社事局)

【安全生产】 认真学习贯彻习近平总书记关于安全生产的重要论述,组织观看《生命重于泰山——学习习近平总书记关于安全生产重要论述》电视专题片共计95家次。

深入厘清各级各类医疗机构本底,持续推进重点行业领域企业单位安全生产风险报告工作,已完成75家机构的首次上报工作。辖区各级各类医疗机构均已列入安全生产监管平台,及时上报隐患情况及履职情况,联合卫生监督、市场监管、消防救援等部门和第三方专业机构开展安全生产监督检查工作,全年完成四次全覆盖检查,累计检查发现并整改各类安全隐患460个。

（区社事局）

特种设备安全

【特种设备安全监管】　2022年经开区市场监管局探索搭建了经开区叉车智慧安全监测服务平台,在叉车上安装监测设备,即可通过信息化手段、实现"非现场"监管,大幅度提升监管效能。同时,叉车使用单位也可通过平台实现风险隐患早发现、早预警、早整治,让叉车监管有了远程"监督眼"。

通过人、车、平台的智能化联动,以科技手段有效提升了使用单位安全管理水平,使安全责任细化到岗、到人,真正落实到"最后一厘米",构建起平台智能预警、企业自查自纠、部门动态监管的多维监管模式。截至2022年,全区在用叉车智慧监管率已达100%。平台上线以来,叉车作业人员参训考证率提升40%,叉车超速行驶、佩戴安全带不规范等预警安全事件下降了85%,叉车无故离开场区事件大幅减少。

平台已累计处置安全事件6000余件,有效预防了叉车事故,提高了监管质效。

为保证电梯检测质量,突出试点成效,经开区市场监管局配套开展电梯检测质量抽查。共抽查已出具检测报告的电梯100台,发现问题47处,要求检测单位举一反三、落实整改,以常态长效的抽检机制倒逼检测单位,保证检测工作质量,全面提升电梯安全水平,为改革在全市铺开提供"经开经验"。

重点抽查了学校、医院、商场等人员密集场所和投诉率高的住宅小区在用的电梯,共62家维保单位350台电梯。从抽查总体情况看,维保质量符合率在85%以上,大部分维保单位能按照法律法规及要求进行电梯日常维护保养工作。但不同维保单位之间的维保质量差异仍然明显,存在日常维保不到位的情况,钢丝绳(或救援说明)平层标记缺失、井道照明缺失或失效、机房照明失效、无机房电梯紧急救援功能失效、液压缓冲器柱塞锈蚀(电气开关无法动作)等问题未能通过维护及时发现排除,使用单位未落实安全管理职责,维保单位保养不到位。

（区市监局）

交通安全

【交通运输安全监管】　2022年,经开区全面依法落实行业管理,共出动执法人员520

2022年8月10日，经开交警扎实开展夏季交通安全整治"百日行动"，常态长效推进文明城市创建，加大对机动车、非机动车交通违法行为的查处力度，全力维护良好道路交通秩序　（区建设局）

人次，排查企业171家，发现隐患问题32个，全部整改到位；加强节假期联合检查，共执法11次，出动执法车42辆次，执法人员82人次，检查"两客一危"车辆60辆次；强化违法突出企业的管理，共约谈企业8家，一超四罚企业3家；坚持联合各执法部门严厉打击各种非法营运行为，共查处非法营运3起，罚款0.9万元。

（区建设局）

【交通运输企业管理】　2022年，经开区深化"放管服"改革，全面启用电子证，实施网上一体化年审，本年度办理道路运输新增许可3件，新增道路运输证93件，新增车辆73辆。政务类年审、换发、注销、转籍、信息变更等事项共计2100余件，办结率100%。同时，为辖区汽车维修企业做好咨询、指导服务工作。

（区建设局）

街道

华庄街道

【概况】 华庄街道位于无锡太湖新城核心板块，是无锡市委、市政府所在地，东与无锡国家高新技术产业开发区（无锡市新吴区）接壤，南至太湖，西连无锡山水城和太湖街道，北枕京杭大运河，辖区总面积34.7平方千米，总人口15.08万，下辖20个社区。

华庄街道曾经是江南名镇、工业重镇，原名为红旗人民公社，后又称红旗乡，八十年代中期，红旗乡更名为华庄镇，被当时的国家科委、计委等23个部委确定为全国唯一的小城镇建设综合试点镇，九十年代初期被确定为全国首批小城镇社会发展综合示范试验区，胡耀邦、江泽民等23位党和国家领导人曾先后莅临华庄视察。20世纪末期，华庄在当时的无锡县（锡山市）经济社会协调发展综合考评中连续九年力拔头筹，实现了"九连冠"。在农业生产、乡镇企业发展、小城镇建设各个历史时期，华庄奏响了一个又一个奋斗强音，谱写了一个又一个发展华章，先后获评"全国百强乡镇""江苏省名镇""江苏省文明乡（镇）"等荣誉称号。

进入21世纪以来，华庄在无锡开发建设太湖新城的热潮中正加快由农村乡镇向城市新核转型、由传统产业向现代产业转型、由二元结构向一元结构转型。综合形势和任务，当前和今后一个时期华庄街道经济社会党建、改革发展稳定的总体思路可以概括为"一三五七"：

"一"——实施一大战略：积极实施顺应、依托、助推无锡城市化发展的战略。

"三"——明确三大定位：华庄未来的定位是太湖新城核心区、产城融合示范区、和谐稳定宜居区。

"五"——组织五大攻坚：1.经济转型攻坚战。2.征收拆迁攻坚战。3.信访维稳攻坚战。4.债务化解攻坚战。5.社区振兴攻坚战。

"七"——提升七大水平：1.提升规划建设水平。2.提升城市管理水平。3.提升文化引领水平。4.提升社会治理水平。5.提升民生幸福水平。6.提升生态文明水平。7.提升管党治党水平。

（华庄街道）

【经济建设】 2022年，完成规模以上工业总产值138.74亿元，增长（同口径，下同）15.36%；规模以上服务业营销35.29亿元，增长33.72%；一般公共预算收入10.79亿元；全社会固定资产投资140.95亿元，其中工业投资6.79亿元，经营性服务业投资38.86亿元；限额以上社会消费品零售总额46.75亿元；新兴产业业务总收入31.99亿元；引育科技型中小企业138家、雏鹰企业15家、瞪羚企业5家、准独角兽企业3家。

2022年，实施征拆项目60个，完成征收总量约60万平方米，奥体中心、南张工

华庄街道坚持"创建为民、创建惠民、创建便民"理念,对太湖佳园、旺安佳园等8个小区的安置房地下室加快改造,贡湖苑、华憬佳园等4个小区安置房外墙改造提升项目,完成落霞苑城市管理标杆区提升改造项目

(华庄街道)

业园地块、新60班高中西侧地块等25个市级攻坚拔点项目和华苑路与蠡华东路西北侧、滨开园区海源重工地块等12个区级重点项目全部实现"清零",完成征收面积和市级攻坚拔点项目个数较上年分别增长37.9%、66.7%。

(华庄街道)

【社会事业】 文明创建内外兼修,深入推进全国文明典范城市创建,成立领导小组,制定行动计划,强化高位协调,对照公共环境、公共设施、公共秩序、公共服务、公益广告和人员素质等要求,系统谋划、精准施策,实现辖区环境提优提质、文明提标提档,街道分别于6月、11月荣登市全国文明典范城市创建工作红榜,得分率及排名位列前茅。一方面,全力夯实"硬基础",在环卫保洁、市容秩序、停车秩序、小区管理、农贸市场等10类城市精细化管理重点工作和领域开展综合整治提升,平整移交土地17.16万平方米,完成拆违10万平方米,整治无证设摊、占道经营500余起,清理"三乱"800余处,完成停车泊位动态信息联网8000个。优化完善城市管理单元网格,将原有23个调整至27个,城市管理单元优良率首次实现100%,城市精细化管理获市级红榜3个、区级红榜1个。另一方面,全力提升"软实力",新建华新、泓澄等8个社区新时代文明实践站,实现19个社区新时代文明实践站全覆盖,广泛开展各类精神文明创建活动510场次,擦亮"文明华庄·C位有我"志愿服务品牌,成立医疗急救服务队、蓝天碧水护卫队等志愿团队,不断弘扬向上向善尚和尚美文明新风尚。

生态环境持续改善,深化水环境综合整治,实施清水河净水设施、王草浜水生态修复等工程,秀水河、清水河、华甲里河列全市"美丽河湖"红榜,3条国省考断面优Ⅲ比例继续保持100%,10条市级重点整治河道和16条市级环境综合整治河道优Ⅲ比例达100%,8条入湖河道一级支浜优Ⅲ比例达超考核要求。有序做好蓝藻打捞工作,以更高水平的"两个确保"实现了太湖安全度夏。抓好大气污染防治工作,实施大气治理项目158项,开展工地扬尘管控、餐饮油烟治理、微环境保洁等。强化固废、危废全过程监管,完成危废企业核查85家。大力推进"散乱污"等劣质企业整治,关闭取缔劣质企业165家。高质量完成第二轮中央生态环境保护督察

问题整改工作,完成省、市专项督查反馈问题整改14件。

(华庄街道)

【人民生活】 "三资"管理不断深化,按照《经开区平台公司移交协议》精神,对接督促经开区相关部门按计划偿还街道隐性债务5.65亿元、经营性债务2696万元。做实清产核资,按照全市统一部署,扎实开展镇(街道)国有资产专项治理,完成51个单位资产清查,并全部录入市级镇(街道)国有资产监管系统。盘活闲置资产,推进存量安置房上市交易,100套房源全部竞价成交。规范资产交易,纵深推进村级集体商铺转租专项整治,稳步提高社区资产(资源)公开招租比例。全面推行村务卡、"E银通"村级资金非现金结算。拓宽股民增收渠道,将青年公寓资产量化结算至相关村级股份合作社,21个股份经济合作社

2022年8月28日,改造提升后的水乡农贸市场开始了试营业。市场集"高颜值"和"大智慧"于一身,安装空调提高了市民购物舒适性,引入了智能化管理系统,进一步提升"菜篮子"的安全系数,提升居民的幸福感

(华庄街道)

股均分红水平达 600 元,处在全市上游。有序开展建华股份经济合作社组建工作,就历史遗留的土地征用款资金结算加强与市、区及相关方的对接沟通。

民生工程有力提升,高标准实施水乡苑农贸市场改造提升工程,引入智慧管理系统,进一步提升"菜篮子"安全系数。按照"城中建园、城园相融"理念,在人口较为密集的水乡苑片区新建集生态、健身、休闲等功能于一体的瑞景公园,落实正中公园常态化精细化养护管理。加快水乡苑五期、落霞苑五期、凯发苑二期安置房建设。对接推进凯发苑一二期、水乡苑二四期安置房改造提升工程。完成育才路、杨室里等背街小巷整治提升。打造万欣社区党群共享街心广场,并获市"微幸福"民生工程金奖。制定安置房、老旧小区物业管理考核实施办法,实现居民小区物业市场化管理全覆盖。

社会保障愈加坚实,扎实开展高质量就业创业促进行动,城镇新增就业 3500人。稳步实施"五助"等常规救助项目,全年发放低保家庭各类补助、困境儿童养育补助、残疾人两项补贴等约 374 万元。加强"一老一小"保障体系建设,更新完善为老服务设施,高龄老人享受居家援助服务比例达 100%,完成禾塘社区居家养老服务中心升级改造,建成省级示范性未成年人保护工作站。持续做优"春益华庄"公益服务品牌,31 个公益服务项目落地社区,开展服务活动 407 场次、受惠群众

8189 人次。扎实开展"村村到、户户进、人人访"集中走访活动,完成走访 5.6 万户13.5 万人,梳理并解决群众急难愁盼问题100 余个。

(华庄街道)

【社会治理】 安全生产平稳有序,始终坚持"安全第一、预防为主、综合治理、系统建设"的方针,着力加强安全生产管理,引导街道各级各方提认识、强责任、抓重点、查隐患、严整改、重基础、善借力。优化调整安全生产专委会,各专委会定期开展安全检查,加快隐患整改,56 条市、区挂牌督办隐患全部完成整改。优化调整消防安全委员会,消委办实行实体化运作。深化安全生产专项整治三年行动,紧盯生产安全、消防安全、特种设备、粉尘涉爆企业等重点领域,瞄准农贸市场、既有建筑、安置小区等重点部位,扎实开展安全生产大检查、重点行业领域百日攻坚行动,辖区安全形势持续稳定向好。进一步推进金泰市场安全隐患综合整治,违建、消防、停车等一批显性问题得以解决。实施城镇燃气安全专项行动,超额完成居民用户"瓶改管"180 户、餐饮用户"瓶改管""瓶改电"39 户,更新安装燃气用户管阀"两件套"3.7 万户。

社会大局和谐安宁,加强"平安华庄""法治华庄"建设,常态化推进扫黑除恶斗争,开展妇女儿童权益保障问题专项排查整治行动,创成省级民主法治示范社区 1个。强力推进信访突出问题攻坚化解年

行动,接待来访群众306批413人次,受理上级来信来访、各类交办件181件,化解信访积案11件,中央和省交办重复信访事项和重点人员化解稳定率100%,圆满完成冬奥会、党的二十大等重要时期安保维稳任务。着力推进基层治理体系和治理能力现代化,探索建立以"加强党的全面领导、审批服务一窗口、综合执法一队伍、基层治理一网格、指挥调度一中心"为主要内容的"1+4"基层治理模式,打造"审批服务一窗口"试点社区3个,通过"15分钟医保服务圈"省级示范点建设第一轮验收,启动"城管进社区"工作,实施"3+14"精网微格专项行动,划分微网格478个。不断发展全过程人民民主,试行街道议政代表会议制度,圆满召开街道议政代表会成立大会。

(华庄街道)

太湖街道

【概况】 太湖街道位于江苏省东南部,无锡市南部,隶属于江苏无锡经开区,总面积21.5平方千米。辖区东至南湖大道,西至蠡湖大道,南至震泽路,北至隐秀路,下辖19个社区及2个社区筹备组,常住人口约18.6万。

太湖街道原名东绛,20世纪初,东绛籍民族工商实业家周舜卿兴建新市镇后,改名为周新镇。1950年5月,行政区划名

称复称东绛。中华人民共和国成立后,先后属无锡县的滨湖区、华庄区和南泉区、无锡市郊区管辖。1958年,复归无锡县管辖。2001年起,隶属无锡市滨湖区。2003年年初,东绛、雪浪两镇合并,改称太湖镇。2007年1月,太湖镇改为太湖街道。2018年9月,太湖街道整体划入无锡经开区管辖。

太湖街道位于无锡经开区核心区域,是无锡市委市政府所在地,区位交通优越便捷,金石路、高浪路、观山路、蠡湖大道、五湖大道、贡湖大道等路网完善,地铁一号线自北向南横穿太湖新城,贯穿街道南北的地铁四号线已开通运营。街道整体生态环境优美,金匮公园、金城湾公园、尚贤河湿地、梁塘河湿地等一批城市绿地全方位提升市民的生活品质;周新古镇充分彰显街道丰富的文化底蕴和鲜明的工商特质,是锡城范围内不可多得的历史文化古街。各自然村巷整体改造和环境提升工程全面推进,绿色生态的城市环境面貌正逐步形成。

太湖街道作为锡商发源地之一,一直享有"传统工业重镇"的美誉。近年来,街道立足经开区"一镇五园"产业布局,三产服务业发展迅猛,总部经济、楼宇经济、金融投资等新兴业态势头强劲,城市商业综合体效应进一步显现,先后有海岸城、八方汇、万象城、博大假日广场、红星美凯龙等大型城市综合体建成运营,总建筑面积达100余万平方米,年纳税5000万元以

上,年均接待消费者1200万人次以上。

太湖街道作为远近闻名的宜居之地,下辖19个社区及3个社区筹备组,主要有商品房、安置房、经济适用房和混合型社区四大类,拥有绿城玉兰花园、绿城凤起和鸣、建发和玺等一批优质住宅区,整体宜居指数较高。东埅实验小学、东埅第二实验小学、太湖幼儿园、无锡市第二中医院、灵山公益服务园、太湖养老服务中心和街道为民服务中心等公共基础设施配套不断完善,辖区居民的生活质量得到充分保障。无锡大剧院、工人文化宫等地标性建筑不仅丰富了市民的文娱生活,更彰显了现代化城区的时代风采。

近年来,太湖街道着力提升社会治理体系和治理能力现代化水平,不断创新社区治理,加强政社互动,以"红色物业"党建项目为抓手,发挥各社区党建引领社区治理的示范作用。结合"有事好商量"民主协商模式,发动党员干部、楼组长、志愿者以及社会各界力量积极参与到社区治理中。瞄准困难、特殊人群,确保低保救助、临时救助、深度救助等措施切实发挥作用,解决一批群众最为关切的问题,街道的民生保障和基层治理能力迈上了新的台阶。

(太湖街道)

【经济建设】 太湖街道13个社区共有资产总额16.49亿元,其中经营性资产14.7亿元,2022年全年经营性收入1.03亿元,完成财政总收入15.79亿元,一般公共预算收入8.86亿元。2022年1—12月,全社会固定资产投资完成33亿元,社会消费品零售总额度增幅11.5%,限额以上贸易总额增长5.7%。积极发展服务业经济,兑付了2021年街道产业发展基金762万元,配合区申报获批兑现工业企业扶持资金320万元。协助发放企业稳岗补贴50万元,留锡补贴17.5万元,区"纾困十条"政策补贴470万元。对街道符合条件的服务业小微企业和个体工商户全免2022年3—5月的租金。2022年,街道共计减免户数127家,其中服务型小微企业55家、个体工商户72家;减免租金606.20万元,其中行政事业单位租金减免133.88万元,国有企业租金减免472.32万元。

2022年,太湖街道累计完成住宅511户9.71万平方米,非住宅120家41.9万平方米,合计约51.61万平方米(含攻坚拔点项目面积)的征收安置工作。圆满完成第一批18个市级攻坚拔点项目及第二批8个市级攻坚拔点项目。房屋拆除下架面积合计约45.12万平方米,完成金石路南侧东32、33号地块、富力十号北侧B地块、正星广场等12处交地总占地约750亩。

(太湖街道)

【社会事业】 太湖街道精准锚定"放管服"改革要求,持续推进"15分钟省级医保服务圈"示范点创建工作,服务保障疫情防控工作大局,较好地完成了各项目标任务。共出具民政、卫健、住房保障行政审批(服务)事项792件,按时办结率100%。

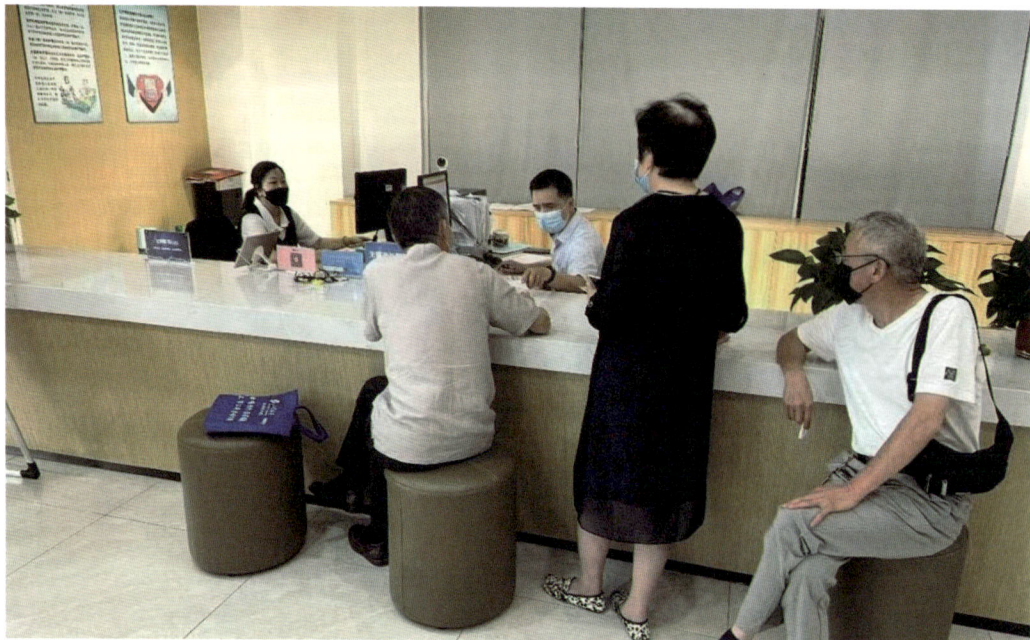

太湖街道的"15分钟医保服务圈"入围省级示范点建设单位名单得到不少居民的认可与称赞

（太湖街道）

紧盯规范化建设要求，创新服务方式，全面加强街道"15分钟医保服务圈"省级示范点建设，大力推进医保便民服务事项向基层延伸，努力实现医保业务在街道和社区"网上办""自助办""就近办""一次办"。自2021年12月6日起运行以来，医保服务综合窗口共受理医保业务10422件，其中城乡居民参保登记2960件，职工参保登记2510件，参保人员信息查询540件，其他类业务办理4412件。立足实际，做好基层"审批服务一窗口"改革试点工作。充分发挥政务服务平台"一网通办"支撑作用，进一步推进基层政务服务运行标准化、服务供给规范化、群众办事便利化，着力构建一体联动、高效运行的区、街道、社区三级政务服务体系。2022年，在太湖国际社区、信成花园社区、申新社区3个社区试点打造"审批服务一窗口"新模式，加快构建"15分钟政务服务圈"，持续擦亮"无难事、悉心办"经开服务品牌，推动村、社区政务服务标准化、规范化、便利化。

力求打造特色亮点，精心准备，精致完成老旧小区改造和立标区改造工作。2022年，太湖街道完成了东华花苑老旧小区改造、信成道立标区建设、新园路立标区店招改造、周新苑一期安置房提升改造及电梯加装工作。污水管网提质增效工作方面，紧盯排水达标区建设未完善之处,因地制宜,因块施策,全力推进。积极做好宣传工作及各排水区块的排查整改及污水管网设施的日常养护工作。

太湖街道围绕基层群众热点、难点,全力做好房建、市政设施各项维保、二次供水的改造提升,以及区级实施项目的属地协调配合工作。2022年累计完成街道工程项目42个;配合区建设局和水务集团完成二次供水改造,统筹完成了相关社区需求的安非机动车停车棚、机动车地下车库、运动休闲场地的规划、建设和改造工作。较好地推动南湖家园、瑞星家园、锡铁巷一二期、糜巷桥家园等项目建设。在项目代建管理方面一如既往地遵循开工前先手续后设计再招投标的规范操作模式,同心协力,在做好疫情防控、安全生产的前提下,顺利推进各项目的建设。代建项目共计28个,其中结转项目2个、新开项目26个。

持续推进社会保险参保及服务工作,企业职工基本养老保险净增缴费2669人,全民参保登记信息采集率100%,办理退休审批工作共292人(居保33人、农保49人、社保退休210人);办理居民养老一次性结算(死亡)171人、居民养老特殊代缴295人。实施换领社保卡3867人,受理失业保险金及失业补助金申领409人。太湖街道社会化管理企业退休人员共17941人,2022年新接收1154名退休人员进社区。春节慰问383人共15.31万元;夏送凉走访慰问重病104人、特困难退休人员56人,共6.88万元;敬老节走访80周岁及90周岁以上老人共181人,发放3.95万元;住院慰问1999人共199900元;死亡慰问202

2022年,周新苑一期改造提升工程全面完工

（太湖街道）

人共40400元。在市退管中心特别关心下，2022年完成无锡市第八轮企业退休人员第一批4734人健康体检，举办了包括重阳节发重阳糕，端午节包粽子等一系列退管活动。积极宣传市、区促进就业的各项优惠政策，大学生租房补贴审核1107人，发放创业担保贷款目标175万元，现申请13人，申请210万元。离校未就业高校毕业生年末就业率达95%，创业租金补贴66人，共654919元。2022年，太湖街道共受理劳动争议65起，涉及金额38.4万元，调解成功率72%。协助海特铝业完成职工分流安置工作，对企业动态实施重点监控，建立了应急预案，及时了解企业经营及工资发放情况。为拆迁分流人员开辟绿色通道，做好失业登记，宣传社保的优惠政策，并跟踪提供就业岗位。

（太湖街道）

【人民生活】 太湖街道始终妥善做好受困难群众兜底保障工作，实施低保对象、特困人员、困境儿童常规救助保障工作，做好低保边缘户帮扶保障工作。截至2022年12月，现保障低保家庭355户453人、特困人员38人、困境儿童59人、低保边缘户8户12人，发放低保金564.74万元，发放特困人员基本生活补贴56.36万元，发放困境儿童基本生活补贴79.4万元，发放营养补贴18.1万元，发放低保生活补贴1.68万元。积极做好疫情期间困难群众救助工作，实施医疗救助61人，帮扶救助232人次，落实临时救助、深度救助

金31.6万元，发放低保重病重症生活补贴107.95万元。发放低保户、特困人员、孤儿、困难残疾人疫情生活补贴95万余元，发放精简退职老职工生活补贴49.52万元，发放困难群众春节慰问金82.93万元。多措并举为民办实事办好事，通过《无锡经开区困难对象医疗补助"直通车"暂行办法》，缓解困难群众无钱医治的问题，先行救助抵扣医疗支出费用13.69万元，救助587人次；开展新一轮福村宝缴费参保，筹集医疗互助金122.4万元，累报互助金202万元，救助2100人余次。做好住房救助收入认定工作，开展低收入及中等偏下收入认定35户住房救助家庭，其中低收入家庭廉租住房配租以及廉租补贴15户、中等偏下收入公共租赁住房20户。做好高温天气特殊困难群体常态巡访救助帮扶工作，在高温应急响应、持续高温期间，向低保户、特困人员、困境儿童家庭、一户多残和依老养残家庭、重点空巢独居老年人家庭发放高温物资补贴14.1万元。通过多种巡访方式，对重点人群做好巡访关爱工作，及时了解困难群众防暑降温情况，必要时提供防暑临时居住场所。做好阳光扶贫慰问走访工作。共走访慰问街道135户，发放慰问金27.55万元。同时开展阳光扶贫建档立卡对象监管工作。每月做好低保、市级医救、特困对象等动态管理，夯实第三方机构入户调查机制，截至2022年年底，新增建档立卡对象21户，脱贫45户。及时更新"阳光扶贫"系统对象

线、资金线信息，切实做好建档立卡户与结对干部的调整工作。精心实施公益服务项目，强化"社工+志愿者"联动，遴选申报社区公益创投项目28个项目，项目涵盖了为老服务、青少年服务、助残服务等，项目实施效果斐然，获得广大居民的认可与欢迎，进一步拉近了社区与居民的距离，切实提升了居民的幸福指数，营造和谐温馨的社区环境。截至2022年年底，街道辖区内社区持证社工人数达到158人。推进惠老实事工程，致力提高老年人归属感和幸福感，为2025位高龄、经济困难失能老年人提供上门服务；扎实推进适老化改造，完成25户改造目标任务。累计发放尊老金221.98万元，惠及2734名高龄老人。规范残疾人康复服务，以帮助残疾人实现康复需求，为5名贫困精神病人办理住院救助；开展0—14岁残疾儿童抢救性康复训练62人；为105名白内障患者发放复明手术补贴；组织108名残疾人参加体检；组织91名居民开展新评残鉴定工作。开展助残服务工作，组织15名残疾人参加就业技能培训；街道和社区残疾人之家在辅助性就业的服务上促长久、保长效，帮助残疾人创收；完成9户残疾人家庭开展无障碍设施改造；组织残疾人集体出游，提高残疾人幸福指数，丰富他们的业余生活。开展助残救助工作，通过春节、"全国助残日"开展走访慰问孤残儿童和困难残疾人家庭，发放慰问金27.29万元228人次；为560名残疾人发放困难残疾人生活补贴175.79万元、重度残疾人护理补贴68.14

2022年，太湖街道为民服务中心全面整合街道行政审批和公共服务职能，打造"一个窗口受理，一条龙服务，一站式办结"的综合受理模式，有效帮助居民缩短办事周期

（太湖街道）

万元。

2022年太湖街道妇联协同多部门深入各社区开展侵害妇女儿童权益问题排查整治专项行动，重点关注贫困、残疾、留守、单亲、精神病患者的妇女及其儿童，及时发现和报告侵害妇女儿童权益问题，配合做好帮扶政策和救助措施的落实，排查重点家庭2666户，排查涉及妇女儿童总人数5703人，其中智障妇女人数37人，精神疾病妇女人数51人，其他困境妇女145人，困境儿童和留守儿童人数60人；新成立了1家妇联组织——"崇宁律师事务所妇联"、2家"妇女微家"——"崇宁微家""叁拾柒度妇女微家"，已建设有6家"妇女微家"，微家累计开展活动60次，累计参与人数1500多人次，惠及群众2500余名。开展婚姻家庭指导服务为民办实事项目，19个社区累计开展76堂课，受益人数达2607人，课程满意度达到96.42%。街道申报并获得江苏省三八红旗手1人、无锡市妇女儿童工作先进集体1个、无锡市"最美家庭"3户、无锡市"五好家庭"1户、无锡市"最美绿色家庭"1户、无锡市优秀妇联执委2人、江苏百户教子有方家庭1户、江苏省十佳社区支持案例1个，大桥社区妇联主席在无锡市"领头雁"训练营荣获"组织引领之星"，在信成花园社区打造的特色品牌"百草园"红色园丁培育计划被推选为全市妇联系统组织系统创新案例。积极提升妇女干部工作格局，于2022年5月25日顺利召开无锡经开区太湖街道妇女第一次代表大会，从26个单位及机关部门推选出代表81名，选举产生了太湖街道妇女第一届执行委员会委员35名。并通过太湖街道妇女第一届执行委员会第一次全体会议选举产生了主席1名、兼职副主席5名。完成"女性网格100%进社区（村）妇联执委"的目标任务，共计41人。信成花园社区打造了"三全"社区家庭教育及儿童友好示范社区；梁南社区成功入选无锡首批"文明实践巾帼志愿阳光站"，深入推进"在你身边"文明实践巾帼志愿阳光行动。2022年9月，举办"99公益日·童她一起来"线上3日捐活动筹得善款4000余元，并用于救助辖区困境妇女儿童。积极开展专项行动，妇联、民政等部门联合全力开展侵害妇女儿童权益问题排查整治专项行动，重点关注贫困、残疾、留守、单亲及罹患精神病的妇女和儿童。排查统计街道重点家庭中残疾妇女369人、残疾儿童55人，其中智障妇女人数27人、严重精神疾病妇女人数7人、其他困境妇女人数32人。配合上级开展养老和电信反诈宣传专项行动，提升老年人识骗防骗意识，倾情守护"夕阳红"，营造全社会反诈的浓厚氛围。

街道与经开区融媒体进行深度合作，举办"我们的节日·端午节"主题活动暨2022年无锡经开区"文明家门口"系列活动启动仪式，"我们的节日·端午"和"我们的节日·中秋"活动，发布《以太湖为名》太湖街道宣传片，在学习强国、《无锡日报》、无锡观察、《江南晚报》、无锡经开发布等各级各类媒体共刊登50余篇文章。强化统筹领导,研究制定《太湖街道争创全国文明典范城市行动计划》和《全国文明典范城市创建工作任务书》,入户宣传动员居民共创共建,策划150余场"文明家门口"活动,并定期对活动开展情况进行推送,不断提升辖区居民对争创全国文明典范城市、打造"全国最干净城市"的知晓率、参与率、满意率。

(太湖街道)

【社会治理】 建立商贸重点场所日常巡查制度,全面摸排餐饮、超市、美容美发等企业2000余家。向各企业、个体户下发《疫情防控告知单》《商贸企业落实疫情防控主体责任书》和"疫情防控责任公示牌"。对"放心/不放心"单位(场所)落实防疫措施情况进行复查复核。"百日攻坚"期间累计巡查检查共计10143家次,累计熔断共计101家次,累计约谈共计114家次。扎实推进食安工作,建立了由78名食品安全协管员(信息员)组成的基层食品安全监管队伍。根据计划,组织开展食品安全协管员培训班,参与人数28人,培训率达100%。会同有关部门开展食品安全联合检查、流动摊贩整治等工作,共组织食品安全抽检工作200批次。积极推动从源头治理消除隐患,加快推进辖区餐饮场所燃气管道建设,消除瓶装燃气安全隐患。持续深化城镇燃气安全隐患排查整治工作,进一步优化专业机构三方、重排方案,加大资金投入力度,将现有的一年两次摸底巡查改为每季度一次,并且不再局限于餐饮企业,将重心放到居民用户和一些出租户的燃气排查上去,依托年内完善的底数,坚决贯彻并持续开展燃气安全隐患三年整治工作。管道燃气方面全面铺开"管阀"更换,街道管道燃气居民用户更换安装管阀51507户。精细化管理方面,完成年内管理单元合格率100%,优良率达100%,平均分达88.98分,实现合格单元归零,较往期季度成绩有显著提升,成功达标"最干净街道(镇)建设"的创建要求。累计推动"瓶改管""瓶改电"达23家餐饮单位。开展"液体燃料"专项整治,联合多部门对辖区使用液体燃料餐饮单位开展专项检查。

太湖街道根据辖区企业规模、行业类别、位置分布等基本情况,分片分组实行网格化安全监管,制定月度巡查、执法工作计划,实行挂图作战,实时掌握、统筹推进各片区安全检查、风险报告等工作进度。截至2022年年底,共出动检查人员1518人次,检查企业587家次,排查并完成整改各类隐患1573条。检查情况已录入安全生产信息平台,做好信息留存归档。共检查有限空间企业76家次,发现隐患204条,已完成隐患整改204条;检查冶金企业15家次,发现隐患32条,已全部整改到位。共执法检查企业24家,发现隐患262条,已完成隐患整改262条,立案查处9起,共处行政罚款14.775万元。

2022年,太湖街道举办文化艺术节、开展弘扬百年工商文化的系列活动,衔接城市文化与群众艺术,充实太湖百姓的精神文化生活

（太湖街道）

2022年,太湖街道完成对南湖怡园整体提升改造;完成新建一个游园——新园路周新花园街,完成河道西侧绿地提升改造。做好新园路、鼎新路二条道路整改提升。全年完成1000棵左右大乔木(行道树)整治修剪。聚焦美丽河湖建设,全年实施水质维护项目19个,吴都路河天鹅湖段泵站改建、芦村河水质维护等河道整治项目3个。完成闪溪河(天鹅湖段景观绿化工程),清理杂草5500平方米,铺设草坪3674平方米,新建杉木桩260.8米,种植乔木38棵。着力做好2条黑臭河道(圩湾里浜、湖东浜)的"长治久清"工作,严格落实市、区两级河长制办公室各项任务要求,街道碧水生态日趋优化。尚风桥浜上榜"2022年全市美丽河湖行动河湖测评红黑榜(第三批)"红榜河道。积极申报尚风桥浜等6条河道2022年无锡市美丽示范河湖。聚焦大气双减双达,完成低效收集或处理设施企业整治6家,完成低氮锅炉改造2家,完成重点区域餐饮店油烟净化设备安装与清洗签订检查75家,完成源头替代企业整治共29家。开展秸秆禁烧、建筑工地、工业企业、加油站、餐饮、烧烤摊、拆迁工地裸土覆盖等点源进行巡查,出动监察720人次巡查。完成"散乱污"企业整治42家。

2022年,太湖街道重点妥善处理了一批群体性信访事项,主要包括:群访案件有海特铝业一百多位职工维权案(最终211名职工劳动关系得以协商一致妥善解决)、锡南路店面业主请求改善交通配套案、信成道业主反映学区房群体案、南桥社区多位居民反映"国土按集土拆迁"等群体性案件。确保街道今年圆满完成了包括党的二十大、冬奥会、冬残奥会、全国两会以及省市重大会议的安保任务,辖区内重点人员平稳可控,未发生越级上访及其他不当行为,成功圆满完成各项安保任务。通过大量来访来信、网上信访的得力有效处理,解决了辖区相当一批征收拆迁、城市建设、物业服务、社会保障、疫情防控等重点领域的社会矛盾纠纷,切实维护了群众利益及地区稳定,保证了街道高质量发展。2022年,太湖街道人民来访接待中心共接待群众来访190批610人次,其中集访30批420人次,个访160批190人次;阳光信访系统共受181件,已办结171件,按期受理率、按期办结率为100%。与去年同期相比,街道今年群众来访批次、人次、阳光系统受理件分别上升41%、48%、26%,阳光系统受理数量大幅上升主要为疫情期间群众通过网络表达诉求更加便捷高效,较好体现了"让数据多跑路,让群众少跑路"的工作成效。

2022年全年,太湖街道综合行政执法局处理案件196起,处罚金额59.742万元;其中,查处未履行市容环卫责任区责任类案件6起,处罚金额2000元;查处市容类案件127起,处罚金额335800元;查处工商类案件21起,处罚金额18000元;查处绿化类案件41起,处罚金额63620元;查处环境保护类案件6起,处罚金额80000元;查处燃气类案件1起,处罚金额100000元。全年组织重难点攻坚,制定实施整治行动103次。依托《无锡市违法建设治理办法》及《经开区违法建设治理工作实施办法》,推动建立区、街、社区三级联动巡查机制,针对各类违法建设开展全面覆盖。全年共计拆除各类违法建设65处,总面积达10.06万平方米。集中拆除富力十号、和玺小区等集中违法建筑物12处,有力打击违法建设蔓延态势。结合贡湖大道两侧更新、大通路沿线提升等重要活动,借力市容提升行动,大力开展违规店招标牌拆除工作,全年拆除违规广告店招229起4282.525平方米。执法人员人均一般程序案件办案数达到40件,累计完成一般程序案件176件,处罚金额49.822万元。突破原有案源桎梏,顶格查处经开第一例破坏燃气设施案件。

(太湖街道)

锡经开

Wuxi Economic
Development District

附 录

无锡经开区组织机构和负责人名单

区党工委

书　记　杨建平

副书记　俞政业

委　员　冯爱东（2022年1—5月）

　　　　张静红（2022年1—9月）

　　　　李晓军（2022年4月）

　　　　王　贤（2022年1—8月）

　　　　冯志超（2022年12月）

　　　　赵　宏（2022年1—4月）

　　　　秦　艳

　　　　陈国权（2022年8月）

　　　　杨燕敏（2022年9月）

区管委会

主　任　杨建平

副主任　冯爱东（2022年1—5月）

　　　　王　贤（2022年1—8月）

　　　　秦　艳

　　　　陈国权（2022年8月）

　　　　杨燕敏（2022年9月）

　　　　王　磊（挂职,2022年1—7月）

　　　　孙　伟（2022年6月）

　　　　任晓杰（2022年9月）

党政办公室

主　任　安锡友

副主任　蔡　虹（2022年1—7月）

　　　　庄　晶

　　　　朱克坚（2022年7—9月）

　　　　钟子增（2022年9月）

　　　　朱　勇（挂职,2022年1—7月）

纪律检查工作委员会

书　记　张静红（2022年1—9月）

　　　　冯志超（2022年12月）

副书记　曹彦杰

　　　　罗　勇

党群工作部

部　长　俞政业

副部长　沈春晓（2022年1—9月）

　　　　吴亚芳

　　　　朱克坚（2022年9月）

经济发展局（招商服务局）

局　长　陈国权（2022年1—9月）

　　　　沈春晓（2022年9月）

副局长　周贤仕
　　　　宣敏浩
　　　　钱益峰
　　　　徐洪强（挂职）

政法和应急管理局

局　长　张　晖
副局长　陈　曦
　　　　吴海平（兼）

建设局

局　长　徐国良
副局长　潘秀娟（2022年1—7月）
　　　　秦　荣
　　　　贺　华（2022年7月）

教育局

局　长　杨　柳
副局长　王　健
　　　　李　燕（2022年1—3月）
　　　　钱　柯（2022年1月）

财政局

局　长　徐　强
副局长　李平章
　　　　浦子涛

社会事业局

局　长　殷立峰

副局长　周　英
　　　　钱晓燕（2022年1—7月）
　　　　张　量（2022年7月）

市场监督管理局

局　长　邹凤峰
副局长　杨晓虎
　　　　冯学良
　　　　顾朝云

行政审批局（政务服务中心）

局　长（主　任）　张　锐
副局长（副主任）　闫献伟
　　　　　　　　　刘学荣

综合执法局（城市管理局）

局　长　黄　海
副局长　丁晓辉
　　　　张新安

经开区公安分局

局　长　赵　宏（2022年1—4月）
　　　　李晓军（2022年4月）
政　委　韩　斑
副局长　朱　明（2022年1—11月）
　　　　徐肖鹤（2022年1—11月）
　　　　秦健明
　　　　姜志刚
　　　　刘　勇

吴　刚（2022年11月）

伍锐坚（2022年1—11月）

安全生产委员会办公室

副主任　吴海平

太湖新城发展集团

书　记　朱　刚（兼董事局主席）

　　　　　（2022年1—7月）

　　　　王　贤（兼董事局主席）

　　　　　（2022年8月）

副书记　张琦海（2022年6月）

　　　　张　懿（兼工会主席）

委　员　任鸣杰

　　　　张军伟（兼副总裁）

副总裁　曹　杰

　　　　曹彦杰（挂职，2022年6月）

华庄街道

党工委

书　记　俞启弘

副书记　石志贤

　　　　费裕其

委　员　毛培新

　　　　王存超

　　　　徐志锋

　　　　俞国伟

　　　　张玉玉（2022年7月）

　　　　邵培明（2022年7月）

吴烨娟（宣统，2022年1—7月；

　　　　统战，2022年7月）

李静艳（人武部部长）

丁广州

邵　熔（政法，2022年1—7月）

宋立超（组织，2022年1—7月）

陆礼妍（组织，2022年7月）

金晓华（宣传，2022年7月）

周小龙（政法，2022年7月）

陆　赟（挂职）

纪工委

书　记　丁广州

人大工委

主　任　顾红庆

政协工委

主　任　费裕其（2022年9月）

办事处

主　任　石志贤

副主任　毛培新

　　　　王存超

　　　　徐志锋

　　　　俞国伟

　　　　张玉玉（2022年7月）

　　　　邵培明（2022年7月）

太湖街道

党工委

书　记　袁江飞

副书记　秦仲毅

　　　　　樊　飚　　　　　　　　　　　　　　　　纪工委

　　　　　刘宗桥(挂职,2022年1—7月)　　书　记　戴嘉汇

　　　　　吴敏明(挂职)　　　　　　　　　　　　　　人大工委

委　员　戴宏斌　　　　　　　　　　　　　主　任　刘　卿

　　　　　李　峰　　　　　　　　　　　　　　　　政协工委

　　　　　顾玲燕　　　　　　　　　　　　主　任　崔洪亮

　　　　　赵　萦　　　　　　　　　　　　　　　　办事处

　　　　　潘英娇　　　　　　　　　　　　主　任　秦仲毅

　　　　　吴文尔雅　　　　　　　　　　副主任　戴宏斌

　　　　　戴嘉汇　　　　　　　　　　　　　　　　李　峰

　　　　　宋立超(组织,2022年7月)　　　　　　　顾玲燕

　　　　　张玉玉(宣传,2022年1—7月)　　　　　赵　萦

　　　　　周　晖(宣传,2022年7月)　　　　　　　潘英娇

　　　　　周潇彬(政法)　　　　　　　　　　　　吴文尔雅(2022年7月)

　　　　　徐海波(人武部部长)　　　　　　　　黄若人(挂职,2022年1—7月)

　　　　　朱　超(挂职)

无锡经开区市级及以上集体荣誉(2022年度)

序号	获得者单位名称	荣誉名称	荣誉颁发单位	获得时间
1	党工委、管委会	书香机关	无锡市全民阅读办、无锡市委市级机关工委	2022.01
2		2021年四季度"担使命·做贡献"季季评活动中获得高质量发展考核季度流动红旗	中共无锡市委办公室、无锡市人民政府办公室	2022.02
3		2022年一季度"担使命·做贡献"季季评活动中获得高质量发展考核季度流动红旗、"四争"先进集体	中共无锡市委办公室、无锡市人民政府办公室	2022.04
4		2022年二季度"担使命·做贡献"季季评活动中获得真抓实干奖	中共无锡市委办公室、无锡市人民政府办公室	2022.07
5		《桥连百年 锡商康"扬"》获得"工商名城·同心共筑"2022无锡统一战线短视频大赛三等奖	无锡市委统战部、新华日报社	2022.08
6		2022年三季度"担使命·做贡献"季季评活动中获得真抓实干奖	中共无锡市委办公室、无锡市人民政府办公室	2022.10

续表

序号	获得者单位名称	荣誉名称	荣誉颁发单位	获得时间
7	党工委、管委会	2022年"童话里的世界"无锡市童话故事创作大赛优秀组织奖	无锡市委宣传部、无锡市文明办、无锡市教育局	2022.11
8		无锡市公共机构生活垃圾分类示范点	无锡市建设节约型公共机构工作领导小组办公室	2022.11
9		江苏省四星级档案室	江苏省档案局	2022.12
10		全市档案工作年度报告和年度评价优秀单位	无锡市档案局	2022.12
11		万欣社区党群共享街心广场项目获得2022年无锡市"微幸福"民生工程金奖	无锡市人民政府	2023.01
12		2022年双循环创新创新政策措施研发优秀组织奖	无锡市人民政府办公室	2023.01
13		经开区老旧小区改造提升项目获得2022年无锡市第三届"民心工程奖"银奖	无锡市人大常委会、无锡市人民政府	2023.01
14		尚锦城C区篮球场"焕新"工程获得2022年度"民生留言板"十大优秀案例	无锡市人民政府办公室	2023.02

续表

序号	获得者单位名称	荣誉名称	荣誉颁发单位	获得时间
15	党工委、管委会	2022年四季度"担使命·做贡献"季季评活动中获得高质量发展考核季度流动红旗、"四争"先进集体	中共无锡市委办公室、无锡市人民政府办公室	2023.02
16		丰富代表联席会议制度内涵,创新"人大代表+街道议政代表"专题询问,获评2022年开发区人大工作践行全过程人民民主创新典型案例	无锡市人大常委会办公室	2023.03
17		2022年度全市党内法规工作优秀单位	中共无锡市委办公室	2023.03
18	党政办	档案法制优秀单位	无锡市档案局	2022.12
19		2022年度机要密码工作成绩突出单位	中共无锡市委机要保密局	2023.01
20		2022年全市党政信息先进单位二等奖	中共无锡市委办公室、无锡市人民政府办公室	2023.02
21	人大代表联席会议办公室	2022年度全市开发区人大工作先进单位	无锡市人大常委会办公室	2023.03
22	纪工委	《他们,就在你我身边》获得第一届"步弓石杯"廉洁文化作品大赛短视频类三等奖	无锡市纪委监委	2022.05
23	党群部	无锡市第九届网络文化季优胜活动奖	中共无锡市委网信办	2022.01

续表

序号	获得者单位名称	荣誉名称	荣誉颁发单位	获得时间
24		无锡号评选中获评"新媒体作品最具价值奖"	《无锡日报》报业集团	2022.01
25		"无锡经开发布"微信公众号获评"年度优秀政务新媒体"	《无锡日报》报业集团	2022.01
26		无锡市"永远跟党走　奋进新征程""百姓名嘴"风采展示活动三等奖	中共无锡市委宣传部	2022.09
27		2022年无锡市社区摄影大赛优秀组织奖	无锡市文明办	2022.11
28	党群部	2021—2022年度全市宣传思想文化工作优秀调研报告三等奖	中共无锡市委宣传部	2022.12
29		"小镇HOME+思享汇客厅"——郫太新"行走的思政课"获评2022年度全市宣传思想文化工作创新项目	中共无锡市委宣传部	2023.01
30		2022年度无锡市第十届精神文明建设"五个一工程"优秀作品奖	无锡市委宣传部	2023.01
31		2022年度全市网信工作创新奖	无锡市委网信办	2023.02
32		2022年全省"扫黄打非"先进集体	江苏省"扫黄打非"工作领导小组	2023.02

续表

序号	获得者单位名称	荣誉名称	荣誉颁发单位	获得时间
33	党群部	2022"文明无锡"公益广告大赛"平面类"优秀奖、优秀组织奖	无锡市文明办	2023.02
34		2022年度全市统战信息工作三等奖	无锡市委统战部	2023.03
35	经发局	无锡市服务高质量发展先进集体	中共无锡市委办公室、无锡市人民政府办公室	2022.04
36		2022年度无锡市创新创优先进单位	无锡市统计局	2023.02
37		2022年度工业和信息化工作"开拓创新奖"	无锡市工业和信息化局	2023.03
38	政法和应急局	无锡市"七五"普法工作先进单位	无锡市法治宣传教育领导小组	2022.02
39		2022年度全市政法工作创新奖三等奖	中共无锡市委政法委员会	2022.12
40	建设局	省级示范物业管理项目	江苏省住房和城乡建设厅	2022.01
41		无锡市2021—2022年建筑产业现代化推进工作突出贡献集体	无锡市建筑产业现代化推进工作领导小组	2022.04

续表

序号	获得者单位名称	荣誉名称	荣誉颁发单位	获得时间
42	建设局	无锡市五一劳动奖状	无锡市总工会	2022.05
43		2022年建筑业发展、高品质住区建设等方面成绩突出，获创新突破奖	无锡市住房和城乡建设局	2023.02
44		2022年全市交通运输系统美丽交通建设先进单位	无锡市交通运输局	2023.02
45		2022年度"微幸福"民生工程先进集体	无锡市人民政府办公室	2023.02
46		XDG-2021-53号地块开发建设项目（黄金湾科创园启动区一期）、太湖湾信息技术产业园载体用房建设项目、XDG-2011-71号地块建设商业、办公用房项目（新城发展大厦）、XDG-2020-9号地块开发建设一期项目（世界物联网博览会永久会址）获2022年省建筑产业现代化示范工程	江苏省住房和城乡建设厅	2023.02
47		无锡市2021—2022年度海绵城市建设突出贡献集体	无锡市海绵城市建设推进工作领导小组办公室	2023.03
48	教育局	无锡市中小学信息技术应用能力提升工程2.0优秀成果与典型案例评选二等奖	无锡市教师发展学院	2022.05
49		江苏省双拥模范单位	江苏省双拥工作领导小组	2022.07
50		"央馆人工智能课程"规模化应用试点区	教育部教育技术与资源发展中心	2022.09

续表

序号	获得者单位名称	荣誉名称	荣誉颁发单位	获得时间
51	教育局	2022年无锡市中小学生信息素养提升实践活动优秀组织奖	无锡市教育局	2022.09
52		"全民学习消防　构建平安校园"消防安全知识竞赛优秀组织奖	无锡市消防救援支队、无锡市教育局	2022.11
53		"关注燃气安全,共筑美好生活"2022燃气安全"五进"活动之科普短视频大赛二等奖	无锡市市政和园林局	2022.12
54	财政局	传感园8亿元公司债创AA主体可比债券发行利率江苏省新低、全国第三低好成绩	上交所	2022.11
55		太湖传感成功发行江苏首单5亿元EOD模式绿色公司债	上交所	2023.04
56	社事局	江苏省"安康关爱行动"先进单位	江苏省老龄工作委员会	2022.01
57		无锡市"安康关爱行动"工作先进单位	无锡市老龄工作委员会	2022.01
58		无锡市无偿献血先进集体	无锡市公民献血领导小组	2022.06
59	市场监管局	2022年度全市市场监管卫士集体	无锡市市场监管局	2023.01

续表

序号	获得者单位名称	荣誉名称	荣誉颁发单位	获得时间
60	市场监管局	2022年度无锡市巾帼文明岗	无锡市妇女联合会	2022.07
61		无锡市2022年度"民生留言板"工作先进集体	无锡市人民政府办公室	2023.02
62	行政审批局	2022年度江苏省巾帼文明岗	江苏省城镇妇女"巾帼建功"活动领导小组、江苏省妇女"双学双比"竞赛活动领导小组、江苏省妇女联合会	2022.07
63		2022年度全市政务服务优秀单位	无锡市人民政府办公室	2023.02
64	综合执法局	全市园林绿化行业职工职业技能竞赛优秀组织奖	无锡市市政园林局	2022.09
65		模范职工之家	江苏省建设工会工作委员会	2022.12
66		2022年度"微幸福"民生工程先进集体	无锡市人民政府办公室	2023.02
67	经开公安分局	2022年无锡市五一劳动奖状	无锡市总工会	2022.05
68		无锡"太湖e警"公安政务服务新体系获2022年全市公安机关改革创新优秀项目	无锡市公安局	2023.02
69		2022年度绩效考核成绩突出集体(集体三等功)	无锡市公安局	2023.06

续表

序号	获得者单位名称	荣誉名称	荣誉颁发单位	获得时间
70	经开自然资源规划分局	2022年度先进单位	无锡市自然资源和规划局	2023.03
71	经开生态环境局	2022年四季度全市生态环境系统服务高质量发展"季季评"攻坚突破奖	无锡市生态环境局	2023.02
72	国家传感园	市级物联网特色园区	无锡市工业和信息化局	2022.09
73	无锡尚贤湖基金PARK	江苏省创业投资集聚发展示范区	江苏省发改委	2023.01
74	华庄街道	第一届"步弓石杯"廉洁文化作品大赛视频类优秀奖	无锡市纪委、市监委	2022.05
75		无锡市五星级党建指导站培育对象	无锡市委组织部	2022.11
76		无锡市2022年度"15分钟医保服务圈"市级示范点建设单位	无锡市行政审批局	2023.02
77		2022年度冶金等工贸安全监管先进集体	无锡市应急管理局	2023.02
78	太湖街道	2022年度全市网上信访工作先进集体	无锡市信访联席会议办公室	2023.01
79		2022年度无锡市最干净街道（镇）	无锡市城市管理委员会	2023.03

锡经开
Wuxi Economic
Development District

索 引

说　明

1. 本索引分主题索引、表格索引两个部分。

2. 主题索引主要是以目录各级标题为标引词,由主题词(词组)和数字组成,数字表示在正文中的页码。

3. 主题索引的主题词(词组)按首字拼音字母顺序排列。首字拼音字母相同时,按声调顺序排列;首字拼音字母和声调均相同时,则按第二个字拼音字母顺序排列,后以此类推。首字相同的主题词(词组)之间不插入其他主题词(词组)。以数字开头的词(词组)则从小到大排列。

4. 全书表格编号按顺序排列(包括附录的内容)。

主题索引

K

T

W